JOHANN MICHAEL MOSCHEROSCH

Wunderliche und Wahrhafftige Gesichte Philanders von Sittewalt

AUSGEWÄHLT UND HERAUSGEGEBEN VON
WOLFGANG HARMS

PHILIPP RECLAM JUN. STUTTGART

LES VISIONES DE DON FRANCESCO DE QUEVEDO VILLEGAS.
oder
Wunderbahre
Satyrische gesichte
durch
Philander von
Sittewalt, ꝛc.
Getrukt und verlegt zu Stras-
burg bey Johann Philipp Mülben.
Rumpler fecit
P. Aubry sc

VISIONES
DE DON QUEVEDO.

Wunderliche vnd Warhafftige

Gesichte
Philanders von Sittewalt.

In welchen

Aller Welt Wesen / Aller Mänschen Händel / mit jhren Natürlichen Farben / der Eitelkeit / Gewalts / Heucheley vnd Thorheit / bekleidet: offentlich auff die Schauw geführet / als in einem Spiegel dargestellet / vnd von Männiglichen gesehen werden.

Zum andern mahl auffgelegt.

von

Philander selbsten / vbersehen / vermehret vnd gebessert.

Straßburg /

Gedruckt bey Johan-Philipp Mülben.

M DC XXXXII.

Philander
Dem Leser.

WJltu / Leser / leben Frey?
Wissen was die Suͤnden gelten?
Les was hie geschrieben sey /
Thu nicht auff den Schreiber schelten.
Kein buch war jemahl so recht /
Leichtlich ist es zu verkehren,
Kein buch war jemahl so schlecht /
Es kont einen weisen lehren.
Nimbstu dich dan zuͤrnens an:
So bistu gewiß getroffen,
Dann ein ehrlich Biederman
Der die Welt einmahl durchloffen /
Vnd der Maͤnschen Schinderey
Vnd den Jammer selbst gesehen /
Wird / daß diß die warheit sey /
Mir von Hertzen gern gestehen.

Philanders
Bericht an den Kaͤuffer.

GVnstiger lieber Freund / weil ich dir zu diensten diese Gesichte zum andern mahl / doch verbessert / vorstellen wollen / Als wirstu dich hiengegen vor allen andern Exemplaren / die wider meinen danck anderwerts auffgelegt sein moͤchten / weißlichen vorzusehen wissen. Jch will aber zum vberfluß alle andere Trucker gebetten haben / sich vor Nachtruckung dieser Gesichte zu huͤten. Dann vber daß es der liebe deß Naͤchsten / vnd dem Gebott GOTtes *Du solt nicht stehlen* / zuwider gienge; So kan vnd mag ichs auch nicht leiden / daß / der ich so viel jahr hero sonsten in dem allgemeinen Vnwesen genugsam getrillt vnd tribulirt worden / auch allererst vnder der Preß wider meinen willen solte gequetscht vnd gemartelt werden. Wirde aber ein Geitzhalß der Christlichen gebuͤhr so fern vergessen / vnd meiner abmahnung zu wider eines vnbilligen Vortheils vnder meinem Namen sich gelusten lassen; so will ich doch gewiß meines streichs nicht vergessen: sondern mit vermehrung vnd veraͤnderung jhm alle seine Arbeit vnd kosten zu nichts machen. Wie viel aber ich andern Buch Truckern dieser Gesichte wegen erlaubet / das ist vnden am 307. blatt zulesen: Warnach sie sich zu richten haben.

Welt-Wesen.

Anderes
Wunderliches vnd Warhafftiges
Gesichte
Philanders von Sittewalt.

Vorrede.

TEutsch gesinnter lieber Leser. Vnsere gemeine Landtsleut / wann sie zwey Ding einander gleich sein andeuten wollen / sprechen / es seye *Gurr aß Gaul* (Gurr als wie Gaul / Eines wie das andere / vier Hosen eines Tuchs:) Also ist es mit dem gegenwertigen Gesichte auch bewand: dann darinne nichts newes / wie in volgenden / sondern daß jenige allein eingeführet wird / welches / so man gegen vorigem Gesichte halten thut / gurr aß gaul ist. Etliche wenige die gemeineste Gleyßnereyen werden allein hierin etwas mehr entdecket; dergestalt das viel Junge Messieurs, viel alte / Patres, viel ehrsüchtige / großsprechende / hochtrabende / nichtswertige Sennores, viel Witwen vnd Junge Witfrawen / in jhrer weise vnnd gestalt / sich jhrer selbsten schämen / vnd theils jhrer thorheit weinen / theils jhrer arglistigkeit werden lachen müssen. Personen / denen Stands wegen / newe trachten erlaubet / die haben jhre weise / vnnd behalten sie / so lang die Welt nicht durch daß fewer purgiret wird. Aber die es nicht seind vnd doch sein wollen: die weder stand noch schöne haben / vnd doch für grosse Damen / für schöne bißlein wollen gehalten vnd geehret werden; die sollen allhie den Flur / den Crespe / die Masque verliehren / vnd mit all jhrem geschmünck zuschanden werden. Jn gemein / Aller scheinsal hat einen Fleck verborgen; je mehr farb je minder Fleisch: was warhafftig vnd real ist / daß lobet sich in sich selbsten / vnd darff falscher persuasion oder eusserlichen scheins gar nicht. Vino vendibili opus non est hedera. Ein gut Wirthshauß darff keines Schilts. Dann wo ein guter Wein ist / da samlen sich die Kaͤrchelzieher selbsten.

Welt-Wesen.

Anderes Gesichte.

DJe vorigen Gesichts Historia gab mir Vrsach meinen sachen in was mehrer Gottesforcht nachzudencken: weil ich ja gesehen vnd gehoͤret / wie gar genaw auch die geringste verbrechen der Menschen observiret, examiniret vnd compensiret werden.

Begabe mich derowegen mit der ordinari Kutsche von Nancy hienein naher Franckreich: vnder Wegs aber hab ich in den Itinerariis solennibus, Sinceri, Eisenbergeri, Neymaigeri, Steinbergeri, Hentzneri, Duchatij, Bertij, Caspari Ens, Andreae Schotti, Erpenij, Atlantibus, vnd anderen / welche von dieses Koͤnigreichs dignitet, praerogativis vnnd mehrerem geschrieben / vmb kuͤnfftiger Nachricht gelesen / was in einem vnnd anderem ort / insonderheit der grossen Statt Pariß zusehen vnd in acht zunemmen sein moͤchte: bevorab weil dieselbige von meisten: Ein kleine Welt / Compendium Orbis terrarum. Un aultre monde. Un petit monde. Un abregé du Monde genennet wird.

Pariß in Franckreich.

Ceste ville est un autre monde
Dedans un monde florissant, etc.

de Mathoniere.

Vnd in Warheit zu melden / wer die Welt in einem Saal / *in einem Sack* / in einem Garten / *in einem Garn* beysammen sehen will / der wird sie in Pariß gewißlich finden.

So lang ich allda verharret / war mir der letzte tag eben wie der erste. Jener Schweitzer / welcher zwantzig Jahr in deß Königs guardy gewesen / vnnd doch noch nicht drey Wort Frantzösisch reden konte / deßwegen von einem Freunde gefragt vnd gescholten / gab zur antwort: waas wott eyer y zwantzig Jährly löhrä?

Schweitzer.

Also gar laßt sich die Welt in so wenig Jahren nicht erkennen. Eines Menschen leben ist viel zu kurtz: das Hertz ist viel zu träg: wann er eben den trug vnnd die Eitelkeit anfahet zu mercken / so muß er davon. Nihil in mundo est quod desiderium nostrum sedare possit. Viatores sumus, perpetuo motu quietem omnem profugantes, quae externa quidem varietate sese nutrit, substantiam rerumque qualitatem nescit. Vnd wie grossen lust der Mensch hat ein ding zu erwerben / so kleine frewde hat er hernach wan er es erworben. So ist vnser thun: wann wir verlangen nach ichtwas haben / bilden wir vns davon wunder sachen vnd Herrlichkeit ein; haben wir aber vnser begeren erfüllet; so bald fangen an die vermeinte herrliche ding einen verdruß vnd Eckel zubringen. quae miro desiderio a nobis expetita sunt, ea juris nostri jam facta vilescunt possidentibus.

Welttrüglich.

Also auch die Welt. Sehen wir sie von aussen in jhrer varietet, vanitet vnd scheinbarem wesen an: Behüte GOTT was schönes dings bilden wir vns von derselben ein? Nicht anderst / als ob sie eitel realitet, Herrligkeit vnd Edeles Wesen were; da doch / wann wir jhr die Masque nur ein wenig abziehen / vnd den Kern versuchen wollen / vns allein die blosse schalen in den Händen bleiben / vnnd bekennen müssen wahr sein: Mundus vanitate ducitur, opinione regitur. O inane desiderium vivendi!

Welt scheinbar.

Mit diesem vnd dergleichen betrachtungen hatte ich mich der zeit nicht wenig auffgehalten: damahlen ich meine Herberge au faulxbourg Sainct Germain, rue de

Seine, á la ville de Strasbourg, chez le sieur Courtin hatte / vnfern beneben zweyen Meißnischen rechtschaffenen Teutschen von Adel; Carle Diskauw vnd Abraham Loß: deren dieser von einem ehrlosen Welschen / ala ville Iuiff in einem Kampff / als second eines Daͤnischen von Adel Crabbé, in die Brust gestossen / vnd nach 12 tagen / nicht ohne muͤhe / begraben worden; vnd aber den Haͤndlen hatte ich damahlen mit solchem eiffer vnnd verwunderen nachgesonnen / das beides die Confusion vnd Vanitet meines Kopffs ein Meister worden / vnd ich darob gleichsam in einer Entzuckung ohne bewegen lange zeit da gelegen.

Da mich deuchte / ich gienge in dieser grossen Statt oder Welt verirret herumb / der Menschen Wesen vnd wandel hie vnd da zusehen vnd zu erwegen: vnd in dem ich von einer Gasse zur andern hin vnd her spatzieret / die Menschen aber als vber einen Alberen vnnd Frembden sich genug erlacheten / mich einen langen Spannier scholten / die Kinder mir nach luffen vnd mich mit Steinen vnnd Kath wurffen; Auch je mehr ich mich eilete vnd beflisse den Leuten auß den Augen / mir aber auß dem gelaͤchter gespoͤtt vnnd gefahr zu entkommen: je mehr ich / wie man sagt / in die bruͤhe gerathen.

La Colere, eine gaͤnge Straß.

Dann da kame ich in eine Gasse namens La Colere, auprez la rue des mauuais garçons, welche allenthalben mit tumult / mit zancken vnd beissen / mit hauwen vnd schmeissen / mit schlagen vnd balgen erfuͤllet; so / das ich mit grosser muͤhe vnd Noth nicht ohne blutigen Kopff / den ich zum Zehr-gelt davon brachte / durchtrange.

La debauche deßgleichen.

Dort kam ich in eine Strasse Namens La debauche, da ich gewahr wurde / wie alles mit raßlen vnd praßlen / mit schreyen vnd speyen / mit fressen vnd sauffen / mit huren vnd buben wimmelte. Dort durch mehr andere bekandte ort / da es nicht besser als in jetzt erzehlten auch hergienge: dessen ich mich dann hefftig verwunderte: zum theil so bekuͤmmerte / daß ich mich in Ernst schier nicht mehr recolligiren koͤnnen.

Jn dem ich nun wie Stotzen Haͤnsels Kuhe also verstabert stunde / vnd nicht wußte ob ich hindersich oder vorsich wolte: dann je mehr ich fort gienge / je mehr dauchte mich / daß ich in das Spiel geriethe / da hoͤrete ich eine Stimme die mir nach ruffete: Abren madon badil cadilin pasin adum loren masaron damis bodi omis! Jch aber dessen vngeachtet gienge fort / damit nicht etwan / wo ich antwort gebe / von jemand moͤchte erkandt werden. Aber bald hoͤrete ich noch faster ruffen: Amolach bonefar astrafai acalach chaba melan arabias morison osiel acanasor thombas! vnd als ich mich dessen auch nicht annehmen noch gehoͤr geben wollen / hoͤrestu nicht? sprach er ferner / du Hebraischer *Moysiskopff*! Weil mir nun die stimme auff der fersen war / vnd ich mich zu verhuͤtung groͤsseren geschreys vmbkehrete: sihe da war es ein Erbarer Alter Mann / der mir mit gewohnlicher Caeremony deß Orts zu sprache / anzusehen vbel bekleidet / dann an vielen Orten sein Mantel gestuͤckert vnd zerrissen / er aber im Gesicht elendig verkratzet vnd verstellet / als ob er mit den Katzen / gessen hette: doch sein wesen betreffend / war dasselbige nicht zuverachten / sondern er eines Ehrlichen vnd Ernsthafften ansehens. Jn meinen fleischlichen Augen kam er mir vor / als Rabbi Laudel Poppel Poy: insonderheit weil er mir mit Hebraischem Namen zugeruffen.

Wiewol nun diese Wort: EXPERTUS. ROBERTUS. mit guͤldinen Buchstaben auff seiner Brust geschrieben stunden / vnnd dannenhero ich seinen Namen vnd profession vnschwer errathen koͤnnen: Jedoch vnd auß bedencklichen Vrsachen / Wer seit jhr gut Freund? Sprach ich: es scheinet / ob jhr mich nicht recht kennet / vnd für einen anderen haltet: dann ob

Expertus Robertus.

ich schon vor dieser zeit den Hebraischen Doctor: Arx-mihi-firma-Deus in die fünff jahr publice vnd sehr fleissig gehöret / bin ich doch in solcher Sprach jetzt so arm / daß ich einem Hund mit אבג schwärlich könte auß dem Offen locken. Zu dem ist das ja ein seltzamer Name den jhr mir da gegeben / dessen ich mich billig verwunderen solte. So sehr nicht / sprach der alte / dann die Imperii Camera mit der Rosen dergleichen Namen vor etlich hundert Jahren schon gehabt / vnd ist derselbige nicht allererst jetzt von mir erdacht worden / wie in dergleichen fällen vngünstige Leut zu argwohnen pflegen. Das ist wohl war / sagte ich hinwiderumb: doch ist bekandt / daß so wunder seltzame Namen allein / offtmahlen einem Ehrlichen Mann vnd mir selbsten schon / an gutem glück verhinderlich gewesen: weil viel Menschen dafür halten / daß ein seltzamer Name auch einen seltzamen kopff in sich habe. Nicht ohn ist es / sprach der Alte / vnd das macht / weil viel Junge Narren / wann sie kaum das Alpha Fitta Gamma lallen können / so bald jhre namen nicht nur mit dem in der Lateinischen sprach gebräuchlichen *US* vnd *IUS*, sondern mit *ussius*, mit *igius*, mit *inus*, mit *anus*, mit *asinus*, mit Griechisch vnd Hebraisch verbrämen: Es will keiner mehr Roßkopff heissen / sondern Hippocephalus. keiner will Schneider heissen: keiner mehr Schuster: keiner mehr Weber; sondern Sartor, Sutor, Textor: sondern Sartorius, Sutorius, Textorius; nicht Schütz sondern Sagittarius etc. Aber wie daß Vrtheil vieler Menschen vngleich / widersinnig vnnd betrüglich ist / also hastu darumb dich deines / von vielen deinen Voreltren also anererbten Namens nicht zu schämen. Mein name aber / sprach ich ferners / ist *Philander von Sittewalt*. Ja / sagte der Alte / also nennestu dich zwar jetzund. Vnd dergleichen ist von einem Ehren-Mann in ehrlichen Schrifften vnnd Handlungen offt geschehen; in Paß-

von den Namen.

Narren Namenbuch.

quillen aber / vnd Schmachschrifften / die ad speciem gehen / vnd dolo malo geschehen / zupracticiren Hochsträfflichen verbotten. Dein Name ist mir sehr wol bekant. Erinner dich nur dessen / was vor Jahren ich dir im Teutschenland / jenseit deß Rheins / zu Sittewalt / wie du es nennest / an der Kintzig / da ich dich daß erste mahl gesehen / als du eben neben deinem werthen Freund / *König* / den alten Gruterum besuchet / communiciret, so wirstu dich vor mir nicht viel zuverhälen haben / sondern mit mir in wahrer vertrawlichkeit / vnnd zwar zu deinem besten gebahren. Wie kompt es dann / sprach ich weiters / daß jhr so vnlustig vnnd bekümmert außsehet? zwar ich weiß wol / antwortete der Alte widerumb / daß du nach weise der Thörichten Jugend / dir der Welt vnart noch wenig lassest zu Hertzen vnd Gemüth gehen / sondern noch alles hin auff die leichte Axel nimmest / derowegen mehr auff lust vnd kurtzweil / als auff frommen vnd nutzen siehest. Jch aber / Jhr Alte seit wunderbarliche Leute / sprach ich / vnd in gemein könnet jhr nicht wol sehen oder leiden daß Junge Leute auch etwas Frewde vnd Kurtzweil haben / sondern darauff auß / wie jhr dieselbige entweders gar abschaffen / oder doch mercklichen wehren vnd hinderen möchtet: da jhr doch selbsten / wann jhr Alters vnnd Ehren halben köntet vnnd dörfftet / ein gleiches vnnd mehrers nicht vnderlassen würdet. Es ist an dem / das jhr abscheiden vnnd die Welt gesegnen müsset: da hingegen ich allererst einen schritt in dieselbige gethan habe. Derohalben so laßt mich auch vnbekümmert / dann es mir ja in der Welt so wol gilt / als einem anderen.

Jugend thöricht.

Alte wunderlich.

Warauff der Alte anhube zulächlen / vnnd sprach: Mein Kind / ich will dir weder deine Frewde / noch die vermeinte Wollust wehren. Es ist fürwar auß lauterem mitleiden vnd erbarmen geschehen / das ich dich herumb geruffen: weil ich zum offtermahlen gesehen vnnd erfahren / wie die vnbedachtsame Jugend der guten zeit so wenig achtet / vnnd dieselbe so thöricht laßt

Tempus inaestimabile.

vorüber schleichen. Dann Lieber / weistu auch wol was eine Stunde werth seye? hastu auch jemahlen bedacht / wie hoch ein tag zu achten? wie thewer die zeit zu schätzen? Jch glaube sicher du weissest es nicht / dieweil du sie so vbel anlegest / vnd eine Stund nach der andern vnvermercket sich lassest verliehren / welche nimmermehr mag widergebracht werden. O deß köstlichen vnnd edelen Schatzes der Zeit! wie wenig wird jhre Würdigkeit in obacht genommen! hat dir auch die vergangene zeit jemahlen versprochen widerumb zukommen / wann du sie bedörffen möchtest? verstehest du wol schon so viel in Frantzösischer Sprach / was gesagt seye: Peser le feu, mesurer le vent, faire reuenir le iour passé, c'est chose impossible, weissestu wol die verlohrene tag wider herumb zuruffen? Nein warlich sie gehen vnd lauffen dahin / vnd kommen nicht wider. Die zeit ist gleich einer güldinen Ketten: ein jeder Tag ist ein gleych / zu ende welcher /

Der Todt.

an statt eines Kleynodts / hanget der Todt: dem du vielleicht am nechsten bist / wann du vermeinest am weittesten davon sein: Dann in warheit wie du dein Leben anstellest / so ist leicht die Rechnung zu machen / der Todt werde bey dir anklopffen ehe du es

Ein Narr.

möchtest innen werden. Ein Narr stirbet alle Tag / auß forcht daß er dermahlen eines sterben muß. Ein Gott-

Gottloser.

loser aber lebet alle Tag / als ob er nimmermehr sterben solte / vnnd fühlet den Todt nicht ehe als in dem Abscheiden / da dann die Forcht so grausam bey jhm ist / daß jhm weder an Seele noch Leibe zuhelffen. Der

Weise.

aber ist Weise / welcher alle Tag also lebet / als ob er alle stunde sterben müste.

Jch muß bekennen / das auff solches einreden deß Alten ich mein Gemüth ermundert / vnd mich nicht wenig der vergebenen Eittelkeit / damit ich bißhero vmbgegangen / geschåmet hatte. Aber was ist jetzo ewer thun vnd Wesen? sprach ich nachmahlen zum Alten. Meine zerrissene Kleider / antwortete derselbe widerumb / vnnd mein armes ansehen / geben genugsam zuerkennen / wer ich seye / vnd was ich beginne: Nemblich ein Ehrlich Mann / den die Welt nicht sonders achtet / der aber die Warheit lieb hat / vnd der auch / wann es vonnöthen ist / die Warheit darff herauß reden. Jch bin der / wie du weissest / der nun bey zehen Jahr in Austrasia mit vnd vmb dich gewesen. Menniglichen gibt vor er liebe vnd ehre mich / so ich dann zu jhnen komme / empfahen sie mich mit streichen / wie solches an meinem Gesicht vnd Gestalt wol zusehen.

Aber mein Sohn / hastu lust die Welt zusehen / wie ich mercke / so komme mit mir / ich will dich in derselben vornembste Strasse führen / in welcher alles das beysammen zufinden / was sonst hin vnd wider durch die gantze Welt nur stucksweise ist anzutreffen. Jch will dir die Welt nicht in einem Spiegel oder gemålde weisen / sondern in sich selbsten / wie sie in jhrem wesen ist: dann was du bißher gesehen / ist nur die blosse schelffe / vnd ein entlehnter schein dessen so ich dir will forter zeigen.

Hypocrysia vornembste Straß in der Welt.

Wie heisset dann / oder Teutsch zu reden / wie wird dann die vornembste strasse der Welt genannt? sie wird / sprach er / genannt Hypocrisia, Es ist die grösseste in der Welt: dann sie von dem Obern Thor biß zu dem vndern Thor / vom freto Anian biß zum freto Magellanico, von Nova Zembla biß in novam Guineam, von Quinsay biß nach Sevilia, von GrönLand biß nach Sumatra, von Cabo Bonae Spei biß nach Smolensko gehet; vnd ist Niemand vnder den Menschenkindern / der nicht ein Hauß / oder Wohnung / oder doch auffs wenigste eine Kammer oder Auffenthalt in derselben habe. Etliche wohnen beståndig darin; andere je zu zeiten; andere ziehen nur durch ohne ferners auffhalten / nach Art vnnd Manier der Gåste.

Zum Exempel; den du dort an jenem Eck stehen siehest / ist ein Ertzheuchler / *ein Pfeffersack*; will einen Junckern agiren, vnd sein Vatter ist ein Schneider gewesen: da er doch billich seines Herkommens warnehmen / vnnd vielmehr bedencken solte / wie er seinen Worten Krafft geben / als wie er den Lacquayn der jhm nachpasset / in sondere liberey kleiden moͤchte. Hat kaum so viel im Seckel gehabt / daß er den Adelbrieff bezahlen / vnnd einen Stall / reverenter zumelden / kauffen koͤnnen: sich doch vngeachtet aller Ehrbarkeit / nicht mehr Metzger / nicht mehr Wagner / nicht mehr Muͤller / nicht mehr Hert / nicht mehr Frett / nicht mehr Trett / nicht mehr Hett / nicht mehr Messer; sondern Herren von Metzt gern / Herren von Wage gern / Junckern von der Muͤhlen / Herren von Hertten / Herren von Fretten / Herren von Tretten / von Hetten / von Messern will tituliret, titilliret, respectiret, reputiret, reveriret, ceremonisiret haben / damit er nicht nur vnder die Altgeborne vom Adel / vnder die Alte Ritterschafft / *Ancienne Cheuallerie* genannt / gerechnet / sondern auch denselbigen moͤchte vorgezogen werden.

Pfeffersåck.

Sihe dort einen anderen / der sich stellet als ob er eines grossen *Fuͤrsten vnd Potentaten Rath* were / der doch mit all seinem verstand kaum einen Hund koͤnte auß dem Offen locken: damit er aber fuͤr den jenigen angesehen vnd gehalten werde / der er sein will / so stellet er sich gar ernstlich / *siehet* sawr / redet nicht viel / wiewol er sonst vber alle massen als eine Atzel beschwaͤtzt ist / mischet je zu zeiten ein Jtalianisch oder Spannisch Wort mit vnder / damit man dafuͤr halten solle / alle diese Nationen habe er gefressen. gehet langsam / vnd so zureden / nach dem tact / Fuß fuͤr Fuß / als ob all

Junge Råthe.

seine Schritt vnnd tritt durch den Euclidem abgemessen weren / besihet sich selbst hinden vnd fornen / ob er sich noch kenne? ob er der noch seye / der er gewesen? oder ob er der Mann seye / vor den er sich jetzo halte?

Per totam Felix holosericus ambulat Vrbem:
Qui vix toto Vrbes vidit in Orbe duas. Ovven. l. 2. Ep. 62.

Aber im Werck ist er nur ein Heuchler / will der witzigste sein / vnd anderen rathen / da es jhm doch zu mehr mahlen an dem sensu communi selbsten ermanglet. o quam ridiculum est togam saltanti personae induere!

Sihe ein wenig beyseit vnd betrachte diese alte Narren dort / welche damit sie in allem / jnsonderheit bey dem Vrtheilfålligen Frawenziffer / einem Jungen Mann gleich geachtet wůrden / jhre Haar vnd Bårte mit schwartzer farbe vnd Bleyinen Stråhlen accommodiren! alle tag die Backen mit dem Schermesser schinden vnnd schaben lassen. die Thoren meinen vnd bilden sich ein / dergestalt den Todt zu persuadiren, ob sie noch lang zuleben hetten / eben als ob er die Zahl jhrer Monden nicht solte wissen. Alte Narren.

Mentiris juvenem tinctis, Lentine Capillis:
tam subito Corvus, qui modo Cygnus eras.
Non omneis falles: scit te Proserpina Canum.
Personam capiti detrahet illa tuo. Martial. l. 3. Ep. 43.

Siehe dort gegen vber etliche Junge Messieurs, die sich stellen / als ob sie bereits die Witz alle gefressen / wollen månniglichen mit jhrem aequivociren vnnd scholastisiren in ein Bockshorn treiben / wissen auß nichts als Bartolo vnnd Baldo, Galeno vnnd Celso; von nichts als attributis, reservatis vnd casibus Conscientiae zuerzehlen; schewen sich auch nicht / den Alten erfahrenen vorzumahlen / was vnd wie sie jhre sachen in rerum statu anordnen vnnd bestellen sollen; Junge Messieurs.

wollen wissen vnd Rathen / vnd wissen nicht quod Senatus a Senio, a Juvenibus dicatur Juvenatus.

Ovvenus Monostich. 55. 56. 57.

a senibus Prisci sumtum dixere Senatum.
Est robur juvenum, Consiliumque senum.
a Sene consilium quaeras. Prudentia rerum
est illis, sine qua curia quaeque perit.
Vrbes Regna domos juvenum quos rexerit ardor,
sint quanquam fortes, certa ruina manet.

Weißlicher handlen die jenige / welche daß Alter wegen seiner Erfahrenheit / welche allein einen verstaͤndigen Mann machet / respectiren vnd Ehren. Ein elende Blindheit der Jugend / wann sie sich duncken lasset / vnd jhre vnwissenheit nicht erkennet / Mercke du dieses / ist dir nicht auch also?

Omnia te, dum junior esses, scire putabas;
Quo scis plus, hoc te scis, scio, scire minus.

Durch grosses pralen vnd Auffschneiden wird keiner Weise / sondern gibt nur seinen vnverstand den Menschen desto mehr zu erkennen.

Ovven. l. 3. Ep. 48.

Vberiora ferunt valles, brevioraque montes
gramina. Multum humilis mens sapit, alta parum.

Stillschweigen ist der Jugend beste Kunst:
Red vngefragt / macht der Jugend vngunst.

Schneider.

Soltestu wol glauben das jener koͤstlicher dort *ein Schneider* were? gleichwol ist er ein Schneider / vnd bleibt auch ein Schneider / sein leben lang / ob er schon an Kleidung einem vom Adel nichts will bevor geben: dieser ist auch ein Ertz-Hypocrit. Zu Sonn- vnd Festtagen verstellet er sich dergestalt in Seiden / Sammet / Attlas / in Silber vnnd Guͤldne flecken / stuͤcker / Nestel / Schnuͤr vnd Baͤndel / daß wo man alle Ehlen in der Welt / alle Scheren / Nadlen / Fingerhuͤte vnd Wachsknollen zu rath fragen solte / wer dieser Esel were / sie jhn nicht mehr kennen wirden; Dann sein Stand vnnd

Tracht koͤnnen sich in Ewigkeit nicht zusammen reymen.

Jst derowegen die lose Heucheley eine allgemeine seuche in allen Staͤnden / auch bey den geringsten Handwercken / die alle sich in jhrem Wesen selbst schmeichlen vnd Liebkosen / so / daß keiner sich selbsten mehr recht kan oder will erkennen.

Ein kahler Schuhflicker haltet jetzt in seinem Sinn von sich selbsten so viel / daß an statt seines gebuͤhrlichen Namens er sich einen Conservatorem Calceitatis, einen Herrenschuster / Hoffschuster / Stiffelschuster vnnd Stiffelmacher darff traͤumen lassen.

Schuhflicker.

Der Kieffer duͤncket sich auch eines bessern Namens werth seyn / vnnd nennet sich deßwegen / deß Bacchus Hoffschneider / alldieweil er dem Wein seine Kleidung zu werck richtet.

Kieffer.

Der Stallknecht traͤumet sich einen Stallmeister. Der Cammerdiener einen Hoffmeister. Der Hencker supremum Judicem, einen Hochrichter. Der Gauckler einen Zeitvertreiber. Das Zechhauß Rathstube / de virtute in virtutem von einem Wirthshauß in das andere. Der Zoͤllner Schatzmeister. Der Schoͤffen Stattmeister. Die Huren freundliche Jungfrawen. Die Kupplerinnen / Gottsfoͤrchtige Matronen. Der Gauch / gedultiger Job. Hurerey / Freundschafft. Wucher / Haͤußlichkeit. Betriegerey / Geschwindigkeit. Luͤgen / Auffrichtigkeit. Die Boßheit / Wackerkeit. Ein Bernheutter / Friedliebender. Dollkuͤhnheit / Dapfferkeit. Der Edelknab oder Page, Ehrenhold. Der Lacquay, Trabandt. Der Schalcksnarr / Hoͤffling. Ein schwartzer Schleppsack / Brauns Annelein. Ein Esel / Doctor. Ein jeder langer Mantel will Herr Candidatus. Ein jeder Balger / Herr Capitain. Der nur ein gut Kleyd an hat / Vester Juncker. Ein jeder Gloͤckner / Ewer Wuͤrde. Ein jeder Dintenfresser / Secretarius. Ein jeder Blackvogel / Edel / Ehrenvest vnnd Hochgelehrt / ti-

Stallknecht. Cammerdiener. Hencker. Gauckler. Zechhauß. Zoͤllner. Schoͤffen. Huren. Kupplerinnen. Gauch. Hurerey. Wucher. Betriegerey. Luͤgen. Boßheit. Bernheuter. Dollheit. Edelknab. Lacquay. Schalcks-Narr / etc.

tuliret werden. Aber vnder diesen allen ist keiner das / was er seyn will. Keiner will seyn / was vnd wer er ist. Also ist eytel Heucheley / Luͤgen vnnd Triegerey in allen Staͤnden / vnd nachmahlen heisset es / Mundus opinione regitur, Mundus titulis titillatur.

Heucheley alles vbels Vrsach.

Vnd wann man eben die Teutsche Warheit reden will / so haben Zorn / Schwaͤlgerey / Stoltz / Geitz / Vppigkeit / Faulkeit / Mord / vnnd viel tausend andere Suͤnden / einig vnnd allein jhren Vrsprung von der Heucheley. Wie grob auch ein Mensch fehlet vnd jrret / will er doch solches alles sub specie, praetextu & apparentia alicuius boni, vel necessitatis causa bemaͤntelen / vnd zu entschuldigen sich vnderstehen.

Job. 8. v. 13.

Aber die Hoffnung der Heuchler wird verlohren seyn / dann seine Zuversicht vergehet / vnd seine Hoffnung ist ein Spinnweb. Dann weil er ein Heuchler vnnd Boͤßwicht ist / wie kan er Hoffnung haben? Weil er sich außgibt vnnd haltet fuͤr den er nicht ist / wie kan er Hoffnung haben? Jst also ein Gleißner vnder allen Suͤndern der hochmuͤtigste vnd trotzigste: dann alle andere Suͤnder suͤndigen nur wider GOtt; aber ein Heuchler suͤndiget wider GOtt / mit GOtt / vnd in GOtt. Stellet sich heilig / ist doch ein Schalck im Hertzen.

Togas induunt quamvis saltantes,
Et Curios simulant & bacchanalia vivunt.

Martial. l. 7. Ep. 57.

quaere aliquem Curios semper Fabiosque loquentem,
Hirsutum & dura rusticitate trucem,
Invenies; Sed habet tristis quoque turba Cinaedos.

lib. 6. Ep. 24.

Nil lasciuius est Carisiano,
Saturnalibus ambulat togatus.

lib. 10. Ep. 52.

Thelin viderat in toga spadonem,
Damnatam Numa dixit esse moecham.

Jn wehrendem discurs kamen wir in mitte dieser grossen Gasse / darinnen ich sahe alles das / so der Alte mir vorgesagt hatte: begaben vns deßwegen auff einen hohen Ort / da man alles wol beschawen vnd vbersehen kondte.

Daß erste so mir zu Gesicht kame / war eine Todtenleiche / so man zu Grab truge / sampt einer grossen maͤnge Verwandter / Schwaͤger / Vettern vnd Baͤßlen / vnnd anderer erbettener / die der Leich nachfolgeten / vnd zu Ehren einem jhrer Freunde / dem Witwer / wegen seines verstorbenen Weibs das Geleidt gaben. Er / der Leidige / war mit einem schwartzen Tuͤchen Mantel verhuͤllet biß auff den Boden / hatte eine lange Trawrbinde vmb seinen Hut herab hangen / den Kopff vndersich haltend / ob er die Schluͤssel suchete / wie jener Apt: gienge langsam / vnd als ob er vor Mattigkeit erligen wolte. Jch / auß bewegnuß vnd mitleiden / wie ist / sprach ich / der gute Mann zubetrauren / daß er in ein so grosses Haußcreutz gerathen! O ein seelig Weib / die so jnniglichen von jhrem Mann vnd Freunden wird betrauret! Ach / sprach der Alte / mein Sohn / nur gemach / nicht Vrtheile so bald / dann dieses alles so du sihest / ist eine eytele Heucheley / eine eytele vanitaͤt. Alles was da geschicht / ist angenommener gezwungener weiß / es gehet nicht von Hertzen / ist lauter Scheinsal / vnnd wirst du baldt erfahren / wie sehr daß jnnerliche dem eusserlichen schein so gar nicht correspondire. Lese die Carmina funebria so der verstorbenen zu Ehren gemacht. hoͤre daß gepraͤng der Abdanckung vnnd parentation, warin deß ruͤhmens der Person / Geburt / Herkommens / Stammens / Namens vnnd Standts titul / deß trawrens / deß klagens kein ende ist.

Leichbegaͤngnussen.

Scilicet
Laedimus insontes vivos. laudamus eosdem
Defunctos. O mors candida, vita nigra!

Ovven. l. sing. Ep. 135.

Wer wolte nicht meinen vnd sagen / daß alles dieses

Pråchtige wesen vmb hoher Vrsachen vnnd consideration wegen angestellet vnnd warhafftig wahr seye! Aber wisse / daß das jenige so in dem Sarck liget / ist weniger als Nichts / dann schon bey seinen Lebzeiten war der Mensch Nichts / vnd solches Nichts ist durch den Todt noch mehr geringert vnnd zu Nichts worden: Jst also auch alle Ehr vnnd Pomp / so deßwegen angewendet wird / lauter Nichts / vnnd so wol im Todt deß Menschen / als in dessen Leben / die eytele vanitåt daß beste. Die grosse scheinbare Traur / so die nachfolgende sehen lassen / gehet weder von Hertzen noch zu Hertzen / geschicht allein darumb / weil es also der brauch vnd gewonheit ist / vnd sie zu solcher letzten Ehre vnd Begångnuß seind beruffen vnd geladen.

Leichgedancken.

Wůnschten theils vielleicht lieber / auß einer oder der anderen jhnen bekandten Vrsach / daß der Teuffel den Todten sampt der gantzen Freundschafft hinweg hette.

Leichgespråch.

An statt daß sie sich bey diesem Exempel erspieglen / sich der Sterblichkeit vnnd jhres Endes erinneren vnnd dazu schicken solten / so fangen sie an von der verstorbenen disposition vnd jhrem Testament vnd der verlassenschafft zu discurriren. Der eine sagt / er were in streit vnd Mißverstand mit dem Leidigen / auch zu dem der Verwandtnuß nach jhme so nahe nicht beygethan / nehme jhn Wunder / warumb man jhn zur Begråbnuß beruffen lassen / bevorab weil er andere vnd wichtigere Geschåfft dadurch versaumet hette.

Die andere sagt / man hette jhr die gebůhrende Ehre nicht angethan / hette Ehren vnd Verwandnuß wegen wol weiter davornen gehen sollen / der Teuffel soll also ins kůnfftige mehr einem Freund dienen. Einem ist die verstorbene ein stattliche Haußhålterin gewesen; dem anderen eine schleyffe vnd kötsch.

Witwer.

Der Wittwer selbsten ist so bekůmmert nicht wie er sich stellet / vnd du jhn dafůr ansiehest ist meist darumb traurig / daß er so viel Vnkosten bey der Begraͤbnuß auffwenden muß / die doch eben wol mit minderem gepraͤng vnd wenigerem seinem schaden hette geschehen koͤnnen. Sagt bey sich selbsten / daß weil sein Weib je hab sterben sollen vnnd wollen / sie es wol vor langem hette tun koͤnnen / ehe der Doctor vnnd Apothecker so viel kosten auffgewendet hetten. So hoch ist der gute Mann bekuͤmmert / daß er sich tausenterley Gedancken macht / wiebald? wie? wo? vnd welche? er ehest widerumb Freyen wolle? kommen jhm viel schoͤne vnnd vortraͤgliche subjecta in Sinn / viel werden jhm troͤstlich angetragen / so daß er nicht weiß wessen er sich resolviren solle. Wird also das grosse Leid bald in Frewd: die Trauwer vnd der Todt in eine Newe Aufferstehung verwandlet werden.

Vrtheil der Menschen falsch.

Jch stunde da vnd hoͤrete dem Alten so fleissig zu / daß ich meiner selbsten darob vergaß vnd daß Maul auffsperte wie ein Narr: vnnd in dem ich mich wider erholet / sprach; ja freylich ist das Ansehen Menschlichen Wesens seiner Natur gar nicht gleich: will deßwegen mich in das kuͤnfftige wol bedencken ein Vrtheil von ichtwas zu faͤllen; vnnd die sachen so mir am scheinbahresten vorkommen / will ich hinfort vor die verdaͤchtigste vnd betrieglichste halten.

Wittwe.

Petr. Arbit.

Jn deß erhub sich ein grosses Geschrey / als ob man auff sechs Stimmen zusammen heulete: wir folgeten dem Ort / vmb zuvernehmen was es bedeuten moͤchte / vnd fanden in einem Hauß eine Junge Wittib / deren der liebe Mann vor zweyen Tagen allerst gestorben. Diese schrye / heulete / seufftzete vnd kluxete dermassen / ob der letzte Athem jhr außgehen vnnd sie verzagen wolte. Bald schlug sie die Haͤnde in einander / wande sie vmbher / manibus inter se usque ad articulorum strepitum contritis, rauffte jhr das Haar auß / vnnd ließ zu zeiten mit vbersich verkehrten Augen einen solchen seufftzen / so tieff von Hertzen / als ob sie jhn auß dem Bronnen zu Breysach geschöpffet hette: welches Wesen alles doch dem verstorbenen nicht einen Heller nutzete. Alle Zimmer vnd Cammeren deß Hauses waren jhres Zieraths beraubet: die Leidige Junge Wittwe saß in einem finsteren Gemach mit Traur vnd schwartzem Tuch behanget / da nicht wol eines das andere sehen konte / welches doch dem Frawen-Zimmer allem zu sonderlichem Vortheil vnd behůlff dienete / in dem man nicht sehen konte / wie manche die Thränen herauß gezwungen vnnd getrucket / vnnd das Gesicht so scheutzlichen wird verstellet haben / damit sie jhrer Traurigkeit in etwas mögen einen schein vnd gestalt geben.

Martial. 4. Ep. 58.

In tenebris luges amissum Galla maritum,
Nam plorare pudet te, puto, Galla virum.

Leidklagen.

Eine der Gevatterinnen oder Gespielen / so die Wittwe in jhrem Leid nach gewohnheit trösten wolte / sprach: Ach liebe Fraw Gevatterin / all ewer trawren ist vergebens vnd vmb sonst / jhr könt ewren Herren damit doch nicht wider lebendig machen / gebt derowegen ewer Hertz in Gedult / vnnd nempt Exempel an mir / dann ewer Creutz gehet mir so hart zu Hertzen als ob es mein eigenes were. Die andere vermittelst eines schröcklichen Seufftzers fieng an zu sagen: Liebe Nachbåurin / jhr solt euch so sehr nicht bekůmmeren / ewer Herr ist so ein feiner Herr gewesen / daß ich nicht zweiffele er sey gewiß im Himmel / stillet demnach ewer weinen / dann vnmůglichen dingen ist doch anderst nicht zu helffen. Die dritte / ach liebe Schwester / du weissest den edlen trost Batzientzia Fintzi Domine! gib derowegen dein Hertz zur ruhe / GOTT wird dich bald wider erfrewen! vnd so fortan / Eine nach der anderen pflegte jhren tröstlichen Weidspruch her zusagen. Je mehr aber die gute Weiblein der Wittwen zusprechen / jemehr sie allererst anhebet sich zu jammern vnd zu beklagen / vnnd mit halb gebrochener stimme: Ach daß es GOtt erbarme / spricht sie / ich armes elendes Weib / was soll ich thun? Ach wer wird mich nun troͤsten vnd erfrewen? wer wird mich nun mehr? Ach mein Hertzallerliebster Schatz / wie ist mir dein Abscheid so schmertzlich! ach ich arme Wittwe / wer wird sich meiner in diesem schweren Creutz doch annehmen! Ach nicht ein wunder were es / ich ließ mich zu jhm in das Grab legen! Jch begere doch also nicht lenger zu leben / weil ich den verlohren / den ich lieber gehabt als die gantze Welt! o ich vnseliges Weib! o weh mir armen Witwen? wer wird mich! Zu diesem figural geschrey kommet dann die vbrige gantze Choral Harmony / in dem die andere Weiber alle / mit Naseschneutzen / raͤusperen / husten / schnupffen / schluxen kluxen / ritschen / wischen / waͤschen / klappern vnd Bapplen / zustimmen / so daß ich kein wort mehr verstehen konte / was mehr geredet oder gesagt worden. Dieses alles / sprach der Alte / ist der Weiber ordinarium vnd meines erachtens jhre gewohnliche purgation, in dem sie die boͤse Feuchtigkeiten vnnd Fluͤsse deß Hirns also durch die Naßloͤcher vnd Augen außtreiben / eben als bey den Mannsleuten die Tabac-Narren pflegen. Aber ich / antwortend / sprach / das meines erachtens die gute Wittwe billich zubetrawren were / als welche von aller Welt jetzt verlassen / dannenhero auch die Heylige Schrifft sie so hoch recommendiret: dann wie Reich auch eine Wittib an allen Mitlen sein mag / so ist sie doch ein armes elendes Weib / dessen man sich so lang annimmet / vnd erbarmet / als lang man von jhr kan genieß vnd Vortheil haben: vnnd wann sie der huͤlff am noͤthigsten bedarff / so ist doch Niemand der sich jhrer von Hertzen vnd ohne gesuchten Eigennutz / insonderheit gegen grossen Hansen / will annehmen: Dann die grossen will niemand erzürnen / sondern jeder bey densel-

Der Weiber schnup-Tabac.

ben ein bene oder Lehen verdienen / vnnd bey jhnen bleibt es:

Sic volo sic jubeo, stat pro ratione voluntas.
Jch bin ein Herr
trotz der sich sperr.
Recht hien Recht her
Ein jeder thu was ich begehr.
wer daß nicht thut
den kost es Ehr vnd gut.
Jch bin das Recht
trotz der mir widerfecht.

Aber wehe denen die der Wittwen sache nicht recht in acht nehmen / noch jhr Recht befuͤrderen helffen / so sie anderst recht haben!

Nun sehe ich wol / sprach der Alte / daß du auch / nach gebrauch der eitelen Weltkinder / deine Geschicklichkeit wilt sehen vnd hoͤren lassen / vnd die Leute glauben machen / daß du ein so stattlicher Theologus seyest; da du doch warten soltest / biß ich dir die rechte bedeutung dessen allen / welche dir vnbekandt ist / erklaͤret hette. Aber schwaͤrlich ist es einem Menschen / der sich duncket gelehrt zu sein / so weit inzuhalten / daß er sich dessen nicht mercken lasse:

Viel weiser Leut die Welt wol hett /
Wann nur der leidig stoltz nicht thet /
Der die Leut auch beredt so fern /
Als wann sie jetzt schon Doctor wern /
Wer aber meint Er kan es gar
Der bleibet ein Narr jmmerdar.

Vnd ist zusorgen / wann sich der Fall mit der Witwen nicht praesentiret hette / alle deine Geschicklichkeit dir im Leib versporet were. Auch was diese Wittib an jhr selbst anlanget / so ist gewiß daß sie eusserlichem ansehen nach scheinet / ob jhr gantzes Hertz nichts als Andacht / Trauwrigkeit vnd Kyrieleyson were; Aber die Kleider sind nur schwartz; das Hertz ist grün vnd in frischer hoffnung / bald widerumb einen anderen Mann zu haben: Jhre Thrånen sind herauß gezwungen / lacrymae ad ostentationem paratae, jhre gestalt ist triegerey.

Wiltu aber sehen was das Hertz dazu sage? mein so lasse sie allein / das sie niemand wisse / du wirst den Betrug vnd Heucheley bald erfahren / wie sie nemlichen so frisch sich erzeigen / vnnd einen Courranten daher Singen vnnd springen werde / so gayl vnd rammelich als die Katzen vmb Liechtmeß.

Amissum non flet cum sola est Gellia Sponsum: Martial. l.
  Si quis adest, iussae prosiliunt lacrymae. 1. Ep. 34.
Non dolet, hic quisquis laudari Gellia quaerit:
  Ille dolet vere qui sine teste dolet.

Bald auch wird eine jhrer vertrawten kommen vnd nach der Weiber art ex lachrymis in risum mota sagen: Wittwen trost. Liebe Gespiele / nur frisch vnd gutes muths / was Elements soll das vermaledeyte trauren? jhr habt es besser als jhr selbsten meinet / ist schon ewer Herr vnd Mann gestorben / botz zipffel / jhr seit noch jung vnnd wacker genug / werd ewers gleichen bald finden / wann jhr nur wollet: der vnnd der haben schon nach euch gefraget / dieser hat schon ein Auge auff euch geworffen / soltet jhr nur einmahl mit jhm zusprechen kommen / jhr wirdet deß verstorbenen bald vergessen / wann es mir also zuthun were / wie bald wolt ich mich gressolfiert han. Werrly liebe Nachbarin / wird die andere sagen / wann es mir asso were / ich wolte mich bald bedacht han: Einer verlohren / zehen wider gefunden: Jch wolte dem Rath folgen / den euch mein liebe Gevatterin alleweil gegeben / dann werrly der vnd dieser hat eine grosse affechtion vnd Liebe zu euch / man merckt es an allem seinem thun / er ist ein wackerer Kerl / Jung vnd starck / vnnd ewer wol würdig / vnd wer werly jmmer schad / wann er euch nicht sott bekommen! Als dann wird die Wittwe mit verkehrten Augen / beneben einem tieffgeholten seufftzen / fein zimperlich anfangen vnd sagen: O weh! was sagenir do? Ja wol vergessen! Ach mein lieber Mann / wie kan ich / wie will ich deiner so bald vergessen! Ja freylich! Ach GOtt es ist noch nicht von Heyrathen zureden! Jch wolt wol verschwoͤren mein Lebtag mehr einen Mann zunehmen! solte es aber je Gottes sonderbahrer wille sein / so wird er mir die Zeit vnd Person selbsten wol außsehen / dann

Was GOtt beschert
Bleibt vnverwehrt.

Doch imoͤcht werrly schier lachå / dasser miasso fexieråͤ / iwill aueråͤ guotåͤ roth drumb nit veracht han / sondern thu mi der trewen fuͤrsorge von Hertzen bedancken.

Strenoph pag. 467. pr. & n. 8.

Sihe mein lieber Sohn / diß ist der Weiber mode. hi sunt viduarum mores, priusquam mortuus elatus est aede, vivus alius elevatus est in corde. Der Mann ist kaum vergraben / vnd jhr Hertz hat schon einen anderen an der seitte: Ehe der Mann recht erkaltet / so hat sie schon einen warmen in den armen / vnd nimpt den rothen fuͤr den todten; da siehet sie wo ein frischer hergehe. Was hat sie nicht fuͤr ein Mordgeschrey bey dem Grabe gefuͤhret? wie hat sie sich gestellet? ist in Ohnmacht gesuncken / hat vor Leid hungers sterben wollen: vnd nun wol an: Gedult kan alles vberwinden / thut weit fuͤr Reichthumb gan. was nicht anderst kan sein / da gebe ich meinen willen darein / etc.

Schergen.

Jn dem der Alte dieses außgeredet / erhub sich ein geråͤusch vnd ruffens in der Gassen / vnd als wir vns vmbsahen / war es *ein Scherge* / ohne Hut vnd Kragen mit blutigem Maul / der verfolgete einen Dieb mit lautem nachschreyen / hebt den Dieb! au Voleur! au

Voleur! hebt den Dieb! hebt den Dieb! welcher aber davon lieffe / ob jhm der Teuffel nach dem buckel greiffen wolte. Da dachte ich bey mir selbsten / gleichwol muß dieser Scherge ein rechtschaffen Mann sein / weil er den Bößwicht so ernstlich verfolget. Aber der Alte sprach / mein Sohn / dieser Diebe ist sonst deß Schergen bester Freund / mit dem er steths in den Wirthshäuseren vnd Weinschencken hien vnd wider gefressen vnd gesoffen; weil aber der Dieb jhm nicht part an einer Beute oder diebstahl geben wollen / darumb ist er so erzürnet / vnd wolte den armen schlucker gern an Galgen bringen helffen; dahero der Scherge auch diese grobe stöß von jhm bekommen. Es muß dan dieser Gesell / sprach ich weiter / wol zu Fuß sein / weil er diesem Schergen / deß Henckers Jaghund / da hat entlauffen können. Jst also der Scherge nicht wegen befürderung deß Rechtens / sonderen seines eigenen genieß vnd Vortheils / vnder dem scheinbahren praetext der Justitien so eyfferig gewesen / sonsten er den guten Kerles wol wirde vnberuffen haben vorüber streichen lassen. Dann ja ein Scherge sonst kein ander Einkommens oder Renten hat / als was jhm per anticipationem, auff Ruth / Schwerd / vnd Strang mag gedeyen vnnd gebühren. Mein rath / der Schergen vnd jhres gleichen Gesindlein in der Welt abzukommen / were / daß die Menschen es probiren, vnd ein Jahr oder etliche nicht sündigen wolten / alsdann jhr Handwerck erligen vnd sie hungers sterben müßten: wiewol / weil es heißt / *non tam crimine quam sorte nocentes fiunt*, wann sie an den Hund wollen / so muß er Leder gefressen haben / ob er schon keines je gesehen.

Non amo te Sabidi, nec possum dicere Quare:
  Hoc tantum possum dicere: Non amo te.

Martial. l. 1. Ep. 33.

Vnd were einer so fromb als Abel / dannoch so Scherge vnnd *Schreiber* Schaͤlcke sind / so muͤste er den Namen haben / er were ein Dieb / welches jnsonderheit an etlichen Orten in der Welt / da die *Schreiber*

Gericht-schreiber.

ohne gewissen Schreiben / zusehen: in dem sie zum offtermalen nur daß jenige in einer Zeugen Aussage setzen / was jhnen wol beliebet / das ander aber aussen lassen: gleichwol / wann sie dem deponenten die Aussag widerumb vorlesen / so vber alle massen stattliche Gedaͤchtnuß haben / das sie auch nicht vmb ein Wort fehlen / damit der Zeuge ja es nicht mercken koͤnne. Aber gleich wie die Schreiber den Zeugen Meineyds verwarnen / vnd die schlechte Wahrheit außzusagen mit Eyden beladen; solte wahrlich nicht vneben / sondern wol noͤthiger sein / das die Zeugen heutiges Tags *die Schreiber* ebenmessig Meineyds verwarneten / vnd die schlechte pure Wahrheit zuschreiben / vor an hin mit Eyden beladen theten; das sie nicht anderst lesen wolten / als geschrieben / nicht anderst schreiben / als außgesagt were worden.

Wie wir nun weiters gehen wolten / begegnete vns eine

Hoffleben.

ansehnliche Manns Person von ferne / der dem Augenschein nach zwar ein vortrefflicher Herr / aber als er vns nahete / von jnnerlichem stoltz dermassen auffgeblasen war / als ein Frosch. Er gienge so richt vnd strack als ein boltz / vnnd als ob er mit palissaden vmbzaͤunet were; Langsame satte schritte / das der Boden zitterte / sahe saur / vnnd goͤnnete keinem wol das Gesicht; war vmb den Halß mit einem grossen Kragen vmbgeben / vnd dermassen eingespannet / als ob er am Pranger oder Halßeisen stunde: kein Glied noch gleych kondte er bewegen oder regen / sonderen scheinete als ob ein scheit Holtz mit kleideren angethan vmbher gienge: vnd hette es jhn daß Leben kosten sollen / wirde er doch / zu erhaltung der Reputa-

Reputation.

tion (wann ich dieses Worts gedencke / so jammert mich / daß es so vornehme Leut zu Narren machet /

vnnd so viel Potentaten / deren ich vnden einen grossen hauffen in der Hölle gesehen / zur verdamnuß treibet /) auff keine seitte gesehen / noch an seinem Hut griffen haben. Jhme giengen von hinden nach viel *Diener / die auch vermeinten Herren zu sein* / vnder welchen ein Fuchsschwäntzer vnd SchalcksNarr die nechste waren / deren einer je bißweilen herbey tratte / vnd dem Herren mit tieffer reverentz ein Wort etliche in die Ohren pausete. Ha / was ein seeliger Mann ist daß! fienge ich an zu dem Alten zusagen: diesem Herren manglet gewiß auff Erden nichts / vnd hette der Alte Gesatzschreiber Solon, wann er noch bey leben were / sein Vrtheil (das man niemand vor seinem Ende solle glückseelig preisen) gewiß vmb dieses Manns willen gern widerruffen vnnd für vnkräfftig erklären wollen. Da gehet es noch rechtschaffen daher / wo einer sein Gelt zu solchen Ehren / vnd so rechtschaffen weiß anzuwenden vnd gebrauchen. Es muß ja ein vortrefflicher Herr sein / der so köstliche brave Diener hat nach jhm daher prangen!

Höfflinge.

So elendig ist es auch / sprach der Alte zu mir / in deinem Hirn bestellet / das nach so vielen exemplen du dannoch den schein vnd die Farb von der realität noch nicht kanst vnderscheiden. Es ist hie nichts als Betrug vnnd falsch / Aula est splendida miseria, Alle diese scheinende Herrlichkeit ist ein gelehntes geborgtes Wesen / welches allein auff vergebener Hoffnung vnnd vielen verheissungen bestehet. Es ist das Hoffleben gleich einem herrlichen / fast köstlichen Bauw / der aber zu letzt / vnd am Ende / einen krach lasset / vnd viel zu boden schläget. Eine herrliche Musica, die anfangs lieblich klinget in den Ohren deren die es hören / aber zu letzt auff ein *la mi* endet. Es heisset

Nil hic ita cernis ut est.

Vnd gewiß / wann du diesem grossen Herren in das

Gewissen vnnd Beutel sehen soltest / so wuͤrde es sich befinden / das zu fortsetzung dieses scheinbahren eitelen Prachts / so die Welt gluͤckseeligkeit heisset / er zehenmahl mehr muͤhe vnd Arbeit / sorg / angst / forcht vnnd schrecken muß anwenden vnnd außstehen / als sonst ein armer Tagloͤhner vmb das taͤgliche Brod. Die witzigste vnder allen seinen Dienern sind der Schalcks-Narr vnd Fuchsschwaͤntzer: diese zween haben zu Hoff daß prae, sie reden dem Herren was er gern hoͤret / lachen heimlich in die Faust / fressen vnnd sauffen das beste / machen sich zeitlich bezahlt / vnd lassen den Herren sampt den vbrigen Hoffdienern daß Nachsehen haben.

Schalcks-Narr. Fuchs-schwaͤntzer.

Ovven. l. 2. Ep. 1.

Nil distant Labor atque labos, nil Arbor & arbos:
Idem honor est & honos, qui Rapit ergo Sapit.

Dann wer sich da schaͤmen vnd der gelegenheit nicht frisch gebrauchen will / der thut Naͤrrisch. Dann es nicht alle Tag mit vollem Loͤffel zu Hoff hergehet. Derowegen so nemme weil es da ist; sonsten / in dem du dich lang bedencken wilt / ob du Recht oder Vnrecht daran thuest / so ist der Brey gefressen / vnd du zwischen zweyen stuͤhlen nider gesessen.

Ovven. l. 3. Ep. 71.

Praeteriti spes nulla manet, spes nulla futuri:
Res abeunt sine spe, spes redeunt sine re;
Dum nos praeteriti dolor angit, cura futuri;
Bellua, quod praesens est, capit; Illa sapit.

Sind derowegen theils grosse Herren recht elende Leut / welche eine Luͤgen / einen Fuchsschwantz so thewer Kauffen muͤssen: vnd sie eh selbsten Nothleiden / als daß jhrer Schalcks-Narren oder Fuchsschwaͤntzer einer manglen solte: Ergo ne

Ovven. l. 3. Ep. 38.

Atria magna colam? vix tres aut quatuor ista
Res aluit; pallet caetera turba fame.

Ja welche eh alle ehrliche Diener mit Vngunst abschaffen / eh sie einen Suppenfresser oder Zeitungflickerin erzoͤrnen wolten. Der arme verblendete Herr meinet wunders was trew er von den beyden Holuncken zu gewarten haben / wie all sein auffnehmen auff Jhnen allein bestehe / weil sie jhme reden was er gerne hoͤret / zu allem ja vnnd recht sprechen / GOTT gebe / es muͤsse das Land daruͤber zu Grund vnnd scheitteren gehen: Aber / gard Monsieur

Qui cuivis quidvis credit, male creditur Illi;
Quo credis mihi plus, hoc tibi credo minus.

Ovven. l. sing. Ep. 65.

Ruͤhmen vnd loben jhn / als ob in der Welt er allein ein Cavallier, vnnd bey Damen allein den Danck zugewarten hette. Jst also zu Hoff jrgend Ein Esel zufinden / (wie sie dann alle / Esel sind) so ist es gewiß der Herr selbsten / so er diesen beyden ohne vnderscheid also volget.

Esel zu Hoff.

Taubmannus einsmahls gefragt; was die Hoffleut seyen? sagte: sie sind alle Narren. Dann wie witzig vnd klug sich einer je deucht / so findet er doch allezeit seinen Mann / der jhn Narren kan.

Est oculus tibi Quinte Vnus? metuendus Vlysses:
Centum oculi vigiles sunt tibi? Mercurius.

Was aber der Fuͤrst selbsten seye? antwortete: Ille est eximius. Dessen dieser Hoffmann hie Exempel gibt. Dann wer die meiste sorge / trewe vnnd Arbeit zu Hoff thut / der hat es gemeiniglich am wenigsten Danck. Wie die Westreicher Pferd vor Jahren (GOTT erbarme es jetzt) zwar den Habern gebawet / frembde Außlaͤndische Pferde aber / oder wol Esel / gefressen haben / daß heisset:

Sic vos non vobis Habrificatis Equi.
Sic vos non vobis mellificatis Apes.
Sic vos non vobis nidificatis Aves.
Sic vos non vobis fertis aratra Boves.
Sic vos non vobis vellera fertis Oves.

Der Alte kondte das Wort nicht wol außreden / siehe / da kam ein vornehme Dame von Hoff auff vns zugegangen / deren eine Matron sampt einem Lacquayen nachfolgeten. Die Gebården vnd Gestalt dieser Dame waren vbermenschlich anzusehen / gienge langsam / wuste im gehen jhre Glieder so álamode zu kehren vnd wenden! zu rencken vnd lencken / das alle die so jhr ansichtig waren / gegen derselben mit vnverhoffter Lieb vnd affection entzuͤndet wurden / vnd nach jhr als dem SchlauraffenLand verlangen trugen. Wer sie einmahl zu Gesicht bekommen hatte / vor dem verdeckete sie das Antzlitz nachmahlen. Welche sie zuvor noch nicht gesehen hatten / denen ließ sie einen Blick widerfahren / dergestalt als ob jhre Augen voll helles / zu sich ziehendes / durchtringendes / ansteckendes / vberwindendes Liebesfewer weren: jnsonderheit wann sie sich annahme / ob wolte sie den Flur oder Crespe / oder Mimy, so jhr vber das Gesicht herab floge / richten. Bald entdeckete sie das Antzlitz nur halb / vnnd dann sich stellende / als ob sie das Halßtuch stecken / vnnd sich decken wolte / entbloͤssete sie in dessen etwas jhre Bruͤstlein / welche weisser waren als Alabaster anzusehen / vnd nach Athem grableten wie die junge Maͤusger. Jhre Haar waren zierlich als ein Kunstreiches Kettlein in einander geringlet vnnd gekraͤuselet / vber jhre Stirne vnd Wangen herab fliegend / Crines ingenio suo flexi per totos sese humeros effuderunt.

A la mode Dame.

Oculorum mobilis petulantia.

Petr. Arbitr.

Martial. 4. Ep. 42.

Lumina sideribus certant, mollesque flagellant
Colla comae.

Jhr Gesicht war wie der weisse Schnee mit Leibfarben Rosen lieblich besprenget: Jhre Lefftzen wie Corall: Nares paululum inflexae, & osculum quale Praxiteles habere Dianam credidit. Jhre Zaͤhne wie Perlen; Jhre Haͤnde / welche sie alle Augenblick / das Auffgesetz recht zumachen / auff den Haaren erblicken liesse / waren dem Helffenbein weit vorzuziehen. Mit einem Wort / alle die jhrer ansichtig wurden / vergafften sich / vnnd waren mit Liebe gegen sie gefangen. Jch / Narr sagt Hanß / war durch solche gestalt dieser vortrefflichen Dame selbst dermassen eingenommen / daß ich nicht wußte wie mir war / vnd meinete ich muͤßte auß den Schuhen springen / auch mir gaͤntzlichen vorgesetzt hatte / Jhro nach zu schleichen / es koste was es wolle.

Wohin! wohin? du vnbesonnener vnd naͤrrischer junger Mensch! wie? wiltu deine Suͤnden / dein poenitere, so thewer kauffen? denckestu auch noch quod

——————— voluptas Ovven. l.
Venturo praesens empta dolore nocet? 3. Ep. 138.

Principium dulce est, at finis Amoris amarus; lib. 1. Ep.
Laeta venire Venus, tristis abire solet. 13.

Also ruffte mir der Alte auß trewer wolmeinender fuͤrsorge zu / als er vermercket / das ich mich so leichtsinniger weise bethoͤren lassen. Jch gehe diesem Engel nach / Antwortete ich dem Alten hienwiderumb / es koste was es jmmer wolle: Es muͤste ja einer ein grausamer Vnmensch sein / vnd recht steinern Hertz haben / der sich durch solche Gestalt vnd geberden nicht solte gewinnen lassen: man redet doch in den Schulen davon / quod

Aut Deus aut lapis est qui non juveniliter ardet.

Jst das nicht ein warhafftiger vnd Heiliger verß / den auch der H. Lehrer Hieronymus zu machen sich nicht hat geschewet. O / seelig der / dem daß Gluͤck so wol wolte / vnnd er so einer Edelen Creatur koͤnte theilhafftig werden.

Quid factum est quod tu proiectis Iuppiter armis Petr. Ar-
Inter Caelicolas fabula muta taces? bit.

Nunc erat a torua summittere cornua fronte,
 Nunc pluma canos dissimulare tuos.
Haec vera est Danae; tenta modo tangere corpus;
 Iam tua flammigero membra calore fluent.

Was lusts vnd Heyls soll dem doch manglen / der ohne schew vnd furcht eines so lieben Bilds darff geniessen? Meines theils wolte ich gern auff alles das andere / was in der Welt mag herrlich genennet werden / ja auff alle Schaͤtze der Americanischen Landen verzug thun / wo alleinig dergleichen subjectum mir gedeyen moͤchte. O Dea mea, per formam tuam te rogo, ne fastidias hominem peregrinum inter cultores admittere, inuenies religiosum, si te adorari permiseris. Was durchtringende vnd zwingende blicke jhrer Strahlfuncklenden aͤugelein? oculi Clariores stellis extra Lunam fulgentibus. Wie fassen vnnd gewinnen sie eines Menschen Hertz so leichtlich! wie vnnd wer wolte solchem vbermenschlichen gewalt koͤnnen widerstehen? hat man auch was schoͤners gesehen als jhre Augbrawen / so schwaͤrtzer sind als Ebenholtz! Nimmermehr wird der Christall so weiß erscheinen als jhre gewoͤlbte Stirne. Milch vnd Blut koͤnnen so wol sich nicht vereinigen als jhre Wangen. Der Rubin vnd Perlen so lieblich nimmer sein als jhre Lefftzen vnd Zaͤhne. Sie ist ein rechtes Meisterstuck der Natur / so man in Ewigkeit nicht genug loben vnnd ruͤhmen kan / vnd in welchem alles daß zu finden / daß ein Mensch wuͤndschen vnd begeren moͤchte.

Petr. Arbitr.

Mit wenig Worten viel zu sagen:

Petr. Arbitr. frag.

Candida sidereis ardescunt lumina flammis.
fundunt Colla Rosas, & cedit crinibus aurum.
Mellea purpureum depromunt ora ruborem:
Lacteaque admixtus sublimat pectora sanguis. etc.

O wie weiß die meiste Welt so gar nicht wo die rechte Wollust zusuchen! mancher sucht sie in dem

Fewer / als da sind die naͤrrische Goldmacher: mancher auff vnd in dem *Wasser* / als die großmoͤgende Kauffleute vnnd arme Fischer. Mancher in der *Erden* / als die nachgruͤblichte Bergleute vnnd Arbeitsame Ackerleut. Mancher in der *Lufft* / als die Vogler / Vogelfaͤnger vnd Falckner. Aber / o wie weißlich gibt der Studenten Cornelius seinen außschlag hierin / da er sagt:

O Jhr thoren alle vier
Was jhr sucht das find jhr hier.

Als ich in meiner lieblichen thorheit / vnd thoͤrheitlichen Lieblichkeit / in meiner inbruͤnstigen zuneygung / vnd zuneyglichen Jnbrunstigkeit noch ferner fortfahren wolte / nam mich der Alte beim Arm / vnd erschuͤttelte mich zimmlicher massen. Vnd / wie? sprach er / bistu nun gar zum Thoren worden? weistu auch an deiner Narrheit noch ein ende zu finden? Jch hoͤre auß deinem Buhlen discours sehr wol / daß du mehr der Studenten Cornelium / als deine Compendia oder Institutiones gesehen / gehoͤret vnd gelesen vnd daß du den oberzehlten schoͤnen vermeinten Heyligen verß / den Aventinus dem Hieronymus zuschreibet / *Aut Deus aut lapis est* etc. gewiß besser in der Schule behalten / als den D. Thom. Scotum, Suaretz vnd andere; meines erachtens / weil dir die thorheit besser ingeflogen / als dieser jhre subtilisationes:
So gehets / wo einer ohne verstand hinauß in die frembde ziehet / dann lernet jhr thoͤrichte Junge Leut einen Narren bossen / fuͤr was besonders / vnd haltet einen laͤcherlichen verß hoͤher als die Kuͤnste alle / vnnd vbet euch in der naͤrrischen Thorheit mit allen Sinnen / dann heisset es wol:

Gyckes Gaͤckes ist ewer lehr /
Vnd ob jhr schon zieht vber Meer /
Damit so geht die Jugend hien / D. Brand.

vnd ziehstu schon nach Genff vnd Wien:
Nach Bourges vnd nach Orleans,
vnd wilt sein ein Herr grosser Hanß /
so ist doch alles dein studirn
nichts als ein vppigs fabulirn;
vnd wann du wider kompst nach Hauß /
führst Mistlinum auff VVaglinum auß.

o bedächtestu jetzt / was dich hernach rewen werde / du wirdest dieses gefährlichen Nachtrabs bald vergessen / dann du bist mit dem schönen Engel / wie du jhn haltest / heßlich betrogen / vnnd wo du ein jedere vanität dergestalt mit Worten außstreichen wilt / so wird deines Geschwätz nimmer ein ende werden. Ach wie vnerfahren bistu doch in dergleichen fällen. Vnd gibt dein grosses verwunderen leichtlich an Tag / daß du die Welt vnd jhr Wesen noch nicht recht thust kennen. Biß hieher hab ich dich nur vor vbersichtig gehalten; Nun aber sage ich / du seyest beides Blind an deinen Augen / vnd verstockt in deinem verstand / wie die Thoren alle: vnd weissest eben noch nicht warumb dir GOtt deine Augen gegeben? vnd wazu?
Sage dir derowegen / es habe dir GOtt die Augen gegeben / daß du damit sehen sollest. was aber anlanget von dem jnnerlichen Wesen eines dings zu Vrtheilen / das gehet den Verstand an: Aber du thust gerade das widerspiel; dahero auch / wann du allein nach dem Augenmaß vnd *Meynen* Judiciren wilt / so wirstu dich allezeit betrogen finden / vnnd offtmal böses für gut / Mäußdreck für Pfeffer ansehen vnd halten: dieweil ja das Gesichte offt durch weite vnnd dunckele wird verführet oder verhindert.

Petr. Arbit.

fallunt nos oculi, vagique sensus
oppressa ratione mentiuntur.
Nam turris, prope quae quadrata surgit,
detritis procul angulis rotatur.

Also auch dieses Weibsbilde soltu / deinem gespraͤch nach / an jhrem aͤusserlichen Wesen / nicht mit deinem Verstand / sondern augenmaß allein angesehen haben / weil sie dich betrogen / vnnd im Sinn viel anderst dafuͤr halten / als du nicht thust. Gestern abends ist sie ein heßlich vngestaltet Mensch gewesen; heut fruͤhe hat sie sich mit aller dieser entlehnten schoͤnheit / welche du also lobest / gezieret vnnd geschmuͤcket; sciteque jacturae lineamenta sequuta, totam sibi formam istam dedit, wann du aber sie in jhrem Wesen recht anschawen vnnd betrachten soltest / wirdestu nichts als Pflaster vnd Lumpen an jhr finden.

Frawenzimmers anatomia.

Vnd nur ein wenig sie zu anatomiren. So sind erstlich die Haar / nicht jhre eigene Haar / sondern sie kommen auß dem Kram-Laden / vielleicht von einer deren der Schaͤdel abgeschlagen worden: vnd dieser elenden / mit Eisen vnnd Zangen gemarterter Haare gebrauchet sie sich / weil die jhrige entweders durch einen boͤsen Frantzoͤsischen Lufft außgefallen / oder doch / wann sie noch etliche deren hat / auß forcht jhr alter dadurch verrathen wirde / dieselbige nicht darff sehen lassen. Wann keine schwaͤrtze were / so hette sie auch keine Augbrawen / supercilia protulit de pixide. Wann das Geschmuͤnck nicht were / so hette sie weniger farb als ein Jud oder Hermaphrodit. Sie ist ein alter Goͤtze / mit distillirten Mercurialischen Wasseren vnnd spiritibus verjuͤngert:

Psilotro nitet, aut acida latet oblita creta,
aut tegitur pingui terque quaterque faba.

Martial. l. 6. Ep. 93.

Inter rugas malarum tantum cretae reperies, ut putabis detectum parietem nimbo laborare, welche / so du anhauchen oder mit einem feuchten Leinwat angehen soltest / nichts als ein abschewliche foͤrchterliche gestalt sehen / vnd nicht mehr kennen wuͤrdest. Color enim arte compositus inquinat corpus, non mutat.

Petr. Arbitr.

Petr. Arbit.

Vnd wann das Geschmünck alles / als Zibeth / Bisam / Balsam / Haarpulffer / poudre de Cypre, Hurenpulffer (dann Venus ist eine Hure gewesen) bisamirte Handschuch / Strimpff vnnd anderes nicht weren / wirdestu die Nase bald mit einem Schnuptuch / wegen deß Gestancks vnnd vbelen geruchs / verbollwercken müssen.

Martial. l. 6. Ep. 93.

Cum bene se tutam per fraudes mille putabit,
omnia cum fecit Thaida, Thais olet.

Soltestu sie einmahl küssen / du wirdest die Lefftzen vnd Wangen mit feißte vnd Schmutz dermassen besudlen / als ein Kuttelfeger am Bubeneck. Soltestu sie vmbfangen vnd begreiffen / du wirdest nichts als Carten-Papier vnd groben Canafas oder Zwilch vnd Lumpen finden / mit welchem allem jhre Schnürbrust / Leib vnnd Röcke gefüllet seind / damit sie dem verstelten Leib jrgend ein ansehen vnnd gestalt geben möge. Es heisset *Vestissez buisson, semblera baron*, die Kleider geben jhr solche Gestalt / nicht der Leib. Gehet sie dann Schlaffen / so lasset sie auff dem Tisch den besten theil jhres Leibs / nemblichen die Kleider liegen.

Martial. l. 9. Ep. 38.

Non dentes aliter quam serica nocte reponit
Et lateat centum condita pyxidibus.
Nec secum facies sua dormit.

Wie ist nun dein Verstand noch verfinstert / in dem du dir eine solche schöne an diesem elenden Leib magst einbilden? darumb du dann dich auch vielmehr vber deinen vnverstand selbsten / als vber den Betrug dieses Weibes magst verwunderen.

Weiber definition.

Mit einem Wort den außschlag zugeben / so wisse daß der grössere theil der *Weiber nichts anderst / als mit stoltz bekleidete vnd mit falschheit gefüterte Thiere sind* / deren meiste gedancken dahin gehen / wie sie der Männer Einfalt vnnd Auffrichtigkeit verlachen vnd stumpffiren mögen: vnd das die jenige / so man für die beste haltet / den Månnern die meiste sorge machen / quae vultum si mulant, fraudem parant, non satisfactionem. Vnd gemeiniglich bey jhnen hergehe / wie bey bösen Schuldnern: bey welchen / wann man zur Rechnung kommet / die Zinse vnnd vnkosten offtmahls das Capital vbertreffen. Petr. Arbit.

Est mulier tanquam Generalis regula. quare?
In Multis fallit Regula, sic mulier. Ovven. l. 1. Ep. 19.

Welche weibliche schwachheiten alle / dich also vnverståndig hienein zu plumpen / billich abhalten solten: vnnd wird dich endlich rewen / das vmb ein so vnvollkommenes Werck du dich doch so sehr bemühet habest.

Die böse Weiber meyn ich nur /
Ein fromb Weib ist darumb kein Hur:
Drumb soll mans nicht entgelten lahn
Ein fromb Weib / was die böß gethan.

Ein Weib die	Håußlich / Hurtig Freundlich Ernsthafft Gehorsam Gedultig Demütig Holdseelig såuberlich Frölich	bissig / frumb /

Die ist zu loben vmb vnd vmb.

Hoͤllen-Kinder.

Sechstes Gesichte.

NAch dem ich nun etliche Wochen zu Genff verharret / vnnd auff erfordern meiner Lieben Elttern wider nach hauße ziehen wollen: errinnerte ich mich meines ersten propositi vnd vorhabens / *warumb ich nemlich auß dem Teutschland in dise frembde ort gezogen waͤre?*

propositum peregrinantium.

Jn betrachtung welches / wie im Eingang vermeldet / ich endlichen bey mir befunden / vnd diesen gewissen schluß machen koͤnnen / das vielmehr / oder doch eben so wohl / vber Rhein / Gott / Glauben / Gerechtigkeit vnnd Gewissen bey den Menschen heutigs tags nur ein Ratio status, ein Schein / ein praetext, vnd fuͤrwort waͤre (Religio apud Politicos est arcanum mansuefaciendae plebis) ja ein eytele Heucheley vnd blosser Deckmantel / vnder welchem die Welt / insonderheit Maͤchtige Potentaten / jhre Tyranney / Mutwillen / Vngerechtigkeit / Eingriffe in frembde Herrschafften / bescheinen vnd verdecken thaͤten.

Politici hodierni.

Schupp. de Opin. pag. 50.

praetextus politici.

O Gott / was werden dermahlen die Außfluͤchte vnd Verantwortungen / die Declarationes, Deductiones, Manifesta, Erleuͤtterungen / Nothwendige Berichte / Gruͤndliche Vrsachen Vnserer Fuͤrsten vnd Herren gelten? Der du in die Hertzen siehest / die Jnnerste geheimeste Schrifften vnserer Cantzleyen gelesen; vnsere heimliche Rath- vnd Anschlaͤge hoͤrest; vnnd die werck / nicht nach Menschlicher deuͤttung / sondern nach dem blossen Buchstaben ansiehest / vrtheilest vnnd belohnest? Aber was achtet es der / der es allhie in der faust hat? da ist Macht ohne Ende! Nam

quod jubet infraenis gloria, fine caret. Petron.

Vnd wird der jenige / der sich vmb jrgend einer sache

ein Gewissen macht / heütiges tags für einen Albaren Menschen vnnd verzagten Måmmen gehalten.

Schlosse demnach ich festiglichen dahin; daß / *allwo die Reputation vber Gewissen gehet / ja mit Teuffelischem Eyffer / durch lose duella vnd vergiessung deß tewren Menschen-bluts muß erhalten vnd propagiret werden / daß vnfehlbarlich / wo Gott nicht in Genaden vorbieget / endlichen vnnd im außkehren ein vhralt Römisches Heydenthumb warhafftig widerumb allda entstehen werde.*

waß auß Franckreich guts zuhoffen?

Jn solchen gedancken zoge ich auff Lausanne, Bern / Solothurn / Basel / Freyburg / Brisach / vnnd fürter vber Land biß in meine Haymat nach Sittewalt: Jn meinung das vbrige Weltwesen / vff den andern Academiis vnd in vornembsten Handelstätten / ja auch gar zu Hoffe / ferner zu besehen / vnnd erkennen lernen.

Vnd weil in allen Stånden mir die Eitelkeit / Betrug vnnd Heucheley nunmehr mercklichen vnder augen kame / so / daß ich der Menschen wesen vnderscheyden konte / vnnd dafür hielte / *daß ausser Christo alles thun ein recht verdammliches Leben wäre;* hatte ich mich eine wenige zeit in den nechst gelegenen Saurbronnen zubegeben / vnd die aller Weltbekandte Håndel vnd Vbungen / so in solchen Orten zugeschehen pflegen / abzusehen entschlossen.

Saurbronnen.

Eines Abends aber / als ich einem Garten dem Thal langs hinnauff spatzieren gienge / vnd meine vorige Gesichte vnd Geschichte mit den Bad-solenniteten, Schlauraffen-Historien / Waidsprüchen / Auffschnitten / Noppennauher Zeittungen (da mann Leib vnd Seel ohne gefahr darff verpfånden / da mann alles glaubt was erlogen ist: da mann mit den augen redet / mit den füssen wincket / mit den hånden gehet / vnnd auff dem bauch sitzet: da mann mit einem perspectiv vff sechß meilen wegs sehen kan was die Vhr geschlagen) conferiren thäte / auch lust gewonnen mich ein wenig ab weg vnd in den Waldt von den Leuten zubegeben / damit ich allem desto baß nachsinnen möchte: kan nicht sagen durch was sonder zweiffel guten antrieb / ich innerhalb einer viertelstund so weit in das Gewälde kam / daß ich nicht wuste wo hinauß / oder widerumb zuruck zu kommen.

Jn dem geriethe ich in einen ort da es nicht mehr wie gegen Abend / sondern heller tag ward / vnd ein Feld vmbher so schön mit Blumen gezieret / daß einem das Hertz lachen mögen: Es war sehr still vnd anmütig: die Lufft so lieblich / daß sich alle meine sinne drob erjüngeten. Auff einer seitte rauschete ein Christall klares wässerlein vber die Steine daher: andrerseits fienge ein sanffter Wind vnder den Bäumen vnd blettern ein gespräch an / daß mann sich schwerlich deß Schlaffs erwehren konte. Diesem allem wolten die liebe Vögelein nichts hinnach geben / sondern sangen einen herrlichen Concent daher / daß es erklange.

Wiewohl nun das Menschliche Hertz vnd Gedancken in jhrer libertet gern herumber wandlen / doch / der Einsamkeit vnd ruhe zeitlich vrdrissig werden: Also war mir dißmahl auch zu sinn / wie ich zu ichtwan einer angenehmen Gesellschafft widerumb gelangen möchte.

Bald aber wurde ich eines Wegs gewahr / welcher sich allgemach / doch vnfern / in zween Wege theylete. *Der gegen der rechten hand zu* / war nur ein fußpfad / vnnd sehr schmal; vnnd weil er wenig begangen ward / stunde er mit Dornen vnd Distlen dermassen verwachsen / auch allenthalben mit steinen so rauch vnd vngebahnet verhudelt / daß ohne die grösseste mühe vnd arbeit mich nicht wohl ein schritt darauff fort zukommen deuchte; doch sahe man etliche wortzeichen / darauß mann mercken kunte / es musten vnlangst etliche wenige Leute / gleichwohl mit vnsäglicher arbeyt sein

Litera Pytagorae. Biuium Herculis.

via virtutis.

Fo: 324.

dahindurch getrungen: dann deren etliche ein Aug / ein Hand / ein Fuß / die Brust / den Kopf / ja die Haut gantz vnd gar dahinden gelassen:

Jch merckete deren noch etliche wenige: aber in gemein waren sie anzusehen von Gesicht / bleych / gelb / mager / außgehungert / ellendig zugericht; von Gebården erbårmlich / traurig / seufftzend: die eileten ohne einige hindernuß / auch das sie nicht einmahl zuruck sahen.

Daß vielleicht sich einer einbilden wolte / weil der Weg so vngehobelt vnnd rauch seye / mann mo̊chte zu Pferd desto baß hindurch kommen / daß ist Thorheit: dann als ich selbst in diesen Nårrischen Gedancken stunde; vnd einen der Reysenden deßwegen fragte? Ey ja wohl nein / sprach er; dann S. Paulus / als er diesen weg Reysen wolte / muste absteigen vnd zu fuß gehen / wiewol er zuvor auff einem trefflichen Roß gesessen.

Vber daß / so konte mann keinen Fußstapffen einiges Esels / Pferds oder andern vnvernůnfftigen Thiers da sehen; viel weniger einig Wagenleyß / oder Kutsche / oder Sånffte / deren mann sich an selbem orth nimmermehr zubesinnen wuste.

Non Equus ad Coelos generosum Castora vexit. Ovven. l.
  Nec, puto, Triptolemum Currus in astra tulit. 2. Ep. 89.
Semita Caelorum est angusta, pedestribus apta;
  Ambulat in lata Currus Equusque via.

Wie ich mich also verwunderte / kam ein armer Bettler daher gewandert / welcher / vmb sich zu erschnauffen vnnd erholen / ein wenig still stunde. Jch fragte jhn / ob nicht jrgend ein Wůrthshauß oder Trinckstube nåchst hierbey wåre / da mann einkehren vnnd sich erfrischen ko̊nte? Nein / sprach der arme Mann / man muß da eines gangs fortgehen vnd sich nicht viel vmbsehen oder auffhalten / auch ist weder Wein noch

Bierschencke vnder wegs / dann auff dem Weg der Tugend seind solche Leuthe nicht zufinden.

Bistu ein Christ / sprach er ferner / so soll dir ja nicht vnwissend sein / daß in dem lauff deß gantzen Menschlichen Lebens / *der Abscheyd* ist Ankommen: *Sterben* ist gebohren werden. *Leben* ist wanderen. Die *Herberge* ist die Welt: *Auß welcher so mann gehet / so ist es vmb einen einigen sprung zuthun / daß mann zur Seeligkeit oder in das Verdamnuß gerathet. Der einige Sprung ist der Todt: Ein geringer Schritt vnnd Tritt / der dem Gottlosen Einen Ewigen Jammer vervrsachet; Den Frommen aber eine Ewige Frewde.*

Ovven. l. 3. Ep. 42.

Mors vitanda malo, Sancto inuitanda: malorum
Vltimus est finis, vel sine fine malum.

Jn deß gieng er fort / vnd sprach: Behüte dich Gott / ich muß mich eylen: *dann wer auff gutem Weg ist / der thut Närrisch wan er sich säumet: Auch ists vergebens / dem viel zu antworten / der allein auß vorwitz vnd nicht auß Christlichem Eyffer von ichtwas fraget.*

gut Weg.

Fragen.

Festinemus ergo & acceleremus, ut cito illuc perveniamus! Wer mit fort wil der komm. Je länger hie / je späther dort.

D. Stegman. Icon. stud. piet. Genethl. fol. 301.

O wie offt sahe ich / daß sich der gute Mann / weil sie da alle barfuß gehen / ellendig an die Stein stiesse / darüber er dann allemal einen hefftigen Seufftzer ließ / vnd einer meynen mögen / er wolte die Steine erweichen / so häuffig ronnen jhm die Zähren herab auff den boden auß seinen Augen.

Behüte mich Gott / sprach ich bey mir selbsten / daß ist ja warlich ein vngeschlachter vbeler Weg / vnd kümmerlichen darauff fort zukommen. Vber das / so sind die Leute die denselben wandlen / recht vnwürsche / vnfreundliche vnd elende arme Leute / vnd schlechter Lust / mit jhnen vmbzugehen.

Auch war es mein Thun gantz nicht / sondern meiner

Natur hoͤchlich zuwider / bevorab weil ich keinen maͤchtigen oder reichen Mann / der mir bekandt gewesen / da haͤtte antreffen koͤnnen: auß Vrsachen / wie ich seithero weise worden: weil reiche Leute meisten theils mehr auff lustige Spatzierfahrten / als dergleichen armseelige bettelichte Pilgerfahrten spendiren:

In coelum dives cur raro ascendit? Avarum
Poenitet expensi, praeterea nihili.

Ovven. l. 3. Ep. 31.

wuste also nicht wie wol zuthun were:

Nunc propero, nunc ire pudet, rursumque redire
Poenitet, & pudor est stare vita media.

Petron. Arbit.

Doch thate ich einen sprung etliche zuruck / also daß ich eben wider in den ersten Schiedweg kam / da sich diese beyde voneinander theileten. Als ich mich da vmbsahe / sihe da wurde ich gewahr zwoer Personen / welchen ich mich nahete: vnd als ich zu jhnen kam / erkandte ich daß es zwen Soldaten / der eine Namens Egneus, der ander Tondalus waren: welche mich auff meine Frage beschieden / daß sie vor diesem noch einen / vnd also den dritten Weg da herumb gesehen haͤtten: welcher zwischen Jrrland / vnfern von dem See Dere durch Eyßland bey Heckelfurt vnder Polen / Vngarn / Dalmatien / Campannien hindurch / richt in Sardiniam in den Berg Gibello (sonst Ætna) vnnd von dar / in das Fegfewer gewiesen: welchen Weg aber sie verloren / vnnd nun nicht mehr als zween finden koͤndten.

Boter. Cosmogr. lib. 6. c. de Insul. Mar. Deucal. Olaus Mag. Hist. sept. Münst. l. 4. Cosmogr. c. 32. D. Gerhard. loc. Theol. tom. 9. de infern. n. 84. p. 689. Dionys. Carth. de

Ho ho / sprach ich / jhr gute Herren / wo seyt jhr dann seithero gestecket? Wisset jhr nicht / daß vor einhundert vnd zwantzig drey Jahren derselbige Weg verhawen / vnd mit einer starcken Klufft vermacht / auch fuͤr gantz vnnoͤhtig erkandt worden? Als der durch weit abgelegene Ort doch endlich widerumb in die breite Strasse zugehet? dessen sie sich anfangs ver-

poen. Infern. art. 14. 15. 16. & de Iud. Anim. art. 24. Syl. Gyrald. Francisc. Illiyric. Germ. l. 8. c. 24.

wunderen wolten / biß ich jhnen endlich daß Werck selbsten gewiesen / vnd sie an den Fingern außrechen konten / daß dem also wåre: vnd doch gleichwol sind sie da in gedancken stehen blieben / vnd haben vngeheissen nicht weiter gehen wollen. Fort / Fort / sagte ich / es ist da kein anderer weg zuhoffen. Non datur tertium. Es ist nur Gott vnd Teuffel: Himmel vnnd Ho̊ll; Leib vnnd Seel: Gesatz vnnd Evangelium: Seeligkeit vnd Verdamnuß. Hic non datur medium nisi in Mediatore. Was nicht zu Gott will / daß fahre zum Teuffel!

[Nachdem Philander über diejenigen Stände und Berufe berichtet hat, die in der Hölle besonders zahlreich wegen ihrer Laster gepeinigt werden, erzählt er von seiner Flucht aus dem Reich Luzifers und gibt schließlich Warnung und Trost für den einfachen christlichen *Bidermann* als Ziel dieses Kapitels an.]

Historivnd Zeitungschreiber.

Damit aber nicht jederman vber mich viel zu discuriren håtte / giengen wir durch einen verstohlenen Gang darvon / hart neben dem Sécrét oder Privét deß Lucifers, bey welchem ich etliche viel Thonnen von Fuchsschwåntzischen *Historimachern vnnd Zeitungschreibern* (die auß Forcht / auß Hass / auß Liebe / auch dasjenige schreiben vnd vberschreiben / dessen sich die Kinder in den Schulen zu referiren, schåmen vnnd schewen solten: Dannenhero / an statt daß sie vermeynen Wunderdienste zu thun vnd von der Welt angesehen zu werden / sie verlachet vnd verspottet / endlich aller Fuchsschwåntzer vnd Ohrenblåser Lohn erlangen) gepackt stehen sahe. Wie ich nun diese also in jhrer visirlichen Postur / vnd stinckendem Quartier erblickete / hub ich an darůber zu lachen; welches / als es mein Geferth gewahr worden / sprach er: Jch sehe wol / jhr mercket auch / wozu diese Lumpen dem Lucifer dienen můssen / vnd kommet euch recht spo̊ttisch vor / weil sie auff Erden in jhren Handelungen so

PIX INTRANTIBUS

schlüpfferig vnd Opiniastre, vnd in jhrem Sinn so steiff vnd starricht gewesen / sich jetzund auff tausenderley Manieren müssen biegen vnnd schmiegen / runtzlen vnd tribuliren lassen. Ja / Ja / sprach ich: lasset vns nur gehen / damit ich in die Lufft komme.

Endlich ersahe ich ein Schlupffloch / so als eine Lufftröhr oder Rauchloch vnd Schornstein gemacht / durch welches ich mit grosser Behändigkeit wie eine Hex auff der Gabel hinauß floge / flohe / kletterte / klimmete / kroche / stiege / wie ich zu kam.

Vnd in einem huy war ich an dem jenigen Ort / da ich anfangs hinein gekommen. Wer war frölicher als ich? dann ich lieffe den Weg zuruck / als wann ich den Teuffel selbsten gesehen hätte: dachte in deß an die mancherley grausame Pein / damit die Ewig-vnseelige Leute gemartert werden / deren viel es minder möchten verdienet haben / als die noch leben.

Besihe davon das Höllische Sodoma D. Meyfarts.

Bekam derowegen den ernstlichen Vorsatz / dieses Gesichte in die Feder zu bringen / die Menschen zu warnen / damit sie jhr Leben vnd Thun also anstellen möchten / auff daß sie die Realität vnnd warhafftige Pein vnd Qual der Höllischen Verdamnuß (gegen welche dieses Gesichts Marter vnd Verdamnuß nichts ist als ein Kinderspiel / als lauter Nichts) nicht im Werck erfahren vnd leiden müsten.

Bitte zugleich den Ehr- vnd Redlichkeitliebenden Leser / Er wolle warhafftig glauben / daß meine Meynung nicht seye / einigen Menschen oder Stand zuverkleinern; sondern allein die jenige Laster vnd Sünden zu entdecken / welche heutiges Tags so gemein / für keine Sünden geachtet / sondern damit braviret / gepranget / gebochet vnd getrotzet wird; ob GOTT sich so wol vor einem Scharhansen förchten müste / als der arme Nachbaur: Ja als ob GOTT vmb eines eigensinnigen schnarchenden Esels willen die zehen Gebott abschaffen / oder doch mercklichen änderen / linderen vnd limitiren muͤste. Welches Wesen alles / so gering als wir vns es vorbilden moͤgen / gleichwol den Menschen warhafftig in die Verdamnuß bringet.

Es redet ja dieses Gedicht vnd Discours nur allein von den jenigen die in der Hoͤlle sind: Soll also einem Bidermann der Welt / so groß oder klein als er auch von Gestalt seyn mag / so Hoch oder Gering als er seyn mag / weder Reich noch Armen / weder Obrigkeit noch Vnderthanen / deßwegen noch an Ehren noch an Seeligkeit von mir was benommen seyn: Er thue nur recht / sein Lohn wird sich schon finden. Ein warhafftiger Christ lese Herren D. Meyfarts H. Buͤcher / vom Juͤngsten Gericht / Todt / Himmel / Hoͤlle / so wird er sich vnd die Welt allererst erkennen lernen / und zu allem diesem was ich allhier schreibe / sagen Amen.

Philanders
Teůtsche Zugabe.

LJeber Teůtscher Leser. Gleich wie nichts ist so die Frommen mehr anmahnet zu dem Guten / als die Liebe der Tugend (dann wo Tugend ist da volget die Belohnung von sich selbsten) Also ist hingegen nichts das die Bősen vom bősen mehr abhalten mag als die forcht der Straff.

Dann / die den Lastern ergeben sind / vnd dem Vbel nachhangen / denen wird im außkehren das Ende so gefährlich / vnd so bitter; so annemlich vnd sůß als jhnen jhre Thorheit anfangens vorgekommen.

Diese da / wissen zwar auch von der Tugend vnd vom Guten / aber anderst nicht als durch *Hőren sagen*, ůben auch die Tugend anderst nicht als åusserlichem schein nach; mit welchem sie sich schmucken / vnd damit vor den Menschen ein grosses ansehen vnd heilige Forcht erzwingen: So doch gleichwohl die Farbe långer nicht mag halten / als biß auß schickung deß Allerhőchsten / durch jrgend einen vnverhofften Wind die Decke hinweg gewåhet / der Schalk entblősset / vnd die Geschmůckte Heůcheley von Ehrliebenden Leůtten mag erkant werden.

Sehr schwer fallet es zwar einem Einfaltigen / diesen Schmuck vnnd falschen Anstrich von der Warheit zu vnderscheiden. Der einige vnfehlbare Probirstein / die Richtschnur / nach deren man das Wesen der Menschen abzusehen hatt / ist *das Wort Gottes.*

Dahero es dann kommet / weil die Gottlose jhre vnarth nicht erkennen wollen / Jhre vngestalt nicht sehen wollen / von der Straff nichts hőren wollen; das sie das H. Wort Gottes / vnd was zur Geistlichen Artzeney gehőret / fliehen vnd főrchten wie der Teůffel das †: wie ein vnbåndiges Pferd / welches mann anderst nicht zu stand bringen kan / biß es durch streichlen vnd pfeiffen in den Nothstall gelocket / hernach an allen Vieren wird angefåsselt vnd fest gehalten.

Ein muthwillige verzweiffelte Kranckheit / da man alle mittel der huͤlff nicht nur verachtet / sondern auch mit gewalt von sich stosset.

Noch gleichwohl / will der Gewissenhaffte Artzt / das der angesteckte Mensch nicht gar huͤlffloß verderbe / sondern etwas der herben Artzney bey sich nehme; so muß Er durch weisen Rath die bittere Pillulen mit Gold vnd Silber vberlegen / die hertzbrechende Traͤncklein mit Zucker vnd Zimmet also bereitten / das sie beydes ein lustigers ansehen / vnd einen lieblichern Geschmack bekommen moͤgen.

Es ist eben die Edele Warheit ein vngeschmackte Artzney bey allen Menschen. Wenig sind deren / die Sie vnuͤberguͤldet vnd vnverzuckert hinab bringen / die sie ohne Naseruͤmpffen vnd Eckel kaͤwen koͤnnen. Wer wird nicht vngedultig? oder / wer hoͤrets gern / wan mann jhme seine Fehler vorleget? die Bauren leidens nicht / will geschweigen die Herren: Es seye dann / daß es mit fuͤrstellung erdichter Personen geschehe / vnd Maͤhrlinß-weise: wan man SJE nur nicht mit Namen ruffet / sondern von einem andern sagt / so ist jhnen nicht zu wider das man die Laster ande vnd straffe.

Also muß man die Edele Warheit vermummen vnd verkleiden, will man anderst / das sie ohne gefahr durchkommen moͤge / man muß sie durch schuͤtzung vnd gelaid der Gedichte; Ja (zusagen wie es an sich selbst ist) an vielen orten in der hoͤfflichen Luͤgen verbergen / so sie anderst soll angenommen vnd erhalten werden. Daß sind die vberguͤlte verzuckerte bittere Artzneyen.

Einer solchen art sind auch diese Gesichte vnd Geschichte: welche anfangs nicht allein vnder dem vngehaltenen Mordblut-schreyen vnd ruffen der Soldaten geschrieben; auf der vngewissen Post vber land geschickt; sondern auch in grosser eyle getruckt / vnd wegen meiner abwesenheit in der Correctur zimlich versaͤumet worden. Dannenhero (weil allzuviel eylen nimmer ohne Schaden abgehet: vnd eine vnzeitige Geburt nicht ohne vngestalt sein mag) ich solche nachmahlen auff begeren vbersehen / vnd dir zum andern mahl vbergeben wollen: bey welchen / was ich dißmahlen gethan habe / der jenige so verstand hat / ohn mein errinnern gnugsam wird erkennen koͤnnen.

Wir ligen ja in vnserer verderbten Natur gefaͤhrlich / vnd meist todtkranck darnider: wollen doch vns weder rathen noch helffen lassen: wir schewen die Artzney: wollen nichts davon hoͤren oder lesen / dann so wir es hoͤreten oder leseten: wirden wir vns deren schamen / vnnd jrgend von solcher verdamlichen Thorheit bekehren muͤssen. Weil wir aber beydes / wie die Staͤttige Pferde / zuruckziehen vnd zaufen; so hab ich die verhasste Artzney der bittern Warheit mit dergleichen schimpff vnd glimpff reden (welche mann lieber hoͤret) vberzuckeren / uͤberlegen vnnd vergulden wollen: damit dem Benoͤtigten Patienten also der Eckel vnd Widerwill gegen dieselbige entnommen; vnd er vnder dem laͤcherlichen Gespraͤch deren doch so viel in leib bekommen moͤge / das jhm / der mit Gall der Schalckheit / vnd mit dem schleym der Heuͤcheley vberzogene Magen gesaͤubert; vnd das boͤse hitzige Gebluͤth deß Gewalts vnnd der Dieberey gereiniget vnd außgetrieben werde / gleichsam ohn sein selbs mercken /

Seria sic discentem inter ridenda juuabunt.

So Eckkuͤmig vnd Wundernaͤrrisch kranck sind wir / das auch bißweilen / wan sich der Artzt vnserer Thorheit gemaͤß nicht gleich thoͤricht stellen kan / wir nicht glauben das er geschickt genug sein moͤge vns zu helffen.

Jener Ertzfantast hatte sich so steiff eingebildet / Er waͤre ein Geist / das er auch weder essen noch trincken / noch sich anziehen / noch bey Maͤnschlicher Gesellschafft wohnen wollen. Kein Doctor wuste einige Mittel der Huͤlff zufinden: dann deß Fantasten vorgeben / *das die Geister nichts essen oder trincken* / war so fest / das man sorgen muste / er wirde hungers sterben. Ein Erfahrener weiser Artzt kam endlich vnd brauchte einen andern List / kleidete sich vnnd noch zween der seinigen in weiß leinine duͤcher / als Todten Geister; giengen zu nacht mit Lichtern in das Gemach / satzten sich zusammen nider / redeten heimlich / vnd stelleten sich / ob sie rechte Geister waͤren: Letzlich / als sie auch zu dem Krancken kamen / der jhrem thun gnugsam zugesehen hatte: vnd derselbe fragte / wer sie waͤren? was sie woltten? der Doctor antwortete: Sie waͤren Geister / die deß nachts mit liechtern hien vnd hergehen. Der Krancke solches hoͤrend sprach / er waͤre nun auch eine zeithero ein Geist; vnd wan sie es leiden moͤchten / wolt er jhrer Gesellschafft sein. Der Doctor woltte sich etwas sperren / vnd wuste im reden vnd Gebaͤrden sich also zuverhalten / das den Krancken letzlich daͤuchte / Seine Gesellschafft waͤren den Geistern aͤhnlicher als er selbsten /

Als der Doctor den Krancken nun fast gewoͤhnet hatte / hieß er die andern zween jhm Essen vnd Trincken bringen: dessen sich der Krancke verwundern wolte; dieweil ja / seines wissens / die Geister weder essen noch trincken solten. *Das waͤre mir vbel gesagt* / sprach der Doctor, *Es sind nun viel Jahr das ich ein Geist / vnnd in manchem Land herumb gefahren bin / wer wolt mir gethan haben / wann ich nicht gessen haͤtte? wo ich je gewesen / habe ich allezeit gesehen das die Geister zu Nachts mit einander Essen vnd Trincken vnd sich lustig machen:* brachte auch den Krancken dahien / daß er angefangen Speisse zu sich zunehmen: vnd also der andern vnd dritten Nacht widerumb: vnd so nach vnd nach / biß der Wahnsinnige endlich von der Naͤrrischen Kranckheit durch den Weisen Doctor gar widerumb curiret worden.

Vnd das ist der *Zweck dieses Wercks:* welchen zwar der Edle vnnd Hochgelehrte *Warmund von der Tannen* in der *Vorred* mit Hoͤfflichen Worten auff das zierlichste dargethan vnd erwiesen. Vnd wo bey dieser zweyten Aufflage nicht nothwendig andere sachen waͤren zuerinneren gewesen / Es dieser meiner uͤberfluͤssigen Außfuͤhrung gar nicht bedoͤrfft haͤtte.

Von Natur zwar ist mir viel lachen ein Eckel, sauwer sehen hasse ich auch; Narren-bossen vnnd thoͤrichte Geselschafften sind mir ein Grewel: doch hat schertz seine zeit. Dieser Artzt sahe bald sauer / bald lachete er / vnnd hatte Wunder-haͤndel mit seinem Patienten, jhm diß vnnd das erzehlet / biß er jhn gewinnen vnd endlich vnvermerckt zur Gesundheit bringen mǒgen. Es helffe was helffen mag / wann es nur nicht wider Gott ist.

Ein vnfreundlicher Tropff (der sich anfangs auß diesen Gesichten eingebildet / vnd zu vermeintem Lob gesagt / Philander mǔste gewiß ein bossiriger Kerl sein) hat sich / als er mit mir zu Gesprǎch kommen / in seiner meinung betrogen funden. Es ist fǔrwar solche Frǒligkeit vnnd lust seit vielen Jahren hero / wegen außgestandener vnglaublicher Trůbsal vnd gefahr / bey mir sehr eng gespannen; das / wan ich lachen will / es schwerlich geschicht / daß ich nicht deß Vnglǔcks vnnd der bǒsen Zeit gedencken / vnd die Frewde mit einem Seuffzer temperiren soltte. Jch lache zwar mit / aber mehr nicht als meine portz; als ob Portia meine Schwester / vnd Cato mein Vatter gewesen wǎre. Vnd wo ich schertze / da ist es allererst das ich einem mit lachen sage / was ich jhm sonst nicht hǎtte sagen wollen. Ampts-verrichtungen / bey denen ein billiger Ernst erscheinen soll / in dem allem vorbehalten.

Der Hochgelehrte Herr *Conrad von Riterßhausen* etc. schreibt von dem auch Hochgelehrten Herrn *Bilibald Pirckheimern* etc. vir ille non solum, ubi opus erat, grauis & seuerus; verum etiam in loco & opportune jucundus, comis, hilaris, jocosus. Er seye nicht allein / wan es von Nǒthen / Rǒsch vnd Ernsthafft: sondern auch / wan es die Zeit vnd der Ort erfordert / freundlich / lustig / frǒlich vnd Schertzhafft mit gewesen.

Jst es an einer so hohen Person zuloben gewest; so wird es an mir / ohn eigenrǔhmige Vergleichung / nicht zu scheltten sein; wann ich in meinen Handlungen Eyfferig vnd Ernsthafft; in Schrifften bißweilen / doch ohne ǎrgernuß / schǎrtze.

Vnd zwar / wann ich diese Gesichte (in welchen die Mǎnschen so grosse Thorheiten ǔben / so lǎcherliche Narrenbossen treiben) mit sauer sehen haͤtte erzehlen vnd schreiben wollen / lieber wie wirde es sich geschickt haben?

Wan ich einen Esel beschreiben wolte? vnd sagen / das er einen Daͤgen vier Ehlen lang / in einem Ehlenbreiten lederin gehaͤnck biß vnder den knyen auff zwey Rollraͤdlein nachgeschleifft haͤtte? vnd waͤre Er / der Floͤgel / an einem gleich langen Baͤngel / auff allen Vieren mit Frantzoͤsischen Schritten herein getretten. Wie solte sich das reymen?

Wann ich einen Auffrichtigen / redlichen / Gott-Ehr-vnnd das Vatterland liebenden Teuͤtschen beschreiben wolte? vnd sagen: Er seye in einen Monatwendischen Kaͤßformigen-Hut auffgezogen / seye auff Wannenbreiten Kuͤhefuͤssigen Absatz-Schuen vnd Stiffeln einhergrattelet / habe einen Waͤlschen Kopff / einen Spannischen Bart / ein Grichisch Hertz / eine Niderlaͤndische Seele / Hebraische Haͤnde / Engelaͤndische Fusse vnd einen Frantzoͤsischen bauch gehabt. wie wirde sich das schicken?

Zwar / der Weise sagt: Ein Mahler / so er einen Narren mahlete / vnd gaͤbe jhm die gestalt vnd farb eines Klugen / das waͤre nicht ein Meisterlich stuck. Der ist aber ein Meister / der einen Narren auff das aller Naͤrrischte mahlet.

Man gaͤbe eim jeden ding seine Natuͤrliche farbe / so ist es zuerkennen.

VNd das ist eine der Vrsachen / warumb ich diese Gesichte mit Grichisch vnd Waͤlsch / mit Lateinischen Versen vnd worten hie vnd da durchspicket: welches ich sonst an einem gebornen Teutschen billich scheltte. Es haben aber vnsere alamode Tugenden anderst als mit alamode-farben nicht sollen entworffen vnd angestrichen werden. Sonst wir / meines erachtens / nun lang genug andern frembden Zungen haͤtten auffwartet.

Jst zuerbarmen vieler Teutschen Thorheit. Jch glaube / wann man eines Newsuchtigen Teuͤtschlings (deren etliche sind / die auch jhres eigenen Vatterlands sich beschaͤmen) hertz oͤffnen vnnd sehen solte / man wirde augenscheinlich befinden / das $\frac{5}{8}$ desselben / Frantzoͤsisch. $\frac{1}{8}$ Spannisch. $\frac{1}{8}$ Italianisch.

vnd $\frac{1}{8}$ / doch nicht wohl / Deůtsch daran solte gefunden werden.

Es ist zeit / vnd hohe zeit / daß die zween fůrtreffliche Trewe Patrioten: der Aedele Hochverståndige Hŏfflichste *Georg-Philips Harßdŏrffer von Nůrnberg:* Der Hochgelehrte Fleißeyffrichste Sinnreicheste *Iustus-Georgius Schottel* von Einbeck / herfůr getretten / vnd die vnartige Landsleůt Jhres Ampts vnd natůrlicher schuldgebůhr gegen daß Vatterland erinnert. warhafftig / ohn Jhren Trewen Beystand wår ein grosser theil / vnd der Hauptstůcke vnserer Teutschen Helden Sprach eines / das beste / zuruck geblieben. Gott wolle jhre Arbeit dem lieben Vatterland zum besten segnen / vnd Sie zu mehrerem behertzt machen: Sintemahl wer also schreibet; nicht nur in den schlechten dingen grůbelet / sondern die Hauptsach an sich selbsten befůrdert, der hat den Neid nicht zu fůrchten; sondern den Meisterklůgling mit all seinem Heer warhafftig vberwunden.

Vnd O Ewig Rhum vnd Lob den Fůrsten Herren vnd Oberkeiten / welche solche Helden-vbungen nicht nur mit den Straalen Jhrer Genaden vnnd Gunst anscheinen; sondern auch auß dero Mitte das werck thåtlich vortzusetzen sich genådigst belieben lassen.

Die zeiten vnd Jahre fůhren Alles dahin. Alles vergehet vnnd verlieret sich / das man sein nicht mehr gedencket. Allein die Feder / die Edele Feder schwimet oben / vnd was die gibet / das bleibet so lang die Welt stehet. Fůrsten vnd Herren kŏnnen wol auß einem armen Mann einen Steinreichen Mann machen. Aber das vnglůck / die Diebe vnnd die Rauberische Soldaten kŏnnen jhm alles wider nemmen. Also daß in wenig Jahren solches grossen Reichthumbs / wo er her vnd hien kommen sein mag / vergessen wird. Was aber die Feder einem Menschen gibt / das machet jhn leben vnd geliebt werden / so lang Himmel vnd Erden nicht vergehen. Nemblich / das ich seine Freygebigkeit vnd Genadenthaten in Schrifften kund mache: vnd was er mir / oder vielmehr dem Gemeinen Vatterland / hie in diesem Ort gutes erwiesen / Mann dasselbe biß in

Jndien vnd an der Welt Ende lese vnd lobe. Ja die Ewige widergeltung wird nach der Zeitlichkeit nicht aussenbleiben. Einmahl / Fuͤrsten vnd Herren sind nach jhrem Todt nichts / wann die Feder nicht will; vnd alles was sie nach dem Leben sind / das haben sie von der Feder / vnd denen die solche fuͤhren. Dan was man schreibet das bleibet. Was an die Freye Kuͤnste gewendet wird das ist vnverlohren / es bringet Fruͤchte die ewig Grunen / ewig bluͤhen / ewig zeitigen / ewig genossen werden. quod in literas confertur Immortale est.

WEr Freyen Kuͤnsten thut
Durch Eygen Fleiß vnd Gut
Die Sprach vnd Zierde geben;
Der soll / vntz das die Erd
selber zu Aschen werd /
Jn Sprach vnd Kuͤnsten leben.

Aber

WEr seine Mutter-sprach
Setzt Einer Frembden nach /
Vber den komt die Rach
Vnd alles Vngemach /
Das Er sein Gut eim frembden Land muß geben /
Darauß Er sonst Frey als ein Herr koͤnt leben.

רי למביז:

Anderer Theil
der
Gesichte
Philanders von Sittewalt.

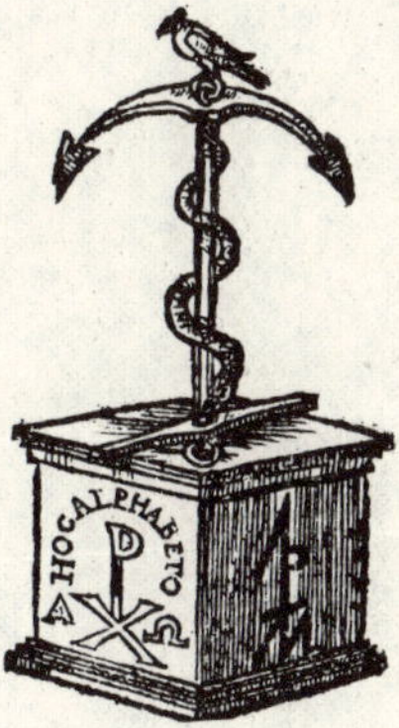

Straßburg/
Bey Johan-Philipp Mülben.
M. DC. XXXXIII.

Philanders Vorrede An den Teuͤtsch-gesinnten Leser.

TEuͤtscher vnd Lieber Leser. Weil ich weiß / daß in dem Ersten Theil der Gesichten / etliche Dinge dir frembd auch vnverstaͤndlich vorkommen / deren du gern bericht vnd Vrsach hoͤren moͤchtest; Als hab / auß schuldigkeit vnnd Liebe gegen das Vatterland / durch gegenwaͤrtige Vorrede solches eroͤrtern / vnd hiemit zu besserem verstand derselbigen / vnnd jhres Vrsprungs / dir anlaß geben wollen.

Vnd zwar mercke ich fuͤrs Eine fast wohl; daß dir / einem gut-rund-Teutschen Mann / der Name vnd die Wort der Vberschrifft: *Satyrischer Gesichte* / nicht recht inwill. Darumb so wisse / das wort *Satyrisch* komme her vom Lateinischen *Satyricus, Satyra*, welches (viel andere den Gelehrten bekandte vermeynte bedeuͤtungen hie zu geschweigen) eigentlichen ist / *Ein Lied / Eine solche rede*; da man zu genuͤgen alles das frey herauß sagt / vnd zu verstehen gibt / was einem vmbs hertz ist. Da man kein blatt fuͤrs maul nimbt; sondern die eingerissene Laster vnd Hilpers-griffe vngeschewet entdecket / auffmutzet / durch die hechel ziehet; jhnen das groͤbst herunder machet; denen / die solche frevele dinge treiben / die meynung frey herauß sagt / doch vngenant einiger Persone / auff gut bauͤrisch / nicht fuchßschwaͤntzet noch heuͤchlet. Dergleichen bey den Latinern / denen solcher Name besser bekandt ist / Lucilius, Horatius, Juvenalis, Persius, vnd andere / gethan haben.

Satyra. Germanis.

Satyra aber hat seinen vrsprung von den Satyris. Satyri waren ein Geschlecht der Heyden *Wald-Goͤtter*: deß oberen halben Leibs alß Maͤnschen / ausserhalb daß sie

Hörner vnd lange spitze Ohren hatten / vnden zu alß haarichte Geißböcke gestaltet / wie du auff dem Titul deß Ersten Theils im Kupfferstuck getruckt siehest. Wer sie Geißmänner nennen will / dem steht es frey: aber es sind Leibhaffte Teüffel.

Solcher Satyren oder Heydnischer Wald-Götter Art war: daß sie jedem Mänschen / was jhm vbel anstunde / alle Laster vnd Vntugenden / vngeschewt vnder gesicht sagten: vnd was sonst Niemand auß forcht sagen dorffte / oder sagen wolte / das thaten Sie / mit lächerlichen hönischen geberden / mit grossem gelächter / sperreten das Maul auff spannen weit.

Die Heyden vor vnd zu der Römer zeitten haben solche Satyros / wie gesagt / für Götter gehalten vnd geehret / wie noch von der Cybele, Ceres, Orpheus, Eumolpus, vnd den Orgiis Bacchi zu lesen.

Hexentäntze.

Solche Orgya Bacchi / solch Zusammenkunfften vnd Waldfahrten wurden den Satyren zu gehorsammen Ehren gehalten; auff welchen sie auch am reyen die vornembste waren / das beste thaten / sich mit den Heyden toll vnd voll soffen / im Waldt vnnd dem gebürg mit vnden mit oben lagen / tag vnd nacht in grossem geschrey vnd fatzerey zubrachten / schwarmfest vnd faßnacht hielten / Einander durch zogen; dahero die *Faßnacht* alß *Fassnacht* oder *Fatznacht* jhren vrsprung vnd Namen bekommen.

Faßnacht.

Eigentlichen aber waren solche Satyri nur Teüffels Gespenster / Waldtgespenster / Waldt-Teüffel; doch von blinden Heyden / weil sie vom Wahren Gott nichts wusten / hochgehalten: alß noch in anderen orten der Teüffel vnder mancher gestalt von solchen ellenden Leütten wird angebettet vnd verehret.

Wann nun solche Satyri / die gar spitze Ohren hatten / genau auffmercketen wan von einem oder dem anderen was gesagt wurde / dergleichen was vngebürliches innen werden vnd erfahren kunten / so must es bey dem ersten tantz im Wald angebracht sein. Da war denen / die sich selbst vbel bewust waren / wimppel vnd bang bey der sache.

Mann sahe nur auff die Geberden / blicke / tritte / vnd daß Maul der Satyren. wann sie das Maul spitzten / schmutzelten / oder das Maul auffthatten; so wuste die Gesellschafft schon / daß einer vnder jhnen waß verwircket haben vnd herhalten müste. Vnd was sonst kein Mänsch vom anderen hätte leiden wollen; das must er von diesen Satyren hören vnd leiden. Dahien / meiner Einfalt nach / die zwey Sprichwörter noch deüten / da wir Teütsche sagen: *Er hat das Maul schir zu weit auffgethan. Thue das Maul nicht zu weit auff. Jtem / der Teüffel sags jhm / ich nicht.*

Dann diese Waldteüffel nicht viel grammantzens machten / das Maul war jhnen mächtig gäng / sie sagten einem gar bald was jhm zu sagen war / woran ers gefressen hatte.

Dahero dann / zum Andern / Don Francisco de Queuedo, meines haltens gezielet / vnd alles fast durch den Teuffel vorbringen lassen / alles mit dem Teüffel beschönen vnnd entschuldigen wollen / damit er auß der bränn käme / damit er es nicht zu verantworten hätte. Weil ja wir Mänschen von einander selbst nicht gestrafft noch getadelt sein wollen: Alß er sprechen möchte: *Nun / wann ichs nicht sagen darff; so sage es dan der Teüffel.*

Das sind die Satyri / die *Satyrische Gesichte* / davon der Tittul vnd das Buch meldet.

Unsere Alte Teütsche Vorfahren haben auch waß von solchen Auffzügen gehabt / Aber dieselbige / wie sie dann an sich selbst sind / *Lieder* genandt. *Er hat ein Lied von jhm gemacht* / das ist / *Er hat jhn beschrieben; Er hat jhn auffgezogen; Er hat von seinen schönen stücken eines gesungen.*

Dann nach dem Aller Teütschen Großvatter / Erster

Auentinus l. I.

Vrheber vnnd Vhranherr / der Alte Ertzkoͤnig *Teut* / *Teuto* / von welchem her vnsere redliche Baurßleuͤt (bey denen allein / Verae antiquitatis veterisque simplicitatis rudera noch vnderweilen zu spůren sind) von jhren Kindern *åtto* / *Teuto* / *Teuti* / *Teute* / *Teuta* / das ist *Vatter* / geruffen werden / den aber Keyser Julius *Dis, Ditis:* Aventinus *Tuitscho Dits* / *Tits* / *Teutsch* / *Tuisch* / *Tuͤtsch* / *Ditsch* / *Tuisco* / nennet / vnder anderen seinen loͤblichen Gesåtzen geordnet hatte; daß man zu belohnung der Tugend die Gutthat der Frommen / zu reitzung der Nachkommenden / mit ewigem Lob vnd Gedåchtnuß vergålte / Lieder davon machte vnd offentlich sånge; so hat weiter / *Koͤnig Labar* (welcher nach Koͤnig *Mayn* vnd *Treibal* im Bayerland / so damahls fast das gantze Teuͤtschland war / vnnd sich biß in Vngarn vber Boͤhmen (Boyheim / der Boyern haymat) vnd weiters erstreckte / regieret) gesetzt vnd gebotten / daß man auch von denen / die vnrecht vnd boͤse stuͤcke thun; damit sie sich schåmeten vnd besserten / *Lieder* machte; dieselbige vberal / vnd nemblich bey der Nacht / offentlich auff den gassen vor den Håusern sånge / so man das *Liecht* angezuͤndet haͤtte; darumb man dan anfangs auch solche Gesånge / *Liechter* genennet / welche *Lieder* man in Beyern noch *Labrer* heisset.

Lieder woher?

Vnd billig: dann darff einer vnrecht thun / so muß er leiden daß mans auch von jhm singe vnd sage. Schåmet er sichs; so bessere er sich /

Ovven. l. 2. Ep. 200.

Idem qui Legum Satyrarum finis, idemque
Principium: Mores has genuere mali.

Es heisset

Ex malis moribus bonae leges natae sunt.
Gsåtz' vnd Lieder fruchten das:
Damit Jeder
Der solch Lieder
Von sich hoͤrt / solch suͤnden laß.

Aber die Gewaltige verbotten mit der zeit solches / mochtens in die laͤnge nicht dulden / meyneten man haͤtte es einem oder dem anderen zu grob gemacht / foͤrchteten es kaͤme zu letzt (alß dann geschahe) auch an sie.

Es sind aber solche Satyrische Gesichte bey den Gelehrten jederzeit in hoͤherem werth vnd wuͤrden gehalten worden / alß bey den Ronden-Schlechten-Teutschen; denen dergleichen Larven zu sehen / frembd / vnnd vngewohnet zu lesen vorkommen.

Darumb ich dann auch diesen Anderen Theil auff eine gelindere weise / nicht so foͤrchterlich; vnd wie mich gedeucht daß es zu meinem zweck vnnd vorhaben am bequemsten sein moͤchte / zurichten wollen.

Don Queuedo.

Es ist sonst Don Francisco de Queuedo Villegas / von dem die Vberschrifft deß Ersten Theils meldet / kein vnbekandter / sondern seines herkommens ein geborner Herr / vnd St. Jacobs Ordens / so nach dem Guͤldinen Fluͤss in Spannien der Vornembste ist / Ritter / Cavallero del Orden de SantIago, y Sennor de la villa de Juan Abad vnnd meines glaubens noch im leben. Aber / weil er das Maul an seinem hoͤchsten ort zu weit auffgethan / in harter Gefaͤngnuß gehalten: Ein Vortrefflicher Gelehrter Mann / der ab der Welt scheinsal / Eitelkeit vnd vermumtem Wesen auch einen eckel gehabt / vnd solcher herrlich geachteten Thorheit / vnd deß Gewalts so ohne recht ist / wohl gespottet. Ein Mann / von dem der Hochgelehrte Lipsius viel gehalten / alß auß einem dessen Lateinischem sendschreiben an Jhn genugsam zu lesen: hat in dem Koͤnigreich Leon / in der Statt Valladolid oder Valdoled (so wohl die groͤsseste vnnd schoͤneste ist in gantz Spannier Land / vnnd in welcher die Koͤnige vnnd vornembste Staͤnde in Spanien meist jhren auffenthalt suchen) gewohnet. Von deren bequemlichkeiten vnnd wuͤrde in

Cent. V. Miscell. 55.

deß Hochberühmbten Herrn Martin Zeylers etc. Spannischem Reißbuch ein mehrers zu finden.

Du wollest aber / *Teütscher Lieber Leser* / wie ich bitte / diesen Anderen Theil / den ich dem Herren Verlager herauß zu geben versprochen / noch von mir gönstig auff-vnd annehmen; Mir noch diesen streich zu gut halten: Jch verspriche / daß ich fürter hien nicht mehr kommen / noch dich / wer du auch sein magst / durch die hechel ziehen wolle. Aber sihe zu / komme du mir auch nicht mehr vnder den wurff: wan du vnd ich weise werden / so ist mir vnd dir geholffen.

Wir sind ja ellende Schuler / die wir theils so Hochgelehrt / vnd doch das arme Namenbuch noch nicht außstudiret haben / welches sagt:

> Ein jeder lern sein Lection
> So wird es wohl im hause stohn.

Behalt du dieses / vnd thue darnach / so wirstu der Ruth wohl entkommen. Kriegestu aber wegen deines vnfleiß vnd vngehorsams in dieser *Teütschen Schule* irgend einen tolle, ein döpel / Einen product? Lieber so schweige still / hauche an die finger / laß das schwåtzen der Maul-Christen forthien bleiben / damit dich der Corycaeus nicht mehr vnder die garrientes schreibe / oder dir jrgend den Notam gebe. DIC. CUR. HIC. thu was dir befohlen ist. siehe auff dein buch / Auff dein Ampt vnd Beruff / Auff dein Leben vnd wandel / vnd lerne in das kůnfftige deine Lection desto besser; so wirstu nicht nur vnder die Oberste gezogen werden; sondern auch in der progression ein ewiges praemium davon bringen. dann / *wer sich gern züchtigen last* vnd thut darnach / *der wird klug werden.*

Ala mode
Kehrauß.

Erstes Gesichte
Philanders von Sittewalt.

Dem Ehrenvesten Hochachtbaren
Johann Philips Mů̈lben /
Vornehmen Burgern vnd Buchfů̈hrern in Straßburg: Meinem Hochgeehrten Herrn vnd sehr werthen Freu̇̈nd etc.

Ehrnvester Hochachtbarer gönstiger
Herr vnd Freu̇̈nd /

HJebey hat derselbe von mir endlich zu empfangen / das jenige welches ich jhm zu vberschicken so viel mahl versprochen / vnd dessen so langen verzugs wegen ich jhn billig vmb gönstige entschuldigung anzusuchen habe: *den andern Theil der Satyrischen Gesichte / vnd von demselben das Erste.* Dem Herrn ist mein Zustand vnd die dahero bewegliche vrsachen solches verzugs nicht vnbekant. Gott wolle aller derer so deß Vatterlands wohlfahrt jhrem eigenen Aufkommen vorsetzen / sich dermahlen in Genaden erbarmen. Diß ist / sage ich / daß Erste Gesichte deß Andern Theils: darin das jenige begriffen / davon Ehrliebende gewissenhaffte Biderleu̇̈tte heu̇̈tiges tags singen vnd sagen / schreyen vnd klagen. Ein muster vnserer Teutschlinger vnarth; deß vbelstands / in dem sich vnsere meiste Jugend nicht ohn jhr eu̇̈sserstes verderben erlustiren. Jnsonderheit die Raysende (Rasende) Jugend; die Teu̇̈tsche herwachsende ledige Junge Mannschafft; vmb welcher willen das Vatterland sich dermahlen billig solte zu erfrewen haben. Aber / o der leidigen frewde! warumb das Reysen in frembde Lande angestellet

Reysen in Frembde Lande.

seye / das ist den meisten zwar auß den Bůchern (wolte gern sagen / Nicht) bekant: ko̊nnen davon zierlich reden vnnd pråchtig sprechen: die mehrere aber haben jhr absehen vornemblich dahien / wie sie ein wåhlsch Kleid / wålsche Geberden / wålsch Wesen / wålschen vbelstand / Ein wålschen Bart / wålschen Hut / wålsch Haar / wålschen Vberschlag / wålsches Wambst / wålsche Hosen / wålsche Strimpff / wålsche Stiffel / wålschen Mantel / wålschen Dågen / wålsch Gehenck mit nach hauß bringen mo̊gen: vnnd daß das årgste ist / offt die Frantzosen gar im Hertzen: Gott gebe wo Alte Tugend vnnd Redlichkeit / Kůnste / Erfahrenheit / Weißheit / Gedult / Sittsamkeit vnd anderes / vmb deß willen sie hienauß verschickt worden / bleiben. Dann das alles ist Jhnen Thorheit / vnnd Jhren hohen Einbildungen viel zu geringe; die Alte in jhren Tugenden haben nichts verstanden / die Naaßweise Herrchen wissen es alles besser vnd sufftiler an tage zugeben.

Tit. Calphurn. Eclog. 7.

Vilia sunt nobis quaecunque prioribus annis
Vidimus, & sordet quicquid spectavimus olim.

Aber wan wir das Vatterland bedienen vnd berathen sollen / da stehen wir an: da sehen wir allererst wo Jåckel in den bohnen gesessen / wann sie nun sind außgelochen

Nempe peregrinas stolide volat ille per oras
Qui facienda fugit dum fugienda facit.

Der Herr / hoffe ich / werde solches / in ansehung deß zwecks / Jhm nicht mißfallen lassen: vnd so was vngereymbts darein sein mag / oder ichtwas daß mit seinen Natůrlichen farben nicht getroffen wåre / Es mit dem heůtig-gewohnten spruch entscheiden / *Ob es schon nicht wohl stehe so seye es doch a l a m o d e :* Dann mit diser vnteůtschen entschuldigung muß heůtigs tags /

alles waß nicht tauget / verbluͤmet; alles was gelten solle / verbraͤmet werden. O der schaͤdlichen wort / *ala mode!* dieses *ala mode* bringet vns noch vmb leib vnd gut miteinander. Aber vnseren lieben lieben Weibern haben wir solche thewre thorheit meisten theils zu dancken: vnserem vorwitzigen Frawenzimmer / welches nicht leben kan es habe dann waß newes von Tracht erfunden / Es habe dann was newes erdacht / vnnd den guten Mann damit vmbs Gelt gebracht. a la mode. *Behuͤte Gott / in was Noth bringet ein Weib jhren Mann / wan sie vngehalten ist? der langwirige Krieg / daß leichte Kippgelt / haben grosse dinge gethan zu vnserem Vndergang; Aber die Newsuͤchtigkeit / das á la mode thut viel ein mehrers: vnd wird vns besorglich noch den garauß machen. Dann was wolte anderst auß Newsuͤchtigkeit alß das Verderben koͤnnen gezeuͤget werden!* á la mode.

Eventus miseros res noua semper habet. Corn. Galli.

A la mode macht mir bang /
Weil der Teuͤtschen vndergang
Jn der Newen-Sucht
Seinen anfang sucht.
Dann / waß haben will ein schein /
muß nur a la mode sein:
Darnach sieht die Welt:
wer sich also stelt /
Der wird vorgezogen heuͤt.
Sind wir nicht ellende leuͤt?
Ein fromm Biederman
kompt bey Niemand an
A la mode helff' jhm dann /
sonst er nicht fortkommen kan.
Diese Narren-plag
machet / das ich sag:
A la mode bring' vns noch
vnder ein frembd Reich vnd Joch.

Vbel laut es zwar /
doch so ist es war
Vnd bleibt bey dem Ersten klang;
Daß der Teuͤtschen vndergang
Jn der Newen-Sucht
seinen anfang sucht.

Eva / vnsere Erste Mutter / hat vns mit dem á la mode / mit der Newsuͤchtigkeit / mit der Newen speiß / welche jhr doch verbotten ward / in Leiden vnd Leyd gebracht: die altte speise hatte jhr nicht mehr schmacken (zu Hoff sagt man / *Munden*: Warumb nicht / Zungen? Gurglen? oder Bauchen? weil ja zu Hoff die Zung-Gurgel-vnd-Bauch-frewde dem Ewigen Leben vorgehet) sie hat gern etwas á la mode, etwas Newes Essen wollen. Der Eva Toͤchter / vnsere Weiber in Gemein / thun auch fast alle also: vnd glaube sicherlich / wan der vnseelige Apffel noch zu essen / oder der Baum noch zu finden waͤre / das vorwitzige Frawenziffer wirde mit hauffen zu lauffen / vnd nicht nur die Aepffel alle / sondern auch den Baum gar mit der Wurtzel fressen. Gott gebe wie es jhnen vnd vns hernach moͤchte gesegnet werden / deß wirden sie wenig achten / biß nach geschehener Thorheit allererst; nemlich nach der Weiber weise. Dann also wollen sie es haben / es muß ala mode her gehen / vnd solten wir dabey hunger leiden. Auch der gehorsam-habender Mann selbsten kan vor jhrem vnerforschlichen heimlichen Koͤnigs-gewalt sich so wohl nicht vorsehen / er wird sich nach jhrer fantasey je kleiden vnd tragen / vnd jhnen vnvermerckt folgen muͤssen / damit er á la mode einher gehe / vnd jhnen vor andern gefallen moͤge.

Hoffleben.

Vnd diese seuͤche ist allgemein vnd gehet durch die gantze Welt. Wann solche Thorheit in vnserem Vatterland allein geschehe / so waͤre es / weil wir mitten in vnd vnder den Newbaͤrtigen Frantzosen sitzen vnnd

wohnen / noch zu verziehen; Dan Nachbauren je zu zeiten waß von einander entlehnen / je zu zeiten einen Kuͦchen voneinander abborgen. Aber es ist der Jammer der Newsuͤchtigkeit biß mitten in Teuͤtschland / biß an daß andere Ende vnsers Vatterlands / vnd in der vornembsten Fuͤrsten vnd Herren Hoͤffe gerathen. Vnd zu foͤrchten / wo durch Ernsthaffte Roͤsche Helden-gemuͤther solchem wesen nicht gestewret werde / Teuͤtschland doͤrffte dermahlen durch solche Weiber widerumb zu eim Babel werden.
Zu loben vnd hoch zu ruͤhmen ist daß Weibsvolck zu Straßburg. So nahe alß sie den ala mode vor der thuͤre haben / so wenig achten sie Jhn: Sie bleiben bey jhrer Vhralten Tracht / in Schurtz vnd Beltz / in Kapp vnnd Bauren-hut / in Vbermitherr vnnd Lybel: vnd solte es den thoͤrichten ala mode zu todt verdriessen. Jn welcher loͤblichen Standhafftigkeit (wiewol von vielen / vnd in vielen sachen / es sonst trefflich vbermacht wird) sie auch die Manne selbst vbertreffen.
Damit aber dem Herren die Zeit nicht zu lang werde / so wollen wir andern zur erinnerung sagen wie es dem Philander vmb deß ala mode willen vnlangst ergangen seye. Wer Weys ist der hab sorg zu seinem beuͤttel / damit ala mode ja nicht darein komme. Dann warlich Narrheit kostet ein grosses Gelt / vnd zu vnseren zeiten viel mehr als Witz.
Den Herren / dem zu gefaͤlligen Diensten ich jederzeit bereit willig vnd hoch verbunden bin / hiemit / neben vnserem werthen Vatterland vnnd dessen trewen Raͤthen / dem Schutz deß Allerhoͤchsten / zu bestaͤndiger wolfart von hertzen wohl empfohlen. Geben zum Offenburg zur zeit der Schaaffscheer 1643.

Meines Goͤnstigen Herrn Trewer
Freuͤnd vnd Diener allzeit

Philander von Sittewalt.

A LA MODE

Kehrauß.

Erstes Gesichte.

AVß voriger Gesichten vnd Geschichten Schluß wird der *verståndige Leser* vnschwer errathen können / wo *Philander* jetzo sein möge. Alldieweil nach beurlaubtem Hoffleben Er sich befunden da Er noch ist; Aber schwerlich / schwerlich långer wird bleiben können.

Vrsach. Jch hatte bißher gesehen vnd erfahren / daß an allen orten / die ich durchwandelt vnd durchzogen: durchgangen vnd durchloffen: durchzöpelt vnd durchtrabet: durchschliffen vnnd durchritschet: durchschlichen vnd durchstrichen: durchstigen vnd durchkrochen: durchhutzelt vnd durchburtzelt: durchstulpert vnd durchfallen: durchritten vnnd durchschritten: durchreyset vnd durchfahren. Von der Welt Scheinsal vnd Eitelkeit fast betrogen worden. Vnd daß also das rechte Wesen dieser Orten / da ich noch hucke vnd mich tucke / weder zu suchen noch zu finden sein werde. Darumb dann auch noch jmmerhien trachte / wie ich in einem anderen Stand vnd Stath / da die zeitliche gebrechen verbessert / vnnd ein růhiges vnthadelhafftes friedseeliges Leben anzutreffen sein möchte / meine tage mit heyl vollführen könte. dazu mir Gott helffe.

Vanitatum Vanitas.

Aber / o wann werde ich dahien kommen! *Wo werde ich meine Rechnung in dieser Welt finden! weil mir ja das Gewissen sagt / vnd die Erfahrung zeüget / das die Ewige Beståndigkeit auff der vnbeståndigen Erden / vnnd bey so vnbeståndigen Månschen nicht anzutreffen seye.*

O wie muß die thorheit manchem so sauwer werden!

doch warlich / Witz lernet sich eben auch nicht mit nichts. Wer hat je gesehen / von den schleehecken krauben lesen? vnd weißbrod essen von den Haber-kraupen? Gewiß bin ich mit einem boͤsen aspect vnder den ♈ gezogen / wie mir vnlangst ein Dominus Calendarius geschrieben hatte; vnd es ist wahr.

Dann was hab ich seith selber zeit anderes erfahren alß Gefahr? Angst / Sorg / Schrecken / vnder den grausamen hochsprechenden feinden vnd Gottslaͤsterern? Rauben / Plůnderen / Stoͤßeleiden / Lauffen / Fliehen / Schreyen / Bitten / Zittern / Zagen / Streitten vnd Kriegen / Wůrgen vnd Morden? so / daß ich mich offt gern in ein maußloch haͤtte verkriechen wollen / wo nur sicherheit darin zufinden gewesen waͤre. Oder / besser davon zu reden; daß ich mir offt gewůndschet / meine herrliche dinge vnder dem ♈ / vmb einen Hirtenstab vnder dem ♒ zuvertauschen; wo ich nur eines zu veraͤchtlichen diensts im Frieden haͤtte geniessen moͤgen.

Nur brod / vnd frieden mit Gott.

Aber wunderlich hab ich mich bißhero noch durch Gottes hůlff herauß gerissen. Die einige Artzeney negst GOtt / so in allem solchem Vnglůcks-stand ich gebrauchen koͤnnen / die gab mir mein *Lieber Schulsack* / den ich vor Jahren getragen / vnnd auch nachschlaͤppe / ich ziehe hien wo ich wolle. Jn diesem fande ich je noch zu zeiten einen brocken der mich vmb etwas erquicken kundte / wann es an ein Leiden gienge.

Zu Anfang dieses Frůlings / alß in Gemůts-Mattigkeit mich etwaß zu erlaben ich eben einen griff darein thate / kam mir von vngefehr ein zedelein zur hand / darauff volgende wort stehen:

Parnassus.
Est. Mons. Viventium.
Laete. Laute.

VBI. MUSAE. HABITANT.
VBI. APOLLO. PRAESIDET.
VBI. PAX. VIGET.
VBI. VIRTUS. VIRET.
VBI. ARS. FLORET.
VBI. BONI. SUNT. AMATI.
VBI. AMANTUR. CORDATI.
VBI.
DIVITIAE & DELITIAE.
VITAM. BEATAM. PROPINANT.
POSSIDENTIBUS.

Wie es vnseren Vhraltten Vorfahren auf dem Parnassus ergangen / daß lese bey Aventinus. lib. 1. p. 99. b.

Parnassus ist Ein Berg darauff ohn sterben wohnet
Fried / Tugend / Kunst vnd Ehr; da Redlichkeit belohnet /
Vnd Falschheit wird veracht; da List vnd Heuͤcheley /
Verleuͤmbdung vnd Betrug / Auffschneyden / Babbeley /
Dem der sie liebt / zu Lohn / spott / schand vnd schaden geben.
Hie geht es wie es soll. hie ist ein Seeligs Leben.

Ein ieder mag aber erachten / wie mich / der in so einem Ellenden verderbten Land halb tod wohne / nach dieser Edelen / ruͤhigen / Friedsamen wohnung muß verlanget haben.

Kriegstrangsalen.

Dann deß Vnfrieds / der Vnruhe / deß Scharwachens / deß Bereitschafft-ligens / deß Wacht-aufffůhrens / deß viertelstůndigen Rondens / deß Maurens / deß Zimmerns / deß Schantzens / deß Bestellens / deß Antreibens / deß Beschliessens / deß Auffthuns / deß Besorgenden vbersteigens / deß Wald verkriechens / deß Nåchtlichen außreissens / deß Hecken verschlieffens / deß Erfruͤhrens / deß Schnee vnd Wasser wattens / deß vierzehentågigen Kleiderligens / deß Kleiderlåuse to̊dtens / deß Niderstossens / deß Niderschiessens / deß Qui va là / deß Demeurez là, deß Donnez dessus, deß Mort, Teste, Ventre, Sang, Chair, deß Corps, Ame, Diable, Renier, Fouttre, Bougre, etc. war ich warhafftig so muͤde / daß ich weder ohren noch augen mehr mochte aufftthun zu hören oder zu sehen / vnd offt so Eckkümmich alß ein Lauß im Kindbett.

Darumb dann / alß ich vor Quasimodo (auff gut Westrichisch vor Kose-Mose) dem anderen Sontag im Spirckler (Aprili) Monat / vierzehen tag nach Fraw Klüwel (Mariae verkündigung) von den Haanen aber eines gehackt (ein vbeler wundsch / *das dich der Haan hack auff eim Strosack.* Sie haben mich einest auff einem Strosack gehackt das mir schir die Seele außgegangen) tribulirt vnnd gemärtert worden; also das ich mir gäntzlich vorgenommen / gar durchzugehen / vnd heimlich außzureissen; So konte ich doch solches / weil man niemand mit seiner Gewehr durch die Wacht passiren lasset / nicht wohl ins werck richten. Vnd anderer seits lage mir der Parnassus so im sinn / das mich dauchte / wann ich dahien gelangen könte / auff Erden mir weiters Nichts manglen solte / vnd alß dann wirde ich haben wo nach ich so lang gerungen hätte.

Derowegen an einem Sontag hernach / alß ob ich nur in den gärten spatzieren woltte / gantz allein / mit einem ála mode stecken (hirtenstab) in der hand / das wasser hienunder schliche / in hoffnung / meinen Feinden vnvermerckt auß dem Gesicht / als auch geschahe / zukommen / vnd jrgend einen gespaanen anzutreffen / der es mit mir in das gute Land / (Also nennen wir bey vns das Gülcher Land vnd Ertzbistumb Cöllen) da mann brod genug zu essen hätte / vnd rühig schlaffen dörffte / durch wagen thäte. Aber in all meinen gedancken / war es nur der Parnassus. Da / glaubte ich sicherlich / wirde ich alle tage Sauermilch vnd Bratwürst mit dem Apollo zobezehren.

das gute Land.

Alß ich aber auff eine Viertelstunde die Matten hienunder kam / vnfern bey einem bronnen / vnden am Bruder-garten genant / ersahe ich ein grosses Roß / gegen mir daher traben. was haar es gewesen kan ich jetzt nicht sagen; Allein als es mir nahete / merckete ich / meinem damahligen verstand nach / ein par Fluͤgel die das pferd zu beiden seiten zu gunlen vnnd zu gauncklen herab hangen hatte. Auch sahe ich einen grossen breiten Regen-hut auff dem sattel liegen / als ob er darauff gebunden waͤre.

Wie macht sich da mein glück? sprach ich zu mir selbsten. Gewiß wird sich heuͤt der handel anfangen schicken / vnnd ein besserer sterne / als bißhero / leuͤchten: weil mir eben das entgegen kame / welches zu meinem vorhaben ich mir nimmer besser haͤtte wuͤndschen moͤgen. Dann der Parnassus vnnd dessen grosse Genade lag mir so im sinn / das ich mir nicht anderst einbilden kunte / alß Apollo / der alles weiß wie ein Sterngucker / haͤtte mir dieses lere pferd zu sonderem trost vom Parnassus entgegen gesandt / damit ich ohne groͤssere beschwerde zu jhm auff einen schmauß kommen moͤchte. Erinnerte mich in dem deß gelehrten pferds Pegasus / von dessen bronnen-schlaͤgigen Huoff ich ein stuck in meinem schulsack an statt heilthumbs mit mir truge.

Dann / sahe ich die guncklаͤte Stiffel an (also hab ich hernach erfahren / daß es keine Fluͤgel / sondern Stiffel gewesen) vnd ja / ja / sprach ich: daß sind gewiß seine Fluͤgel: Ja / es ist der Pegasus: Ja / Apollo hat dir jhn entgegen geschickt / es ist einmahl nicht anderst.

Einbildungen.

Dieses alles hatte ich mir so fest eingebildet / daß mich gedeuͤcht ich sehe daß pferd schon fliegen mit allen vieren. Will mich also nimmermehr verwundern / daß die Westricher vor Jahren einen Bauren in eim rothen Wullin hembd / welcher hinder dem zaun saß seine Notthurfft zu verrichten / vor ein Erdbeer gessen; oder die Pommern ein Pflugsraͤdle fuͤr eine braͤtzel verschlungen: oder der Westricher Nachbauren einen korb voll hobelspaͤn vor einen Salat verzehret: oder die Schwaben etc. Jch glaub fuͤr wahr daß ich diß mahl ein mehrers gethan / wo mir nur einer dazu geholffen håtte.

Einbildung ists: wann die nicht thåt /
Jrrthumb so viel die Welt nicht håt.
Mancher ißt ein Aaß fůr Speck /
Mancher ißt fůr Butter Treck /
Dannoch sich bildet ein / er hab nichts bessers gessen:
Darumb was einem schmackt / daß laß jhn immer Essen.

Einbildung oder Wahn.

Derowegen als das Pferd nun auff mich zukame / wer war frewdiger als ich? ich scheybelte meinen hut durch die freye lufft in die hecken dort hienauß / so weit ich mochte / dann ich wohl erachten kund / daß ich einen besseren da kriegen wirde: erwischte das pferd also mit der lincken hand beym ziegel (es fallet mir jetzt ein / es ist gewiß ein Schimmel gewesen) sprach jhm zu / es solte fest stehen biß ich wåre auffgesessen / ich wolt sein vff die Nacht beym barren auch nicht vergessen / solt ein fester statlichen Cőllerthåler Habern fressen etc.

Da ich aber den Ziegel in der lincken hand eben vornen gegen dem Sattel hielte / den Hut auffsetzen vnd mich hienauff schwingen wolte / dann die Stiffel håtte ich noch fůr Flůgel gehalten / taschte ich mit erschrecken zwo Månschen hånde / welche fest vmb den Sattelknopff in einander geschlossen sich allda anhielten. Deßwegen beydes Zigel vnnd Pferd ließ davon fahren / vnd nicht erdencken kundte was dieses fůr ein Abenthewer sein muste.

Doch alß ich daß Roß in vierfůssigem Ernst sahe davon traben / ruffte ich beydes dem Pferd / den Stifflen (die ich in dem / weil sie mir einen vngehewren stoß in die lincke seite geben / davon mir daß Miltz mein tag wehe thut / erkennen lernen) vnd dem Hut zu: sie solten still halten / vnd mir auff mein ansprechen / was Apollo machte? vnd im Sinn mit mir håtte? bescheid ertheilen. Dann es ist wohl zu wissen / daß auff dem

Parnassus auch die Pferde / die Stiffel vnnd die Huͤte reden koͤnnen.

Hierauff antwortete mir eine Stimme vnder dem Hut fast verstaͤndlich / mit diesen worten: *daͤr haͤr wold mir ferseyhen. Jck gan forfar nicht halden. Das faͤrd hat sinen kang. ick muss reiden.* wer / vnd wessen diese Stimme gewesen seye / hab ich hernach erfahren / vnd jhr werds bald hoͤren.

Aber wer war dißmahl vbeler dran alß ich? dan mein Hut war hienweg: vnd in dem ich vermeynte wohl staffiret auff einem schoͤnen pferd zu reiten / so muste ich vbel versehen zu fuß auff meiner Mutter Fuͤlle davon gehen. Wer damahlen noch zu hause gewesen waͤre / der solt ein Boͤßwicht sein / der nach dem Parnassus mehr gefragt haͤtte. Aber das Spiel war angefangen / es muͤste nun außgemacht werden.

Quisque suae sortis faber est.

Wir Maͤnschen koͤnnen viel dinge nicht verstehen. Jch sahe die Gefahr / darein ich mich begeben wolte / vor augen; noch kunte ich nicht davor sein: ich rang nach meinem eigenem Vngluͤck / vnnd doch wider meinen selbst willen.

Manchem Mann rufft das Gluͤck /
Der will nicht bleiben stehen:
Mancher sieht seinen Strick /
Will jhm doch nicht entgehen.
Wer aber hofft auff Gott
Dem schad kein Schad noch Spott.

Scham.

Damit ich mich nun nicht schaͤmen doͤrffte. *(so gehets / manchen Mann verhindert die vnnoͤtige scham offt an aller wolfart. Aber / kein wunder: dann in der Natur ist es also bewand: wem es vbel gehet der ist vnbehertzt. Er schewet vnd schaͤmet sich seine Noth zu sagen vnd zu klagen / wie sehr er sonst erfahren; weil er foͤrchtet man werde jhn nicht gern hoͤren / noch jhm glauben geben; sondern frisset seinen Jammer in sich mit hertzens wehe vnd Jammer. Vnd hien widerumb /*

Pauper ubique jacet.

wer vnbehertzt ist dem gehet es verhinderlich in allen sachen

Qui caret Argento miser est timet omnia.
  Pauper, corda gerat quamvis fortia, corde caret.)

Damit ich mich / wie gesagt / nicht schaͤmen doͤrffte / gienge ich den Wald hienein / meine Noth auffs wenigste den Voͤgelen zuklagen / vnd durch jhren lieblichen gesang jrgend eine Labsahl zu erschnappen. Vnfern / in einem Altweg / merckete ich einen frischen hufschlag vieler grosser reysiger Gaͤule / also daß ich darauß erachten kundte / es muͤsten sich in der Naͤhe eine truppe Reitter auffhalten / vnd jrgend einen streiff / nach vnserer Soldaten art / auff ein sester duͤrrbieren / oder ein par bauren schue / oder wann es wohl gerathet / auff ein schnutziges pferd thun wollen. Doch vngeachtet gieng ich dem huffschlag nach / auff das ich nur wider zu Leuͤtten kommen moͤchte. Mich dessen getroͤstend / es treffe mich an wer immer wolte / er mir doch nicht viel wirde nehmen koͤnnen. Dann ich hatte selbst nichts: war aͤrmer alß der armen Greden sohn. Vnd gewiß / wo ich einsen vff dem weg selbst haͤtte moͤgen meister werden / ich glaub ich solt meinen Hut / vnnd noch mehr gesucht haben. Doch war ich voller vnmuth / daß es mir deß Ersten tags meiner Außfart / wie wohl zu fuß / so vbel gangen: biß letzlich ich mich auß meinem Schulsack / den ich vmb aller Welt gut nicht dahinden gelassen haͤtte / widerumb mit dem herrlichen / weinseeligen vnd Armutkoͤstlichen spruch erlabet / der da sagt:

Cantabit vacuus coram Latrone viator.

Wer reysen will /
der schweig fein still:
Geh' steten schritt /
Nem nicht viel mit:

So darff er nicht viel sorgen:
Wer nichts hat / mag doch borgen.

Car
Seurement va
qui rien n'a.

Reysen. mit Botten.

Ein Kerl der nicht viel zuverliehren hat / der kans auff dem weg frisch hienein wagen / wie die Botten; der sich aber vor gefaͤngnuß vnd außloͤsung zu befoͤrchten hat / der gehet behutsamer in seinen sachen.

Bald an einem holweg erblickte ich etliche Reiter auß dem Wald auff mich zu setzen. Aber was wolte ich thun? ich war schon im freyen feld / vnd da nicht mehr zeit / an das außreissen zu gedencken. Jch dachte wohl / wie Jenner / Hecken her! hecken her! aber vergebens vnd vmbsonst. Die Reitter waren mir auff der fersen ehe ichs recht innen worden.

waͤlscher Soldaten thaten.

Auß jhrem Thun / Kleidung vnd Gestalt sache ich bald / daß sie nicht zu den Waͤlschen Voͤlckern gehoͤren muͤsten. Dann sie machten nicht viel wesens mit fluchen / schwoͤren vnnd Gott verlaͤugnen; thaten mir auch weder leid noch schmach an; sondern deren einer hiesse mich hinder jhn auff das pferd springen: merckte so viel / das ich mit jhnen reiten vnd davon muͤste.

Auß jhrem Gespraͤch vnd Worten / die mich zwar Teuͤtsch zu sein andeten / konte ich doch nichts verstehen als etliche buchstaben / das R. J. O. vnd V. Sie sassen nicht auff Saͤtteln / sondern ritten auff den blossen pferden ohn einigen andern gehuͤlff: sie fuͤhreten / wie Jenner hochgelehrte Doctor sagt / vnd wie die Kochersperger reden / weder praͤstalen noch Baumpplier / noch Mustehcken / noch laͤdere Ritmutzen / noch dronendaͤschen: sondern waren allein mit einem grossen langbreit-zugespitzen daͤgen vmbguͤrtet: Jhre Kleidung war von / Kalb / Rehe / Hirsch / Baͤren / Wolff vnd Fuchßhaͤutten vnd fellen / doch vnbereitet /

also rauh mit den haaren wie sie schlecht abgezogen: O wehe / Ja wohl / so es von vnseren Völckern gewesen wären / sie hätten es mir gemacht wie andere mahl / vnd ich vnden noch erzehlen werde.

Jn dem wir nun vberzwerchs zu ruck durch den Wald / auff die Matten kommen / erkante ich mich also bald / das wir nicht weit / vnnd nechst bey *Geroltz Eck* / einem Alten Schloß auff dem Waßgau / wären / von dem man vor Jahren hero viel Abenthewer erzehlen hören: daß nemblich die vralte Teůtsche Helden / die Könige / Ariouistus, Arminius, Witichindus, der Hürnin Siegfrid vnd viel andere / in demselben Schloß zu gewisser zeit deß Jahrs gesehen wirden; welche / wan die Teůtsche in den höchsten Nöthen vnd am vndergang sein werden / wider daherauß / vnd mit etlichen alten Teůtschen Völckern denselben zu hülff erscheinen solten. Wie ich theils solcher dinge im werck erfahren.

Geroltz Eck.

Dan wir konten so bald nicht auff die Matten kommen / gleich in einem dicken busch / ritten wir in eine grosse höle / vnd vnder dem boden durch ein weites mit liechtern bestecktes gewölb langs fort / biß wir endlich zu einer andern wacht gelanget (dann die Erste / Eingangs / hatte vns vnverwiegert passiren lassen) alda wir still zu halten befehlt wurden: werender welcher zeit / ich an einem Stein / obenzu deß Gewölbs / beym außgang / diese Schrifft in alten / doch fast leßlichen buchstaben / abgesehen:

CAES. RO. EXER. IMP. P. P.
S. C. AV. TREVE. INGRE
ESSVM. H. CASTRA. SARRAE.
FLV. PRO. MIL. CVSTODIA.
BIENN. POTITVS. EST.

Scalig. in Aus.

Vnd endlich miten im Schloßhoff herauß kamen.

Was diese Schrifft bedeuͤten moͤge / daß wissen die Gelehrte. Jch hab aber nachgehends erfahren / daß der Alte Teuͤtsche Koͤnig vnd Fuͤrst der Sachsen / Arminius / Denselben Stein zum Gedenck-zeichen / als er den Roͤmischen Feld-Obersten Varus mit dem gantzen Heer erschlagen / vnd hernach in diese Lande heruͤber gezogen / alda einmauren lassen.

So bald ich in den Hoff kam / da kandte ich mich nicht mehr. Dann ob ich schon vor diesem vielmahlen bey vnd vmb dieses Schloß gewesen / so war ich doch niemahlen hienein kommen / hatte auch dergleichen leuͤte / deren eine maͤnge vmb mich herumb lieffen / nimmermehr gesehen. Einer besahe mich da / der ander dort: Einer zopffte mich da / der ander zopffte mich dort: Einer fragte mich diß / der ander daß: Einer sagte mir diß / der ander daß: Einer lachte meines Wambs / der ander spottete meiner Hosen / der dritte deß Barts / deß Vberschlags. Vnnd war nichts an meinem Leib / das sie nicht beredeten / durchzogen vnd hechelten.

Jn summa / ich war jhnen allen als ein Meerwunder: aber in forcht stunde ich / daß es mir wie vormehrmahlen / da einanderer meine Kleider ohn meinen willen getheilet / haͤtte ergehen moͤgen. Auch war solche forcht nicht gantz vergebens.

Weil ich aber so gar nichts antworten wolte / schoͤpfften sie den verdacht also bald auff mich / daß ich ein Wahl / oder Waͤhlscher sein muͤste. Derowegen einer mich auff Lateinisch fragte: Et tu, quid noui? homo novissime. vereor ne, ut Valerius Procillus & M. Mettius explorandi animo in Castra nostra veneris. Quid Caesar tuus? nondum ne spiritus conceptos posuit? quid Aedui ? quid perfidus ille Divitiacus? Hiberna ne exivit Labienus? quid in Castris morbidulus iste Q.T. Cicero? Jch schwiege eine weyle still. Letzlich: Ach Herr / sprach ich / ich verstehe kein Latein / alß wan mich hungert: gebe mir einer brod genug / ich wolte jhm ietz alles Latein dafür lassen.

Er verstunde mich sehr wohl. deßwegen ein anderer an mich setzete mit Frantzösisch. Et Vous, sagt er / François Romanizé, n'a on pas bien estreillé ces deux coquins là, Arunculeius & Sabinus auec toutte leur suitte? si Ambiorix eust voulu croire, nous eussions peu faire autant á ce petit bougre de Cicero. n'estes vous pas de leur bande? Ey Herr / sprach ich zu diesem / ich bin Teütsch / ich kan kein Wählsch / ich weiß nicht was jhr sagt / kan nicht verstahn.

Einer wollte Grichisch an mich / der ander Spannisch / der drit Jtalianisch mit mir reden: aber ich sagte jhnen allen / ich wäre ein geborner Teütscher Michel / könte kein andere Sprach alß dieselbe. Vnd das war mir sehr gesund: dan wo ich mich anfangs vnder diesem Bürschlein etwas hätte mit einer andern Sprach mercken lassen; Sant Felten solte mich beschissen haben.

Jch dachte aber bey mir selbst / daß müssen alte leütte sein / die mich von denen dingen fragten / so vor beynahe Sibenzehenhundert Jahren geschehen wären.

Vnd in dem ich also stunde / vnnd denen / die mich zu schawen da waren / zum gelächter dienen muste; merckte ich meinen vermeynten Pegasus mit den Stifflen vnd dem Hut / das Gewölb herauff reitten / vnd meinen Hut / wie man den Haasen nach dem hatz pfleget / hinder sich auff daß Pferd gebunden nachführen. Kundte ferners weder Mann noch Gesicht sehen / alß allein die zwo Hände / so noch wie vor vmb den Sattel-knopff alß Ebhew hart vmb-gewachsen vnnd eingeschlossen waren. O wehe dachte ich / Dieses soll dir wohl nicht zum besten gereichen mögen: ob schon ich mich frevels gantz frey vnd sicher wuste.

Aber einem Mann der in Nöthen ist / geschihet offt vnrecht ohne vrsach / vnd ohne sein verschulden; weil er vieleicht Niemand hat der den Lästerern vnd jhrer

Miserorum timidi quoque

sunt Amici.

boßheit sich widersetzte / vnd jhm ein wort zum besten reden wolte: insonderheit zu Hoff vnd bey grossen Herren; da man offt auff eines Lästerers falsches anbringen gleich in seinem sinn vrtheilet / ehe man den betrangten gehöret / oder der sachen sich recht erkundiget hätte: welches verständige leüt billig scheltten; vnd solche Lästerer / wan sie betretten werden / zur gebührenden Straff ziehen lassen.

Zu gutem meinem Glück aber sahe ich meinen Ehrlichen Alten / der mir in voriger zeit viel trew erwiesen / EXPERTVS ROBERTVS genant / auß einem grossen Saal mit halb lächlendem Gesicht gegen mir zu gehen: dem ich also bald mit demütiger Ehrerbietung entgegen lieffe: vnd mir anderst nicht zu muth war / als ob ich / wie man spricht / vnsern Herr-Gott gesehen hätte.

Ambt eines Freünds.

So froh war ich. *Vnd so machens geängstigte Leüte / wan sie jrgend in Noth stecken / vnd jhnen jhrer Bekanter vnd alter Freünde einer entgegen gehet. O wie seüffzen / sehnen vnnd verlangen sie. O wie dücken vnnd schmücken sie sich / wie ein armes Hündlein. Zu loben sind die jenige / welche sich eines solchen Freünds / der in Nöthen ist / annehmen: zu schelten sind die / welche sich so vnwürsch stellen / daß ein betrübter Mann sie anzusprechen sich muß förchten / damit sie aber genugsame anzeigung geben / daß sie noch nichts gelitten / viel weniger erfahren haben.*

Freünd kan offt mit Nichts helffen.

So bald die Anwesende sahen daß ich deß Altten Freündschafft hatte; dorffte oder wolte deren keiner mehr mich ichtwas angehen oder fragen. Vnd nach dem er von mir erforschet / wie ich dahin gerathen? wie es mir seit vnserer letzten besuchung in diesen Landen ergangen wäre? vnd ich jhn mit kurtzen worten beschiede / so vnd so: Jch hätte zwar vermeynet nunmehr in fried vnd ruh dem meinigen nach zu gehen; so wär ich doch gleich anfangs von denselben

Kriegstrangsalen.

Völckern biß in das Fünffte mahl rein außgeplündert: dreymahl vberrumpelt: Ein mahl in einer Belägerung gefangen / letzlich aber vermittelungß Ehrlicher leüte wider loß gelassen worden / wie wohl ich alles daß meinige zu setzen müssen; solches aber gegen dem Leben für nichts geachtet. Einmahl hätten sie mir den strick an den halß legen vnnd mich vor den meinigen erwürgen wollen. Hätte vnglaubliche Gefahr vnd Noth außgestanden auff allen seiten: wäre in dem eüssersten Hunger gesessen / ohne hülff deren die mir doch helffen sollen: Auch / wo Gott nicht hand ob mir gehalten hätte / wäre ich zwantzig mahl erschossen / so viel mahl erstochen / von Wilden Thieren zerrissen vnd gefressen worden. Wie Jhm dan sonder zweiffel dieses vnd viel hundert andere erlittene Vngelegenheiten gewiß wirden zu Ohren sein gekommen.

TVO. BONO. Sprach der Altte. Es ist dein Nutz: ist dir zur Prob vnd Heyl geschehen: *GOtt führet die seinen wunderlich. vnd kein Mänsch ist der es verstehen könte / als der selbst in Nöthen ist gewesen. Darumb so sperre dich nicht wider den willen Gottes / stehe fest als ein Felß / auff Gottes wort gegründet:*

Gottes Regirung.

Den Rock-steen die ick meen, is t'richtsnoer van ons leven,
Den noot-dvvank van ons doen, van God ons vorgeschreven:
    Maet-roos, die met gevvelt, en na syn eygen Wensch,
    Den Rocksteen treken vvil, dat is den dommen mensch.
Gods schickinge staet vast, geen mensch kan die bevvegen:
Wat spertelt ghy, ô d'vvaes, vvat vvorstelt ghy hier tegen?
    Wort vvyser, all die u hier in vvel eer vergreept,
    Die gaen vvil, vvert geleyt: die niet en vvil, gheslept.

Embl. 19, D. I. Catz.

Behüte Gott / sprach er / Aber es sind schröckliche Trangsahlen die du mir sagest / vnd zweiffele ich nicht / die wercke werden an sich selbst noch viel grösser gewesen sein / alß du sie mit worten her erzählet. Nun wohl an / Gott wird auch vber diesen Berg helffen /

wie dein P. P. Florus dermahlen gesagt hat. dulde du nur / vnd

Perfer & obdura: Dolor hic tibi proderit olim.

Ruff Gott in allen Nöthen an /
Er wird dich gwißlich nicht verlan.
Dein Hoffnung stell zu Gott allein /
Daß andre alles achte klein.

Dann

Wer hofft auff Gott vnd dem vertrawt /
Der wird nimmer zu schanden:
Vnd wer auff diesen Felsen bawt /
Ob jhm gleich geht zu handen
Viel Vnfals hie /
hab ich doch nie
Den Mänschen sehen fallen /
Der sich verloßt
auff Gottes trost:
Er hülfft seinn Glaubgen allen.

Quondam meminisse juvabit.

Es ist ein köstlich ding einem Mann daß er das Joch trage in seiner Jugend. Erfahrung bringet Gedult / Gedult bringet Hoffnung / Hoffnung aber läßt nicht zu schanden werden.
Ja sprach ich / *es wäre sich gut dulden / wan der verzug nicht so lang werete: Es ist grosse Noth vnd Streit jnnerlich im Hertzen / vnd duncket mich offt fast vnmüglich sein / auß zu harren.* Der Alte aber antwortete mir widerumb / Mein Sohn

Ob gleich es wehrt biß in die Nacht
Vnd wider an den Morgen /
Soll doch dein Hertz an Gottes Macht
Verzweifflen nicht noch sorgen.
Er ist allein der Gute Hirt
Der dich endlich erlösen wird
auß deinen Nöthen allen.

Du wirst ja noch wohl auß deinem Christenthum / vnd auch auß deinem Schulsack wissen / waß gesagt seye:

PATIOR. VT. POTIAR.

Il faut endurer pour paruenir.

Schweig nur vnd Leid / Es kompt die Zeit
Das diß dein Leid Wird werden Frewd.

Qui peut souffrir, surmonte.

Per Spinas ad Rosas.

Dann nur den die Dornen stechen
Der die Rosen will abbrechen

Die nooten vvil smaken D. I. Catz
Die moetse Kraken. Embl. 17.

Het ae slacht u vveltoe, t'Speck eten vvaer u leven;
Maer ghy vvilt in die val u selven niet begeven:
ghy hout u buyten schoots, en geeft u nergens bloot?
maer sonder groot gevaer en vverter niemand groot.
Geen Kooren sonder hayr, geen Note sonder schellen:
soo yemandt pluckt enn Roos, de prickels gaen hem quellen.
al die vvat sonderlinghs, vvat groot vvel geerne vvou,
Wat staet hy slecht en siet? de hand most uyt de mou.

Ob auch schon andre sind / die nach der Weltweise deiner erlittener Verfolgungen spotten / hindert nichts / laß sie reden / die Gänse können es nicht. Wan du gethan so viel einem Teütschen Ehrenmann bey so Gewaltsamen zeiten müglich gewesen / ist es allgenug. letzlich müssen sich doch alle Lästerer in jhren eigenen worten selbst Lügen straffen. Candide. Cordate.

Es ist ein altes wahres Sprichwort / *daß die Narren der Gescheyden lachen. Die Vnsinnige der Weisen: Die Gottlose der Frommen.* Darumb dann auch ein Gescheyder desto weniger nach solchen Maulaffen fraget / sondern sich deß Alten Teütschen Spruchs getröstet. Es heisset /

Thue Recht / schew Niemand.

Ama Dio et non fallire,
Fa pur bon et lassa dire.

Lieb du von Hertzen Gott
Vnd weiche nicht davon;
Veracht der Narren spott /
Vnd kehr dich nicht daran.

Vnder den Leůten
Jst Niemand ohn streiten.

Aber Leiden ist Heylig:

Est Pietas palmae similis, Patientia pugno:
Haec pugnat, palmam sed tamen Illa refert.

Lips. cent. 4. Ep. 100 miscell.

Reum te facere aliquis potest, nemo nocentem.

Nur Fromm vnd Trotz dem Teůffel.

Nun ich soll dich auß genådigstem befehl vor den Ertzkônig bringen: wollest also mir nachfolgen / vnnd wohl zu sehen das du in deinen Reden nicht mißlich gehest / sonderen die Pure lautere warheit in allem so man dich fragen wird / frey herauß sagest. *Dan bey diesem Ertz-Teůtschen Kônig ist es nicht wie in anderer Herren Hôffen / da man zu gehôr redet: vnnd offt einem zu gefallen eines daher schneidet daß sich môchten die balcken biegen.* Vnd ob dir schon ichtwas vngleiches hierin widerfahren solte / so geb dich gedultig darein / vnnd leide es; vieleicht ist es die letzte prob die du noch in diesem Land hast auß zu stehen. Bitte nur Gott / daß er dir Verstand vnd Gedult verleyhen wolle. Jm vbrigem gehe auffrichtig durch gegen jederman: vnnd versiehe dein Ampt / so du eines hast / mit Ernst / werde nicht verzagt / ob andere sauer sehen. Es kan nicht anderst gesein. Es wird endlich doch alles daß / so du außgestanden vnnd leiden můssen / dir zum besten dienen:

Aulicum.

Drumb důck dich vnd laß vber gan /
Das Wetter will sein willen han.

Vnd wan das vnglůck vnd die Trůbsahl genug gewůtet vnd getobet / deine Erlôsung vnd die gute zeit volgen:

da du dich alles außgestandenen Leids wirst ergötzen können. Calamitas enim virtutis occasio est, Igitur pelle pusillanimitatem.

Aber hüte dich alß dan / das du deß Herren deines Gottes nicht vergessest; sondern Jhm dafür danckbar seyest / vnnd deine Nachkommende lehrest / wie GOtt vertrauwen seye die höchste Weißheit / daran der Seelen ewige Wolfart gelegen

Douce est la peine
quand elle ameine
aprez tourment
contentement.

Nul homme vient au bout de son contentement,
qui n'a premier souffert du mal & du tourment.

Mein Gott / sprach ich / wie macht jhr es so lang. wie predigen die Alten so gern? wan sie anfangen / sie wissen kein Ende mehr an jhrem reden zu finden.

Vnd jhr Junge / sprach er hinwiderumb / *Mein Gott / wie vngern höret jhr daß man euch in den schilt rede / vnd die warheit sage: Jhr wisset von euch selbst nicht wie jhr euch oder ewren sachen rathen sollet; vnd doch / so auß wohl-meynen euch ewere Vorgesetzte waß zusprechen vnd zu eweren besten lehren wollen / so wolt jhr es entweder gleich selbst besser wissen / oder doch werdet jhr solches zu hören so verdrüssig vnd faul / daß es eine schande ist: vnd müsset dannenher allemahl mit rewen vnd leyd erfahren; daß wer sich nicht gern habe züchtigen lassen / der seye ein Narr biß an sein Ende geblieben.*

Zwar hatte ich diese Predig nicht vngern gehöret / aber ich hätte lieber gewolt / das er mir eben jetzt von waß anders gesagt hätte. Darumb *Spero dum Spiro* / sprach ich. Jch will hoffen so lang ich lebe.

Jn meinem Leiden will ich hoffen / Hoffen.
Kompt mirs Glück so hab ichs troffen:

Kompt mir dan das Widerspiel /
So g'scheh doch waß Gott haben will.

Vnd in dem der Alte fortgienge / volgete ich jhm hienach in den grossen Saal. Jn welchen ich volgenden tags vor die Helden erfordert worden: Alda wir auff ein halbe stunde warten musten. Zeit deren ich in demselben herumb gienge / vnd etliche alte Schrifften in die Wand gehawen abschriebe:

1.

Raht vnd Gerichts-Lehre.

GVnst / Neid / Geschenck sey fern von Eůch /
Eim jeden thut im Rechten gleich.
Der Witwen / Waisen habt gůt acht.
Die Noth der Gfangnen wohl betracht.
Den Eygen-Nutz last herrschen nicht /
Sonst strafft eůch Gott in seim Gericht.

2.

DJe Tugend last nicht vnbelont.
Die Bősen strafft / der Frommen schont:
Dann wie man sich helt in dem Rath /
Also helt sich die gantze Stadt.

3.

WEnn man nicht folget trewem Rath /
Zehlt nur die Stimm / wigt nicht die That /
Es folget nichts dan schimpff vnd schad /
Vnd kőmpt die Rew gar viel zu spat.

4.

WEnn man Gesåtz vnd Ordnung macht
Vnd nicht drob helt / wird man veracht:
Wer Ordnung macht vnd selbst nicht halt /
Derselb in sein selbst Netze falt.

5.

Hőr / vnd laß reden beyde Theyl /
Bedencks / darnach so gib Vrtheil.
Dan wie du mich richtst / vnd ich dich /
So wird Gott richten dich vnd mich.

6.

WJlt handlen? thus mit gutem Rath /
Sonst wird dichs rewen nach der That.
Denn wer ohn Sorg vnd Rath regiert /
Gar offt durch Wahn betrogen wird.

Vber dem oberen Richtstuhl stund die Gerechtigkeit abgemahlet / in der rechten eine Wage / in der lincken hand ein Schwert haltend / mit diesen worten:

Jch gib eim jeden nach gebůr:
Dan Gunst vnd Hass ist nicht bey mir.

Iudiciis AMOR aut ODIVM melioribus obstat.

Ferner hingen etliche auff Pergament geschriebene Sprůche vmb die Zwo Saůlen: an jeder viere.

An der Ersten.

2. Cron., 19.

SEhet zu was jhr thut / denn jhr haltet das Gericht nit den Månschen / sondern dem Herrn.

2. Cron. 24.

ES soll einerley Recht vnter Eůch sein / Dem Frembdlingen wie dem Einheimischen: Denn ich bin der Herr ewer GOtt.

5. Moys. 1.

KEine Person solt jhr im Gericht ansehen; sondern solt den kleinen hŏren wie den grossen / vnnd fůr niemands Person eůch schewen.

5. Moys. 17.

WAs recht ist; dem solt du nach jagen.

An der Anderen

5. Moys. 27.

VErflucht seye / wer das Recht des Frembdlingen / des Waisen vnd der Witwen beuget.

5. Moys. 27.

Verflucht sey wer Geschenck nimbt / das er die Seele des vnschuldigen Bluts schlegt.

Psalm. 82.

SChaffet recht dem Armen vnnd Waisen / vnd helffet dem Elenden vnd Dürfftigen zum Rechten. Errettet den Geringen vnd Armen / vnd erlöset jhn auß der Gottlosen Gewalt.

21. Jeremi. 12.

HAltet deß morgens Gericht / vnd errettet den Betrübten auß deß Frevelers hand.

Jn einem Fenster waren diese wort neben etlichen Geschichten in schönem Glaß gemahlet: SENILE. ODIVM. IVVENILE. CONSILIVM. PRIVATVM. COMMODVM. EVERTVNT. RESPVBLICAS.

Nach einer halben Stund wurden wir durch einen Trabanten geruffen. Gienge ich also dem Alten etliche Stafflen nach / hienauff in ein zimbliches weites Gemach / doch gar schlecht zugerüstet gegen denen die vnsere Geborne Herren haben: allein daß es auch voll Hirsch-Gewicht vnd anderer Thiere Gehörns an den Wänden allenthalben behencket. Jch sprach zum Alten / Jch glaub daß die grösseste vnd meiste Hörner / zu Hoffe zu finden seyen. Ja freylich antwortete Er mir / dieweil Ein jeder zu Hoff die Hörner erst muß abstossen.

Ariovistus.

Zu Oberst desselben Gemachß sahe ich einen grossen Alten Mann / mit einem breiten Bart / Einem kleinen Hut / vnd güldiner kleiner Crone darauff / vnnd in mitten deren / neben einem halben Roßschwantz / einen grossen busch Rebhanen / Vrhanen / Granich vnd Hanenfederen vndereinander herab hangen. Hatte allein zween Trabanten mit Schlachtschwertern vff drey oder vier schritt neben jhm stehen.

Jch erschracke gleich ersten anblicks / zopffte derohalben den Alten zuruck / vnd fragte jhn ob dieser der Ertzkönig wäre? vnd wie sein Name? Ariouistus / *König Ehrenvest*; so sprach der Alte. Er ist sonst von Geburt ein Schwab / welche Jhn auff jhre sprach Kunich Airouist heissen: daher Jhn der Caesar / Ariouistus genant / in seinen Schrifften.

So bald mich der Ertzkönig ersahe; *Laß do Walschon Schalmon harvoara chommon* / sprach er: vnd zu dem Alten / Er solte mir Dollmätschen; dan er schir keinen Wahlen mehr sehen oder hören möchte.

Aller-Schröcklichster Grausamster Herr Ertzkönig / sprach ich (in dem gab mir der Alte einen stoß / damit ich mich ein wenig besinnen möchte / dann mir war so angst vnd bang / das ich in meinem Hirn weder titul noch tatul mehr finden konte / der sich hätte schicken wollen) Jn deß der Ertzkönig / der mir so schröcklich vnd grausam vorkame / wider anhube: Hörstu Wahlscher? wie frevel mustu sein / das du ohnerfordert hieher in mein Gebiet vnd Läger kommest. Jst dir schon vergessen / wie ich die beide Verräther / dem Valerius Procillus vnd M. Metius jhrer Schelmenstück wegen hab abgelohnet? Meynstu das ich dir einen anderen Brey werde kochen lassen? du must ja ein verwägener Kerliß sein. Weist / wie ich vnd der Caesar / den jhr Verräther durch den Diuitiacus in daß Heddau locken lassen / mit einander stehen; das er mir meine beide Weiber vnd eine Tochter vnehrlicher vnritterlicher / Schelmischer weise ermordet / die andere aber gefangen weg geführet: mir / mein mit freyer faust vnd gutem Recht erhaltenes Land / mit gewalt abtrungen: meine trefflichste Knecht vnd gespanen erschlagen. Meynstu nicht ich werd solch Mordthaten durch meine Macht an jhm rechen / auch an dem geringsten

Angst vnd Scham macht offt irren / wider wollen.

seines Volcks / den ich mag betretten? vnd nun an dir selbst den anfang machen?

Der Wahlen einbildungen.

Der Hochmuͤtige Esel / was hat er mich einen groben vngehobelten toͤlpischen Teutschen zu nennen gehabt? der ich / vnd alle meine Voͤlcker / mehr verstand vnd Redlichkeit im Hertzen haben / als der gantze (nur im vndergang Ehrlicher vortrefflicher vnverschuldeter Freyer Koͤnige vnd Fuͤrsten vnd dero abgetrungener Herrschafften vnd Reiche bestehender) Roͤmischer Rath. Jhr Verraͤther / wie schindet vnd schabet jhr noch heut zu tag meine arme Vnderthanen in diesen Landen? kan auch Wuͤterey erdacht werden / die jhr nicht an den armen Leuten veruͤbet? Jst auch ein Ehrlich Weibsbild im Land vor euch sicher? welches Ort habt jhr mit ewerem Gottslaͤstern vnd Fluchen / mit dem schroͤcklichen Gottes verlaͤugnen nicht erfuͤllet? was ist ewer lob vnd ruhm anderst / als ein blosses Auffschneiden; so allein bestehet in vielen greifflichen groben Luͤgen? da jhr all ewer Kinderwerck fuͤr Heldenthaten außruffet vnd schreyet; hiengegen der Ehrlichen Teutschen Mannheit vnd Dapfferkeit hoͤnisch haltet / jhre Auffrichtigkeit vnd Trewe verachtet vnd verlachet? ohne deren huͤlff vnd beystand jhr doch laͤngest haͤtten muͤssen den Sattel raumen.

Vnd Jhr / sprach er zu dem Alten / verdolmaͤtscht dem Waͤhlschen Schelmen / was ich gesagt hab. Vnd einmahl / ich will ein Exempel an jhm erweisen / daß / wo ich jhne kuͤnfftiger zeit / in diesen meinen Landen finde / er den Bauren vndergeben / das er von jhnen redlich bezahlt / vnd jhm rechtschaffen abgerechnet werden solle / all das abgezwungene / abgetrungene / erfortelte vnd erschacherte Contribution Commis vnd Service Gelt vnd Gut; daß jhm die floͤgel sollen vmb die Ohren sausen. Sagts jhm / vnd last mir den Waͤhlschen schelmen ins loch hienunder setzen etc.

Ob mir damahlen angst gewesen seye oder nicht / das

laß ich den rathen / der jemahlen in solcher brenn gewesen: Dan ich sahe daß der Koͤnig ein Roͤscher / Harter / Strenger Mann war: ließ es derowegen den Alten walten / der mich kante / vnd meines verhaltens viel einen besseren bericht hatte.

O mein Gott / was hertzens Noth / wo ein Kerl muß hoͤren vnd leiden / das man jhm Vnrecht thue / vnd darffe es doch nicht widerreden oder klagen. Es ist zwar ein seeliger trost / das Vbel mit Gedult vertragen / vnd das Vnrecht mit gutem Gewissen leiden. Aber wie mancher muß gleichwohl also ohne huͤlff vnd rettung zu schanden gehen / vnd ohne seinen verdienst verderben!

Die Waͤlsche Voͤlcker waren eben dem *Ertz Koͤnig* dißmahlen gar nicht Lieb: vnder welchen es doch / wie in der gantzen Welt / gute vnd boͤse; Ja manchen Rechtschaffen Redlichen Helden / manchen dapffern Lobwuͤrdigen Mann gibt: vnd durch dene dem Teutschland offt treffliche dienste vnd Huͤlff widerfahren. Vnd ob ich schon fuͤr viel von den selben gerne gesprochen haͤtte / so dorffte ich doch dißmahl zu meiner enschuldigung / viel weniger zu Rettung jhrer Ehren / deren ich sahe in vielen dingen Gewalt vnd vnrecht geschehen ichtwas vorbringen oder sagen.

Ehe aber der Alte zur rede kommen mochte / fiele jhm *Koͤnig Airouest* wider in die wort vnd sprach: Ja / Es ist nicht mit dem genug / das die Waͤhlsche in gemein alles Vngluͤck in meinen Landen vnd vber meine Voͤlcker anstellen / mit vnerhoͤrten viehischen Frohndiensten / vnd sie biß auff das Blut vnder den Naͤglen außsaugen; Sondern dieser Schlimmer Hund da ist noch so kuͤhn gewesen / das er mir heut meinen Kammerdiener / Zwerg *Kelß* (Celsum) auff offener freyer Landstraß absetzen vnd pluͤnderen wollen. Welches einige stuͤck werth ist / das ich den Schelmen an vier Strassen solte auffhencken lassen. Dan einmahl / in Abstraffung solches Frevels kan ich in die harr nimmer gedult tragen. Da siehe man den Lecker an / wie er da stehet / hat weder Hut noch Haub / siehet auß wie ein Mo̊rder. Vnd wer weiß ob er nicht vmb dergleichen Schelmenstuck jrgends gefangen gelegen / vnd also ohn einen Hut außgerissen vnd entloffen.

Fůrsten vnd Herren Kammerdiener.

Jch hab seithero selber zeit diesen dingen vielmalen nachgedacht: *Warumb etliche Fürsten vnd Herren heütigs tags vielmehr einen Schneider / oder Zwergen / oder Fatzvogel zu einem Kammerdiener haben / als jrgend einen Gelehrten Erfahrenen Kerl / einen Wundartz / einen Trompeter?*

Dieser Zwerg *Kelß* war ein Ellende Krufft: Ein Außwůrffelin der Natur / hatte einen Buckel hinden vnd vornen / wuste nichts vnd konte nichts / als beym Frawenzimmer etwas mit dem grossen Messer auffschneiden / vnd darumb muste er / auff vnbedachtsames anhalten deroselben / zum Kammerdiener angenommen werden. Dergleichen bey grossen Herren offt mit ho̊chstem schaden geschihet. Die ja so sorgfaltig in erkiesung eines Kammerdieners als eines Hoffmeisters sein solten. *O das Frawenzimmer stellet zu Hoff offt viel böses an. Sie können auch viel gutes anstellen / wan sie wollen.*

Bodin. 6. de Rep. Cominaeus de Lud. XI.

Jenner König gebrauchte sich eines Schneiders vor einen Herold / eines Bartscherers vor einen Gesandten / Eines Artzts vor einen Cantzler / vnd muß deßwegen noch heüt zu tag den Historischreibern zu jhren Geschichten dienen.

Schneider geho̊ren in solche Dienste nicht angenommen: sie dienen in solchem Aembtern zur pflege vnd zårtelung / zur Weichheit deß Leibs / zu vnno̊tigen spitzfůnden / zur vppigkeit / zu verachtung vnd Spott der Herrschafften / vnd zu verkleinerung jhres Stands. Teutsche Helden sollen Gelehrte Leute insonderheit gern vmb sich haben / solche wohl besolden / damit sie jhre Helden-thaten den Nachkömmlingen zur volge auffzeichnen. Sie sollen Wundärtzte zu solchen diensten brauchen / die jhnen die vom Feind geschlagene Wunden heilen. Trompeter / die sie zum Streit wider die Feinde auffmunteren vnd anmahnen; Vnd sollen nicht so wohl nach dem sehen / der jhres Leibs lüsten; als der jhrem Ehrlichen Namen dienen möge. Aber Herren sind Meister / sie thun was sie wollen. Doch solche Kammerdiener machen auch daß jhre Herren offt thun müssen was sie nicht wollen / vnd was sie hernach gerewet.

Jch war aber in aller dieser zeit / weil ich Eingangs am Tittul gefehlet / so verzagt / das ich fast nicht wuste / was ich reden / oder ob ich reden wolte. Derowegen der Alte sprach / ich solte mich ein wenig ermuntern / *dan wie gute gerechte sache ein Kerl hab / wan er vor dem Richter also erschrocken stehet / so gebe es gleich argwohn einer bösen sache / vnd wäre mancher an seinem selbst vnheil also schuldig.*

Behertzt doch nicht verwägen.

Es ist wohl war / antwortete ich: *aber ich halte es vnmüglich sein / das ein Kerl / dem es so vbel vnd verhinderlich gehet als mir / solte viel lust vnd Hertzes haben können: quand l'affliction es lasche, le Cœur est serré. vnd wan ich schon was reden vnd das aller beste vorbringen solte / wirde es doch wenig krafft vnd nachtrucks haben: Alldieweil / wan es einem vbel gehet / er rede so weißlich vnd dienlich zur sache als jmmer sein kan / so wird es doch fast gering vnd für alber geachtet: da hiengegen / wan es einem Kerl wohl gehet / wan er sonst mittel vnd freunde hat / wan er einen rucken weiß / er rede vnd thue so läppisch vnd vnfüglich als er wolle / so muß es doch schön vnd recht sein / so muß es doch gelobet vnd hochgehalten werden. Felices feliciter loquuntur. Ein glücklicher Mann rede was er wolle / so muß es wohl geredet vnnd gesagt sein. Miseri sapientia risus; Aber eines Ellenden Manns*

Magistra vitae Fortuna.

hoher verstand wird nur verachtet vnd verlachet. Ubi fortuna, Ibi S.P.Q.R. wem das Glück wohl will / dem will auch die Oberkeit vnd der Richter wohl / wan er schon ein Schalck wäre. Wem das Glück nicht will / der fält auff den rücken vnd bricht die Naase. Sat bene loquitur, cui fortuna fauet. Assez bien danse, á qui la fortune chante. Wem das Glück will / der thut alles recht; wann es schon bey allem Rechten vnrecht wäre. etc:

Apologia pro istis.

Zu letzst / auff anmahnen deß Alten / faßte ich einen muth / vnd fieng also an: *Genädigster Herr Ertzkönig* / E. May. wollen mir zu gut halten / ich bin ein Teutscher / getragen / gebohren vnd erzogen / vnd mein lebtag nicht Wålsch gewesen / erbiete mich solches mit Brieff vnd Siegel zuerweisen: vnd ob schon E.M. billige Vrsachen haben / vber die Wålsche vnd jhre thaten / so sie in diesem Land verüben / zuklagen / so ist doch gewiß / das man jhnen in vielen dingen auch vnbillig die schuld gibt; vnd sie nicht alle so böß sind: man findet gute vnd böse vnder jhnen / wie bey allen Månschen.

Halt / führe mir den Schelmen hien / wie? *sprach der König*. Will er noch vnderstehen sich mit worten gegen mich einzulassen / der Wålschen sachen zu vertheidigen vnd versprechen? Nein / Nein / *Gnådiger Herr König* / ich bitt vor zorn / ich rede nur vor mich / ich will nicht für andere Leute erst suppelzieren.

Das meynt ich auch. Halt Schelm / sprach er weiters / waß? woltstu jetzt gern ein Teutscher sein? was hat dich dan die noth angangen / das du mir meinen Diener Kelß absetzen / vnd auff freyer strassen berauben wollen? Jch dacht bey mir selbst / *ist das ein König / vnd würfft also mit Schelmen vmb sich!* doch nam ich mich nichts an / vnd sprach / *Gnådiger Herr König* / mein will ist es gantz nicht gewesen / hatte auch nicht gemeynt das ein Månsch in dem Sattel gesessen wåre /

vnd derowegen verhofft / weil ich zu Fuß in den hohen Schuen vbel fort kommen koͤnte / zu Pferd moͤchte es sich jrgend besser schicken / vnd ich desto ehe allhie erscheinen koͤnnen E. M. *auffzuwarten.* Siehe den Waͤlschen auffschnitt / *sprach der Koͤnig* / soll das ein Teutsch Gespraͤch sein? es sind Waͤlsche gefaͤrbte Luͤgen vnd bossen / da nichts hinder zu holen ist. *Auffwarten?* wie ein Schuster gegen dem anderen / ein Schneider gegen dem andern nur zuerzaͤhlen weiß / vnd ein grosses Gramantzen zumachen: es sind falsche Wort / dafuͤr sich ein Teutscher billig solte huͤten.

Complementa. Walsches Auffwarten.

Genaͤdigster Herr Koͤnig / sprach ich / ich bin warlich ein Teutscher mit haut vnd mit haar / da ist kein zweiffel an.

Jn dem kam einer mit grossem Gelaͤchter in den Saal geloffen / das ich wol sahe / er muͤste entweders ein Spitzbub / oder doch ein SchalcksNarr sein / der stellete sich neben den Koͤnig: *dan es ist je vnd allwegen also gewesen / das etliche Weltliche Fuͤrsten vnd Herren viel ehe einem Narren oder Zwergen vmb sich haben vnd leiden moͤgen / als einen Witzigen. Viel hoͤher von einem Schalcks-Narren halten / als von einem Gewissenhafften Diener; viel ehe deß Pfarrherrn entberen / als deß Narren. Ehe einen Narren mit Schaͤncken beladen / als einen verdienten eyfferigen Mann nur mit der eussersten Nothdurfft versorgen.*

Hoff Narren.

Dieser Schalcks-Narr kam an mich / zausete mir daß Haar / griff mir in Bart / wiewohl ich nicht viel hatte / ropffte mich am Wambs vnd Hosen / mit kreischen vnd ruffen / hieher Waͤlscher / huy Waͤlscher / huy á la mode / hot zopff / har tropff / huy Laudel / jyst faudel / har zottel / zu dir hottel / herumb lottel / hinumb trottel / etc. Vnd viel deß verdrieß mehr / daß ich letzlich entruͤstet / sprach: Mit erlaubnuß: wan es nicht vor dem Koͤnig waͤre / vnd du nicht eben seiner

Diener einer wårest / ich wolt sagen / du håtst gelogen wie ein Schelm vnd ein Dieb.

Darauff mir der Alte ein stoß gab / vnd sprach: es wåre zu grob gefrevelt / vor dem Ko̊nig also zu reden: Vnd noch viel mehr / daß ich mich anmassete / als ob ich mit fåusten håtte zuschmeissen wollen.

Wer wolte / sprach ich / diese Schimpff alle also vngerochen leiden? Lieber / antwortete der Alte widerumb / weissestu auch noch was du vor diesem selbst gegen Ruffo Dubio Thrasone gesagt hast: Ne te frotte point á un moindre que toy, car il fera gloire de t'irriter, & te deplumera des plumes de ta vanité & praesumtion.

Mann soll sich mit keinem geringern zancken.

Zancke dich nicht mit dem der geringer ist dan du; Er wird dir sonst hon sagen vor den Leuten: vnd dich zu schanden machen in deiner Thorheit. Hadere nicht mit dem der auß deiner gewalt ist / dan er wird deiner lachen / vnd dir hon sagen vor den Månschen / das sie deine Thorheit sehen / vnd du dich schåmen můssest in der Eitelkeit deiner Wercke; vnd werden die Kinder von dir Lieder singen / vnd wirst verspottet werden auff der Gassen.

Laß den Narren reden / er wird dir kein Loch in den leib reden.

Wo aber der Ko̊nig / so dessen allen lachete / den Schalcks-Narren nicht abgehalten / ich glaub er solte mir das Gefraß rechtschaffen troffen haben.

Mich deůcht / *sprach der Ko̊nig* / ob du schon einem Teůtschen nicht gleich sihest / es mo̊chte doch waß daran sein / weil du so Teutsch herauß redest / vnd dir nicht bald wirst lassen ein Wort das Hertz abstossen.

Vnd zum Alten sprach er: kennestu diesen Kerl / das du jhn so stossest vnd warnest? Ja / sprach er / fast wohl / Genådigster Herr Ko̊nig / er ist ein Geborner Teutscher. Nun / Nun sprach der Ko̊nig / wohlan /

wir wollen es morgen sehen / fuͤhr du den Tropffen jetzo hinunder vnd laß jhm zu essen geben / vnd im Gemach bleiben biß auff weiters verordnen. Hernach / als ich hienauß gienge / sprach er: *soll der Bernhaͤuter ein Teuͤtscher sein / vnd geht der Schelm so lottelicht daher als wie ein Waͤlscher / als wan er haͤtt in die Hosen geschissen. Jst zu erbarmen / das meine Voͤlcker sich so gar Narren / vnd von jhren angebohrnen Feinden verfuͤhren lassen!*

Teuͤtschlinge.

Jn dem ich etliche grosse reverenzen machete / vnd mit dem Alten hienauß gienge: du thust nicht recht / sprach er / du siehest daß der Koͤnig die waͤlschen Bossen alle hasset: *Jch laß es sein / daß du solcher dinge gebrauchest gegen selben Leuten; aber bey Teutschen ist nichts darmit zuerjagen.* Es ist einem Teutschen Helden ein grewel / wan er dergleichen Waͤlsche Lappenbossen siehet. Warumb brauchestu nicht / wan du je naͤrrisch sein wilt / die Hoͤfflichkeit / so die wilden in Brasilien im brauch hatten / welche die Hembder auffhebten biß vber den Nabel / vnd sich liessen in den hindern sehen / welches gar herrliche dinge sind bey Jhnen. Auch lerne von mir / *das bey Grossen Herren man gar behutsam muß reden. Mancher wohlverdienter Mann kommet in vngenaden vmb eines vngleichen worts willen. Grosse Herren sind gar kuͤtzelicht; mit einem blick kan man sie in Harnisch bringen / bevorab wan sie nicht recht im laun sind / oder einem ohne daß gern in die haar weren; das magstu ins kuͤnfftig von mir behalten. Jch will dir zwar trewlich beyrathen / aber du must mir auch einmahl volgen!*

Zu viel Hoͤfflich ist Naͤrrisch.

Ioh. Lerius de Brasil. c. 5.

Bey Grossen Herren Behutsam.

Fuͤhrete mich also der Alte wider durch den Hoff in ein Gemach / nechst an dem Burgthor / auff dem boden; vnd wiewohl es gleich Nacht / ich auch fast muͤde war / so konte ich doch vor forcht weder essen noch schlaffen / auch wurde mir nicht viel koͤstliches auffgetragen. Ein Kahr mit gerunnener Milch / ein stuck

Teutsch-Essen.

Gerstenbrod / ein Haberbrey vnd etlich öpffel / Käß vnd Nüsse / auch ein Geschirr mit Wasser. Das war die Speisse vnd Tranck. Ein sack mit stroh gestopfft / war das Bett vnd die Bettstatt zu sammen. Was für Kolender ich die Nacht vber gemacht hab / kan ich nicht sagen: es war ein rechte Conjunction ♄ vnd ♂ vnd hatte ich mich henckens gar nahe versehen / vnd tausentmahl gewünscht das ich im Rhein lege.

Jn diesem Gemach / in welchem ich zum offtermahlen hernach gewesen / stunden folgende Reymen vber der Thüre angeschrieben:

Kompt dir zu Hauß ein Frembder Gast /
Gibs jhm so gut als du es hast.
So er ein Ehren-mann von Blut /
Nimbt er mit Käß vnd Brod vor gut
Doch so er ein Vnflat geborn /
So war auch Käß vnd Brod verlohrn:

Deß Montags früh mit der Sonnen auffgang / hörete ich ein Horn blasen: so bald kam mich ein Gräusahl an: doch hatte der Bläser gewiß wenig Athem mehr im Leib; dan es war ein elendes blasens: vnd hatte mich gewundert / das in einer so Vornehmen Königlichen Burg nicht bessere Bläser oder Thürner sein solten / die doch eines Herren Hoff mehr zierten / als viel andere köstliche sachen. Hörete dabey außruffen / konte aber eygentlichen nicht verstehen / was es seyn mußte / als etliche wenig Wort vernahme ich / nemlich *Kuonickh Saro. Kuonickh Airovist. Kuonickh Herman. Kuonickh Witikhund*; noch andere.

Bläser.

Der Alte aber kam bald an das Fenster / vnd sagte mir / das ich mich wohl bedencken solte / was ich wolte antworten / dieweil *König Airouest* die anderen Teutschen Helden / die alle dißmahls in der Burg ein jeder in seiner Wohnung wären / meinet wegen zusammen beruffen lassen / damit sie meiner Person vnd Handlungen wegen gewissen bericht erforschen möchten.

Bald wurde ich auß befehl von dem Alten in den obgedachten grossen Sahl geführet / da sahe ich Sieben Manns-personen: recht davon zu reden / Sieben Helden / in grosser gravität vnd Stärcke deß Leibs auff eingemaurten Seßlen sitzen / mit langen breiten Bärten / so theils die Haar mitten auff dem Haupt in einen schlupff zusammen gewunden / vnd fast grosse Schwerter an der seite hencken hatten: theils lange Wurffspieß in der einen faust / in der andern grosse Pfäffesen oder Schilde: vnd auff dem Leib / mit Wolff / Bären vnd Hirschhäutten / daran theils noch die Gewichter oder Gehörn waren / gezieret / welches förchterlichen war anzusehen.

Teutsche Helden.

Wie sonst jhre Kleidung gewesen kan ich nicht beschreiben / doch hab ich vor wenig tagen noch von einem Vorwitzigen Weib gehöret / welche auch einmahl in der Burg gewesen / das diese Helden mächtig grosse Latzen an den Hosen getragen.

Weiber Vorwitzig.

Etliche sachen sahe vnd hörete ich alda schleinig vnd schier in einem huy außmachen / vnd gleich Vrtheil geben / dessen ich mich verwunderte. Der Alte aber sagte mir / das wäre die Vrsach / weil zu jhrer zeit noch keine Advocaten oder Vorsprechen gewesen / deßwegen die Händel desto weniger auffgezogen worden. Ja sprach ich / was haben sie aber auch für händel gehabt? Es hat nicht solche sachen geben wie heut / da man sonder Rath der Advocaten schwerlich wird ohne grossen Jrrthumb vrtheilen können.

Rechts-Händel.

Vnd in dem nach verrichtung etlicher derselben man mich hiesse hervor tretten / vnnd mich einer nach dem andern ansahe / zusammen murmelten; forschete ich von dem Alten / so mir zur seit stunde / wer einer oder der ander wäre; dann ich noch keinen kandte / als den *König Airovest.* Vnd er sagte mir: der gar Alte Held /

so zu oberst saß / mit einem Bart biß auff die Knye / ist der *König Saro* / Einer von den dreissig Helden so mit dem ersten anfånger / vnd Ertzkönig der Teütschen / *Tuitscho* / auß Armenien in diese Lande wohnen kommen / von dem auch noch heüt zu tag das Wasser die *Sar* / hienegst bey / den Namen hat: Welchen der Ertz-König *Airouest* / alß seinen Voranherren / hefftig in Ehren halte. *Der dritte* / vnd nächste an dem Ertzkönig / *ist Heerman* / ein Hertzog zu Sachsen vnd Braunschwig / welcher den Römischen Feld-Obersten Varus mit allem Heer in Hessen erschlagen / von den Römern Arminius genant. *Der Vierte* heißt von den Lateinern Vitichindus, *König Witikhund* / auch ein Fürst der Sachsen. Der dort / *Kallofelß* / Ein Oberster deß gantzen Hunßrücks vnd Eyffeler Lands / von dessen Geschlecht / so wol das Eltiste ist von allem Teütschem Adel / noch heüt zu tag viel vortrefflicher Männer vbrig sind: auch ein abgesagter Feind deß Caesars / von jhm Cativulcus genant. Der neben jhm / *Fridmeyr* / von dem Caesar / Viridomarus genant / von Geburt ein alter Teütscher / vor jahren im Heddaw wohnend / ebenmåssig deß Caesars feind. Der ander da *Tütschmeyr* / vom Caesar Indutiomarus geheissen / Oberster Statthalter zu Trier.

Vnder diesen fieng der Jüngste / alß der Redspråchigst / nemlich Herr *Teutschmeyer* / an / vnnd sagte: daß ich gestern abends von Jhr. Mayst: wirde vernommen haben / die Vrsachen / so sie zu gerechtem Zorn wider mich beweget hätten; vnd wie ich zu dem End vorbescheiden / meines Wesens vnd Verrichtungen sattsamen bericht vnnd antwort zugeben: Darumb dann ich auff die mir vorkommende Fragen / gründlich / vnd ohne gesuchte außflücht / die mir sonst nicht zum besten gereichen möchten / aussagen solte.

Fragen. 1. Wie mein Name? 2. Wer ich wåre? 3. Woher ich wåre? 4. Wie ich dahien kommen? 5. Waß ich allda zu schaffen hätte? Vnd weil es schon gegen zehen Vhren / ward mir bedachts-zeit biß vmb Ein Vhr nachmittag angesetzt / meine verantwortung vorzubringen; doch mußte ich an Eydstatt angeloben / daß ich die Warheit nicht verhälen / noch flüchtigen fuß setzen wolte / biß nach außtrag der Sachen: dessen der Alte meinet wegen der Bürgschafft / auff mein bitt / sich beladen. Nachmittag alß ich widerumb vorkame / vnd die Herren sambtlich in jhrer Ordnung / wie deß morgens / herumb sassen: vnnd mir meine Notthurfft zu reden vergönstigt worden: hub ich mit kurtzen worten *(dann Grosse Herren das lange Geschwätz vber die massen hassen; vnnd offt geschicht / das einer eine gute sach bey jhnen mit dem vbermässigen reden gantz vnnd gar verderbet; vnd hingegen ein zweiffelhafftige sache / mit einer vernünfftigen / kurtzen / klugen Rede / kan erhalten)* also an: *Allergnädigste Herren* auff die mir heüt frühe genädigst vorgelegte Fragen meinen vnderthänigen Bericht zu thun: So ist.

Bey Grossen Herren kurtz vnnd gut.

1. Mein Name / *Philander.* 2. Bin ich *ein Geborner Teütscher von Sittewaldt.* 3. Weiß zwar selbst schier nicht *waß ich sonst bin:* Jch bin was man will. hab mich in diesen Ellenden Zeiten müssen in allerley Leüt köpffe schicken: vnd / wie Hanß Wursts Hut / auff allerley weise winden / trähen / drücken / ziehen / zerren vnd böglen lassen. viel leiden / viel sehen / viel hören vnd mich doch nichts annehmen müssen: Lachen / da es mir nicht vmbs hertz war: Gute wort geben / denen die mir böses thaten: mich müssen gebrauchen lassen wie das kalte Gebratens: bald für ein Ambtmann; vnd nach dem ich von den Wüterichen etlichmahl außgeplündert / geängstigt / geschätzt / tribulirt / verjagt vnnd vertrieben worden; für ein Hoffmeister / Rentmeister / Vorsprech / Advocaten; bald für ein Jäger / Vorschneider / Stallmeister: bald widerumb für ein Ambtmann / für ein Baumeister / für ein

Der Krieg vnnd die Trangsahlen lehren wunder-Dinge.

Schultzen / Bittul / Baurenartzt / für einen Roß vnd Kůhehirten / für einen Schützen / Soldaten / für einen Bauren. / Vnd in meinem Ambt offt die arbeit thun müssen / deren vor diesem ein Schultz / Bittul / Roß- oder Kůhehirt / Schütz / Soldat vnnd Baur sich geschåmet hätte.

4. Bin ich hieher kommen / ohne verhoffen / vnd wider meinen willen: weil ich zu hauß in der Vnruhe vnnd Kriegsgefahr dermassen verstürtzet gewesen / vnnd mir vorgenommen auff den Berg Parnassus zureysen: weil man sagt / es wåre der Parnassus, Locus Pacis, Quietis, Tranquillitatis & Felicitatis: da es noch recht hergienge / wie im Schlauraffenland. Aber vnderwegs von etlichen Reittern auffgefangen vnnd hieher gebracht worden. Håtte auch 5. andersts allhie nicht zu schaffen; sondern wolte vmb Genådigste Erlaubnuß fürter zugehen vnderthånigst gebetten haben.

König Airouest hieß mich besser hinzu tretten. Vnd Hörestu / sprach er / Jch bin auff meiner gestrigen meynung / je långer ich dich ansehe vnd höre / gestårcket / das du nicht ein geborner Teütscher / sondern ein Walscher seyest: vnd als ein Kundschaffter hiehero kommen. Dann es darumb nicht volget: weil dir die Teütsche Sprach bekant / das du deßwegen ein Geborner Teütscher seyest / vnd ein Teütsch Gemůth vnd Hertz habest.

Gnådiger Herr Kőnig / sprach ich / wie kőnte ich doch einem Walschen im Hertzen je vnd jmmer hold sein? da ich doch alles Creütz vnd Ellend / alle Noth vnd Zwang von Jhnen bißhero habe dulden vnd erleiden müssen.

WArumb dann / so du ein Geborner Teütscher bist / hastu nicht auch einen Teütschen Namen? Was soll dir ein Grichischer vnd Hebreischer Name im Teütschland? was ist Philander für ein Gefråß? bistu von *Sitte-*

waldt warumb hastu dann ein Wålschen Namen? waß? Hm? waß meynstu? Hå?

Gnådigster Herr Koͤnig / sprach ich / es sind solche Namen gemein bey vns. *Gemeyn?* ja / wie die Wålsche Laster auch. Was habt jhr vermeynte Teuͤtsche dan fuͤr Trew in ewren Hertzen gegen ewrem Vatterland? wan jhr bedåchtet / wie durch die Roͤmische Tyrannen / jnsonderheit den Caesar / vnd durch die Wålsche Vntrew / alles in Zerruͤttung kommen / das jhr gleichwohl jhre Namen zugebrauchen euͤch noch gelusten lasset? haben dann die Teuͤtsche Namen nicht lusts vnd zierde gnug euͤch zu nennen? Ewere Tugenden vnd Thaten an tag zu geben? Jst euͤch dan das liebe Teuͤtsche so gar erleydet? daß Jhr / *Erman* / *Erhardt* / *Manholdt* / *Adelhart* / *Baldfried* / *Karl* / *Kuͤnrath* / *Degenbrecht* / *Eitellieb* / *Friedrich* / *Gothfried* / *Adelhoff* / *Hartwert* / *Reichhart* / *Ludwig* / *Landshuld* / *Ottbrecht* / *Ruhprecht* / *Redewitz* / *Sigfried* /*Theuͤrdanck* / *Volckhard* / *Witzreich* / *Wolrath* etc. vnd andere Liebe / Schoͤn-klingende Teuͤtsche Namen nur vber Achsel ansehet vnd verlachet?

Namen-Narren.

Muß euͤch dann in eweren Bocks-Ohren das Grichische *Philander, Philippus, Adolphus, Nicolaus, Theophilus, Theodorus* &c. vnd andere / besser lautten? Ja / so daß årgste ist / wan von Gott je einem ein Teuͤtscher Name widerfahret; alß *Adeloff* oder *Adulff* vnd dergleichen; das er sich doch vor eiteler Wahnwitz vilmehr belieben lasset / Solche von dem Grichischen Ἀδελφός herzuerzwingen; als von dem warhafftigen Teutschen Vrsprung / *Adelhoff* / Einer der in den *Adel hofft: Adelhuff* oder *Adelhůlff* Einer der dem *Adel hůlfft* / oder *dem Adel huft* / herzunehmen? Oder seinen Angebornen Teuͤtschen Nach-Namen mit wålschem Nåhtz / Kalckh vnnd Kath (als dem Hoffårtigen / Armutseeligen / Einbildigen *De*) zuvberzuckern / Einzubeitzen / vnd Einzusaltzen: damit der Vnflat nicht stinckend werde. Schaͤmet jhr euͤch dann ewerer selbest vnd ewrer redlichen Vorfahren? Schaͤme dich fuͤr dem Teuͤffel. wann du ein ehrliche Teuͤtsche Ader in deinem leib hast / das du einen andern Namen / einen Außlaͤndischen Namen / vnnd den du vielleicht selbst weder verstehest noch weissest / solst einem verstaͤndlichen bekanten Teuͤtschen Namen vorziehen / oder mit Waͤlschen farben anstreichen / mit *De* vnd *Di* fuͤttern wollen!

Monsieur de Lottelhoß / Monsieur de Laͤmppe / Monsieur de Bradfurst etc.

Wer sein anererbten Namen
Flickt mit waͤlschem Naͤtz zusamen /
  Vnd waͤr gern ein Juͤnckerlein:
Der hat mangel an eim sparren /
Vnd gehoͤrt ins Buch der Narren /
  Solt er sonst ein Doctor sein.

Kum / hieher / sprach *Herr TeutschMeyr.* vnd alß ich nahe zu jhm kam. *Solstu ein Teuͤtscher sein?* sprach er / dein gantze gestalt gibt vns viel ein anders zuerkennen. Vnd glaub ich gewiß / das du darumb deinen

Huͤt-Narren.

Hut / (den er mir mit grossem gelaͤchter ließ vorweisen / dann sie hatten jhn zum schauspiel in den Saal an ein Hirschgewicht hencken lassen) vnderwegs von dir geworffen / nur das man die naͤrrische form nicht sehen

Newsuͤchtige Narren.

solte. *Dann so bald kan nicht ein Waͤlsche naͤrrische gattung aufkommen / daß jhr vngerathene Nachkoͤmlinge nicht so bald dieselbe muͤst nachaͤffen / vnd fast alle viertel Jahr aͤndern: auch darfuͤr haltet / wo ein Ehrlicher Gewissenhaffter Mann bey seiner alten ehrlichen Tracht bleibe; das Er ein Hudler / ein Halunck / ein Alber / ein Esel / ein Toͤlpel sein muͤsse.*
Wie viel gattungen von Huͤten habt jhr in wenig Jahren nicht nachgetragen? jetzt ein Hut wie ein Anckenhaffen / dann wie ein Zucker-Hut / wie ein Cardinals Hut / dann wie ein Schlapp Hut: da ein stilp Ehlen breit / dort ein stilp fingers breit: dann von Geissen haar / dann von Kamelshaar / dann von Biberhaar /

von Affenhaar / von Narrenhaar: dann ein Hut als ein Schwartzwålder-Kåß / dann wie ein Schweitzer-Kåß / dann wie ein Holåndisch-Kåß / dann wie ein Můnster-Kåß: Vnd das ist heůt die newe nårrische Tracht. bald kombt ein andere in gestalt eines Finger-huts hernach / die nårrischer ist: Vnd diese alle wolt jhr ellende leůtte nachmachen? also / daß erscheinet / all ewer Reichthumb vnd Mittel seyen allein mit newen Trachten zuverschwenden erworben worden:

Dann trågt man kurtz dann lange Ro̊ck /
Dann grosse Hůt / dan spitz wie Weck /
Dann Ermel lang / dan weit / dan eng / D. Brand.
Dann Hosen mit viel farb vnd spreng.
Ein Fund dem andern kaum entweicht.
Dann Teůtsch Gemůth ist also leicht:
Daß zeigt was in dem hertzen leyt.
Ein Narr hat åndrung allezeit.

Vnd das zu lachen ist / wo jrgend ein Ko̊nig / ein Fůrst / ein Herr / ein Reysender / vmb deß reysens / vmb deß jagens willen / ein solchen Hut / ein solchen Mantel / ein solchen Rock / ein solch Kleyd / jhm zu seinem nutzen vnnd Vortheil machen låst; vnd ein Newsůchtiger Monats-narr / Ein Schneider bey der Nadel; Ein Schuster bey dem Knippen; Ein Student bey den Bůchern solchs siehet; der doch wohl sein lebtag nicht auff ein Meil wegs reyset / noch weiter hienauß kompt als seiner Mutter-Fůlle: weder reittet noch jaget / weder håtzet noch baysset; dennoch es will nachåffen? einen solchen Mantel tragen / daß jhm der Regen deß Hauses / die Knye nicht soll zerschlagen. Ein chappeau de fuyart auffhaben / damit er jhm nicht abfalle wan er davon will traben. Ein par Stiffel biß an Latzen anziehen / damit jhm das Wasser nicht oben einlauffe / wann er in den Regen des Weinfaß gerathet / oder durch den Rhein seiner Stuben muß reitten.

Newer Trachten Vrsach.

Vnd wie zu vnserer zeit der Hut ein Zeichen war der Freyheit; also ist es nun zu eweren zeiten dahien gerathen / daß der Hut ist ein Zeichen der Dienstbarkeit. dann warlich / mit solchen newen Trachten halten die Wålsche ewre Hertzen gefangen vnd gebunden / vnnd lencken sie wohien sie wollen:

Du trågst ein Wålschen Hut /
Die Wålsche deiner lachen /
Vnd zwacken dir dein Gut:
Vnd dich zum Narren machen.
Drumb wer hat Teůtschen Muth /
Hab sorg zu seinen Sachen.

Last jhn ein wenig sonst besehen / sprach *Herr Kallofelß:* vnd als ich zu jhm trat / vnd Er mich bey den

Haar-Narren.

Haaren nahme. *Jst dann das ein Teůtsches Haar* / sprach er / Bist du ein Teůtscher / warumb dan mustu ein Wålsches Haar tragen? warumb mustu ein Wålsches Haar tragen? warumb muß es dir also vber die Stirne herunder hangen als einem Dieb? mann soll ja einen Ehrlichen Mann an der Stirne erkennen / welche guten theils seines Gemůths-Zeůgnuß ist: vnd wer seine Stirne also verhůllet / das ansehen hat / als er sich vor etwas můsse schåmen / das er ein Schelmenstuck begangen habe. Warumb muß dir das Haar also lang vber die Schultern herab hangen? warumb lastu es nicht kurtz beschneiden / auff Teůtsche weise? oder doch / so du es långer tragen woltest / vberm Kopff einschlůpffen / als bey vns der brauch ist? komm her / laß vns sehen / hastu auch noch deine Ohren?
Jst das nicht ein lose Leichtfertigkeit! diese lange Haar also herunder hangend / sind rechte Diebs-Haar: vnd von den Wålschen / welchen vmb einer Missethat / oder Diebs-stucks willen / jrgend ein Ohr abgeschnitten / erdacht worden; damit sie mit den Haaren es also bedecken mőchten / vnd man es nicht sehen oder

mercken koͤnte / vnnd jhr / die jhr Teuͤtschen Ehrlichen Namens / vnnd vnsere Nachkommen sein wollet / wolt solchen Lasterhafften Leuͤten in jhrer Vntugend / in deren sie sich selbst schaͤmen / vnd die sie zu bemaͤntelung jhrer Schelmenstuͤcke erfunden haben / nachaͤffen? vnnd darin noch als in koͤstlichen schoͤnen Dingen prangen? ja offt ewrer eigenen Teuͤtschen Haar euͤch beschaͤmen? da doch ein Roͤmischer Keyser / wan er in seinem Pomp gehen / vnd gar Herrlich sein wollen / ein Teutsches Haar fuͤr eine sondere Zierde hat auff getragen: Jhr aber wolt hiengegen lieber eines Diebs oder Galgen-Vogels Haar euͤch auff den Kopff setzen lassen. Aber

Wer sich seines Eignen Haars schaͤmet / der ist nicht werth das er einen Kopff hat.

Baart-Narren.

Soltestu ein Teuͤtscher sein / sprach Herr Friedmeyr: sihe was für einen Waͤlschen naͤrrischen Bart hastu dann? vnd da deine Ehrliche Vorfahren (wan du anderst eines Teuͤtschen Manns Sohn bist) es fuͤr die groͤste Zierde gehalten haben / so sie einen rechtschaffenen Baart hatten; so wollet jhr den Waͤlschen vnbestaͤndigen Narren nach / alle Monat / alle Wochen ewre Baͤrt beropffen vnd bescheeren! ja alle Tag vnnd Morgen mit Eysen vnd Fewr peinigen / foltern vnd marteln / ziehen vnnd zerren lassen? jetzt wie Ein Zirckel-Baͤrtel / jetzt Ein Schnecken-Baͤrtel / bald Ein Jungfrawen-Baͤrtel / Ein Deller-Baͤrtel / Ein Spitz-Baͤrtel / Ein Entenwaͤdele / Ein Schmal-Baͤrtel / Ein Zucker-Baͤrtel / Ein Tuͤrcken-Baͤrtel / Ein Spannisch-Baͤrtel / Ein Jtalianisch-Baͤrtel / Ein Sontags-Baͤrtel / Ein Oster-Baͤrtel / Ein Lill-Baͤrtel / Ein Spill-Baͤrtel / Ein Drill-Baͤrtel / Ein Schmutz-Baͤrtel / Ein Stutz-Baͤrtel / Ein Trutz-Baͤrtel / etc: Vnd in dem jhr euͤch der rechten Baͤrt vnd *Knebel* schaͤmet / noch gar zu *Bengeln* werdet.

Zu vnsern zeiten hat man an den Federn erkennen lernen / was es fuͤr ein Vogel war: Am Bart / was fuͤr ein Mann da war. Wie wolt es heuͤt jmmer muͤglich sein? da / je aͤlter einer wird; jemehr er seinen Bart stutzen vnd stimlen lasset; vnnd also die Welt vnd das Jugend-liebende-frawenzimmer vberreden vnd bethoͤren will / ob er ein Jung-Gesell oder ein Juͤngling waͤre. Hat nicht jener vnser Teuͤtscher Schweitzer redlicher gethan? als er gefragt worden / *warumb er ein so langen Bart haͤtte?* vnnd gesprochen: *damit / wan ich diese Haar ansehe / ich gedencke / das ich ein Mann seye / vnd kein Weib; vnd mich Mannes-Thaten vben vnd befleissigen solle.* Dann der Bart zieret den Mann / vnnd soll jhn anreitzen / das er sich in allem Thun rechtschaffen / dapffer / vnd als ein Mann verhalte. Wie hoch hat es der Hebraͤer Koͤnig / David / empfunden / alß jhm Hannon die Knechte bescheeren ließ an jhren Baͤrten? dann sie waren geschaͤndet vor Jsrael vnnd allem Volck. Nun ist ewre meiste sorge / so bald jhr Morgens auffgestanden / wie jhr den Bart ruͤsten vnd zuschneiden moͤget; damit jhr vor Junge Narren vnnd Lappen koͤnntet durchwischen? O jhr Weiber-Maͤuler. Jhr vnhaͤarige! Jn den Loͤffel-Jahren gehet jhr zu zopffen / zu trillen / zu ropffen / biß die Gauchs-Haar herauß wollen; vnd wan jhr durch gunst der Natur dieselbige entlich erlanget habt; so wist jhr jhnen nicht marter gnug anzuthun / biß jhr sie wider vertreibet. Jhr Bart-Stimmler! Jhr Bart-Raͤuber! Jhr Bart-Schinder! Jhr Bart-Schneider! Jhr Bart-Stutzer! Jhr Bart-Zwacker! Jhr Bart-Folterer! Jhr Bart-Wipper! Jhr Bart-Marteler! Jhr Bart-Peiniger! Jhr Bart-Abtreiber! Jhr Falsche Bart-Muͤntzer! Jhr Bart-Verderber! Jhr Bart-Narren! Jhr Bart-Moͤrder!

de Hieronym. Rhet. Prof. Basil. Lycosthen.

Waͤlsch Bart Weiber Art:
Lappen Bart nimmer gut ward.

Vor zeiten

Ein Ehr wars etwan / haben Baͤrt: D. Brand.
Daß waß gar Mannlich schon vnd Wert:
Da wurd man auch billig geehrt.
Jetzt hand die Wybschen Gaͤuch gelehrt /
Vnd schaben alle tag die Backen /
Sie waͤschens das sie sollen schmacken /
Vnd schmiren sich mit Affenschmaltz
Biß an die Augen vnd den Halß.

Soltestu ein Teuͤtscher sein? sprach *Hertzog Herman: Mann sehe deine Kleider an* / was vor ein Wambst ist das? was fuͤr Hosen vnnd Strimpff? Jch glaub / das du allererst mit von Pariß kommest? ein Wohlthoͤrichter Tausch / den jhr da thut gegen solche Newe dinge! das alte Teutsche Gelt wird haͤsslich vmbgetauscht! Aber Recht: die Waͤlsche koͤnnen es jhnen fein zu Nutz machen. Meynt jhr / wan der Teuͤtschen saurerworbenes Gut nicht alles nach Pariß fuͤr solche naͤrrische newe Trachten vbermacht wirde / es koͤnte sonst nicht verthan werden? Habt jhr Teuͤtsche (wan du je einer von vnsern vngeschlachten Nachkoͤmmlingen bist) nicht in der Erfahrung: das / *welchen Voͤlckern Jhr euͤch in Kleidung also gleich stellet / vnnd sie nachaͤffet; das dieselbige dermahlen Euͤch vnd ewre Hertzen bezwingen / Euͤch vndertrucken vnnd zur Dienstbarkeit ziehen werden?* dann sie ja schon Ewre Hertzen / das beste Bollwerck: die Schantzen der Augen; vnd Aussenwerck der Sinne vndergraben / Eingenommen vnnd gewonnen haben. Jst euͤch dan nimmermehr ichtwas gut genug daß auß ewrem Vatterland kommet? Man spuͤret wohl das Jhr Veraͤchter Ewres Vatterlands seit / vnnd dessen Verraͤther. Wo ist ein Volck vnder der Sonnen / alß die vngerathene Teuͤtsche jetzt sind / in jhrem Kleidertragen / so vnbestaͤndig / so Eckel / so Naͤrrisch. Wo siehet man deßgleichen bey Eweren Nachbauren geschehen? Kleider-Narren.

Barth. Ring-Wald Lauter. Wahrheit 93. blat.

Jch lob die Poln in Jhrer Zier /
Sie bleibn bey der Alten Monir /
Bekleiden sich nach Landes-brauch
Wie Tuͤrck vnd Moscowitter auch.

Aber Jhr in dem Teuͤtschen-Land
Jn Kleidung haltet kein bestand /
Daran man euͤch mit wahrem grund
Wie andre Voͤlcker kennen kund.

Sondern Jhr seit recht wie die Affen /
Nach Waͤlschen vnd Frantzosen gaffen /
So wohl nach Boͤhmen vnd dergleichen
Die Jhrer Lande Grentz erreichen.

Was die an Ruͤstung / Roß vnd Wagen /
Gebrauchen vnd am Leibe tragen /
Daß muͤssen Jungfraw Mann vnd Knaben
Auch allenthalben vmb sich haben.

Mit welcher Tracht vnd losen Dingen
Sie sich nur vmb die Heller bringen.
Vnd machen / wie manswohl erfind /
Daß alles Gelt im Land verschwind.

Ja wan sie noch bey einem blieben /
Vnd nicht so offter Wechsel trieben /
Jn Roͤcken / Waͤmbsen / Stiffel / Hut /
So gieng es hien / vnd waͤr noch gut.

Aber / eh dan man sich vmbsicht /
So wird was Newes auffgericht /
Darauff so falln sie in gemein:
Wie solt jhr dann vermuͤglich sein.

Bedenckt doch diß in allem Stand /
Jhr liebe Leuͤt im Teuͤtschen-Land /
Auff daß jhr nicht von ewrer Haab
Durch alamode nemmet ab.

O solte *Keyser Karl der Grosse: Keyser Ludwig vnd Otto* / die solche frembde Trachten einzubringen mit Ernst vnd Eyffer hochstraͤfflichen verbotten / deine ala mode Hosen vnd Wammest sehen? sie wirden dich /

alß einen Waͤlschen Lasterbalg / auß dem Lande jagen.

Aber / last hoͤren / sprach *Koͤnig Airouest* zum Alten / das *Hanß Thurnmeyer* lese was im *Saalbuch* von jhm geschrieben.

Jn dessen ein Grosses Buch auff dem Tisch / der in mitten deß Saals stunde / ligend auffgethan / vnd nachfolgendes gelesen wurde:

Die Teuͤtschen vnd Francken / nach dem sie gemeiniglich vnder den Wahlen vnd Frantzosen zu kriegen pflegten / nahmen sie zu hand derselbigen kurtze Maͤntel vnd Roͤcklein an. Da solches sahe Keyser Karl / ward er zornig / vnd schrye: O jhr Teuͤtschen vnd Freye Francken! wie seit jhr also vnbesonnen vnd vnbestaͤndig? das jhr deren Kleidung / die jhr vberwunden vnd bestritten habt / derer jhr Herren seit / annehmet? Jst nicht ein gut Zeichen: bedeuͤtet nichts guts. Jhr nemmet jhnen jhre Kleidung; so werden sie euͤch ewre Hertzen nemmen. Was sollen diese Waͤlsche Flecken vnd Hadern? decken den gantzen Leib nicht / lassen jhn wohl halb bloß / sind weder fuͤr Hitz noch fuͤr Kaͤlte gut / für Regen / noch fuͤr Wind: vnnd wo einer im Feld seines Gemachs / mit Zuͤchten zu melden / muß thun; bedeckens einen nicht / erfroͤren die Beine. Ließ demnach ein Land-Gebott außgehen / das man solche Frantzoͤsische Kleider weder kauffen noch verkauffen solte. Jn dem Winter trug er gemeiniglich / nach dem gar alten brauch der Teuͤtschen / ein Wolffbeltz / oder auß Fuchs-baͤlgen / oder auß Schaaffellen gemacht / an: vnd da er in Friaul im Winter lag / vnd sahe das die Teuͤtschen von den Venedischen Kauffleuͤthen außlaͤndische koͤstliche Gefuͤll kaufften / vnnd darin herein prangeten; musten sie auff ein zeit also gekleidet / da es gleich regnen wolte / an das Gejaͤgde reitten: da fuͤhret ers mit fleiß durch dicke Stauden vnd Dornen / damit solche Kleider nicht allein durch regen

Auentin. lib. 4. p. 289.

verderbt / sondern auch zerrissen wirden. Darnach führet er sie wider heim / musten von stund an bey den Kaminen essen: da wurden die Kleider erst noch vbler verderbt durch die Hitz deß Fewrs. Er verzog mit fleiß das essen lang in die geschlagene Nacht hinein: seinen Wolffs-beltz ließ er trücknen zu morgens am lufft / war jhm nichts. Vnd als die Teütschen mit jhrem köstlichen Gefüll für jhn musten kommen / das alles verderbt war; Zeiget er seinen Beltz / sagt: Jhr läppischen Leüt / welches Kleid ist nun nützer / daß mein / das mich einen Schilling stehet; oder das ewer / darumb jhr gantz ewer Vätterlich Erb verschwendet habt?

Da hörstu nun / sprach König *Airouest* weiter.

Krichingen.

Vnd *Herr Kallofelß* / weist du nicht mehr / was vnlangst dein Frommer *Herr Peter-Ernst von Krichingen dem Hertzog Heinrich von Lotringen* geantwortet; alß er Jhn gefragt / *warumb er in Kleidung nicht auch so köstlich auffzöge als andere Herren vnnd Edele?* sprach: Genädigster Fürst: Jch bin schwaches leibs / vnnd nicht so starck alß diese: deren Einer ein gantze Mühl / Einer ein Meyerhoff / Einer ein gantz Dorff am Halße trägt: das ist mir vnmüglich zu tragen: Jch will heüt tragen / das ich morgen wider tragen kan: was sollen mir die Lumpen / die man höher achtet alß den Mann selbsten: die den Mann ein guten theils seiner Ehre berauben?

Vestis facit virum.

Meynstu / sprach *Herr Teutschmeyr* ferners / das Kleid werde dich zum Mann machen? sind schon deren / wie jhrer dann viel sind / die solches dafür halten; so seind sie desto mehr zu schelten / weil sie sonst nichts rühmliches an sich selbsten; sondern all jhre Hoffnung auff das Augen-maaß gesetzet haben.

Genädigste Herren / sprach ich / so siehet man gleichwohl / das ohn ein gut Kleid keiner geachtet wird / er seye so Geschickt als er jmmer wolle: Hiengegen / wan ein Kerl schon nichts weiß oder gelernet hat;

gleichwohl wan er brav daher geschritten kommet; vor anderen herfuͤr gezogen wird / geehret vnd geliebet: vnd wohl heisset

Vir bene vestitus pro vestibus esse peritus
Creditur a mille, quamvis Idiota sit ille.
Ein Mann der Schoͤne Kleider hat /
Geachtet wird eines Fuͤrsten Rath /
Vnd fuͤr ein Glehrten angesehn /
Dafuͤr er doch nicht kan bestehn;
Jst einer vbel angethan?
Der mag kein Lob bey leuͤten han:
Vnd wan er gleich wuͤst alle Kunst /
Noch hat er bey der Welt kein gunst;
Man gibt dem Weißheit vnd gewalt
Der sich mit Kleidung macht gestalt.

Iohann. Strauß. Kleider-Teuͤffel. D.

Ja / Ja / sprach *Herr Tuͤtschmeyr* widerumb / Also vrtheilen Ewer vorwitzige Weiber heuͤtiges tags. Jnsonderheit vnd zuvorderst soll man Ewer Fuͤrstlichem vnnd Graͤvlichem Frawenzimmer solche Thorheiten billig heim schreiben: welche dafuͤr halten / sie koͤnnen jhre Herren vnd Ehegemahlen nicht sehen oder lieben / wann sie nicht alle tag in newgebachener Form frisch auffziehen. Ja sie wollen selbst nicht allein alle Viertel Jahr / alle Monat / mit grossem Vnkosten / vnd mit vergeydung der armen Vnderthanen Schweiß vnd Bluts / newe Trachten haben: die man Jhnen auff der Post mit alamode-bekleideten-Puppen vnd Tocken von Pariß muß zuschicken; sondern auch jhre eigene Hoffschneider (welche Gelt-verschwendende Bursch Sie ja den Vornehmsten Raͤthen an Gunst vnd Gnaden gleich halten / oder wohl vorziehen) mit grossem Gelt-Wechsel / als ob sie Land-oder Statt-Richter werden muͤsten / nach Pariß verschicken: allein das sie solche newe Narrentrachten alda erlernen vnd Erdencken moͤgen: welche Schneider vnd Schuͤrcken / theils mehr kosten / als ein Doctor der fuͤnff Jahr in der

Frawen-Zimmer.

Hoffschneider.

Lehr vnd auff der Reyß mag zubringen: Vnd was ein solcher ellendiger Schneider alßdan für Eine Narrheit nur erdencket / so muß das gantze Hoffwesen dem Narren in der Narrheit nachgerichtet werden: vnnd keiner sich sehen lassen / der nicht zu solcher Thorheit sich bequemen wolte.

Hier. Bock fol. 280.

Was manglet eüch Teütschen doch / sprach Herr Kallofelß / *an der Kleidung vnnd Gewand? habt jhr nicht ewern Hanff vnnd Flachß eben so wohl / damit jhr eüch müget zur Notthurfft / ja auch zum vberfluß bekleiden als andere Völcker? deßgleichen was mangelts an Wollen vnnd der Seiden? habt jhr nicht Schaaf vnd Seiden-würm alß die Wälsche? was Hoffart tringet dan eüch arme Vögel / das jhr auch müsset Scharlach / Attlaß vnnd Sammet haben? O wie groß ist der Stoltz / so allein auß dem Geitz entspringet / daß sich niemand an dem / so GOtt der HErr Reichlich vnnd vberflüssig bescheret hat / will ersättigen lassen. Siehet man daß alles nicht täglich an allen Orten Jn der Kleidung von Frembdem Gewand? Jn der Speise vnd Tranck von Frembder Specereyen vnnd Gewürtz? Jn der Artzney von Frembden vnbekanten schädlichen Säfften vnd Gummi? vnd deren ist kein maaß noch ende. Gott wolle solches wenden vnnd sich ewer annehmen.*

Croy.

Aber last vns vnser Frommes Frawenzimmer / vnd Teütsche Heldinen hören. Solte *S. Elisabeth, König Andres deß II. in Vngarn Tochter (ein Schwester / Andreß / deß alten Hoch-Fürstlichen Hauses Croy vrhebers)* vnd *S. Adelheit* widerkommen / vnnd sehen / das solche Reichthumbe vff so lose Vppigkeiten verwendet; hiengegen die Armen in höchster Armuth / in Hunger / Kälte vnd Blösse gelassen vnd verlassen werden! ja das man / zu solchen losen Newrungen / noch der Armen / ohne daß durch das Kriegswesen außgesogenen / Vnderthanen erpresste Angst- vnd Seelen-Geltter verschwendet; sie wirden Raach ruffen. Aber die Raache wird nicht aussen bleiben. Sie ist / meyne ich / allen gnug auff dem Halß: Jhr aber seit in dem Vnglůck zu ewerm warhafften Vndergang verstocket / GOtt wolle sich ewer in Genaden Erbarmen.

Waß Vnglůcks stellen ewere Weiber vnd Tŏchter auffs Newe jetzt an / mit den Grossen Gepulsterten / Gefů-terten Lŏchern? als ob sie sich durch solchen Wust / eine bessere Leibes-gestalt vnd Feiste machen wolten; dannenhero sie solche Wůrste vnd Fůllsall nicht vnbillig *Speck* zu nennen pflegen; deren etliche biß in die 25. Pfund schwer am Leib tragen: das můssen ja feiste Såuwe sein; vnd ein Ehrlicher Mann nicht vnbillig sich schewen / einen solchen Schmutzigen Garstigen Lauß-sack anzugreiffen. Vnd damit die Herren sehen / sprach er / was mir gestern allererst vom Rheinstrom / wegen solches Newen Wunder-vnd-Weiber-Specks / zur Kurtzweil vberschicket worden / so wollen sie diese Reymen (die er auff einem Zedel dem Hanß Thurnmeyer vberreichen vnd zu lesen befahle / der mir sie auch hernachmahlen abzuschreiben vergŏnstiget) hŏren: welches dan nicht ohne grosses Gelåchter geschahe / diß waren aber die Reymen:

Weiber-Speck.

1.

Lustig / Lustig / Jhr Freůnd auff einen Hauffen!
Wer trauren wolt / der wår ein Gåck /
Weil vnsre Weiber geben Speck
So dŏrffen wir nun keine Såw mehr kauffen.

2.

Jetzt hat ein End mein Klagen vnd mein sorgen /
Der Ecker fall gleich wie er woll /
An Speck mir doch nicht manglen soll /
Ein Einigs Weib kan mir ein Centner borgen.

3.

Hab ich schon kein Schmaltz im hauß /
Solt ich mich dan darumb kraͤwen!
Was frag ich viel nach den Saͤuwen!
Weib / lang du den Speck herauß!
Jst das nicht ein Schmutzigs leben?
Das die Weiber jetzt Speck geben.

Ach Genaͤdigster Herr / sprach ich / der Speck vnnd die Weiber gehen mich nichts an / will auch nicht fuͤr sie viel reden; allein was *meine* Kleidung anbelanget / so geschicht es bißweilen / daß Einer mit solchen Waͤlschen Voͤlckern muß zu thun haben / bey denen / wie bekant / nichts außzurichten ist / wan man sich Jhnen in Gebaͤrden vnnd Kleidungen nicht gleich stellet.

Waͤlsche Expeditiones.

Allrecht / sprach *Koͤnig Airouest* / weil es ja so sein muß / so bleib es also. *Hanß Thurnmeyer!* schreibdu diesen meinen Satz in das Saalbuch:

Wer mit Narren muß zu thun haben / dem soll erlaubt sein Schaͤllen zu tragen.

Wann jhr Ewer altes herkommen / Ewere alte Standhafftigkeit / steiff / fest vnd recht in acht nehmet / die Waͤlsche wirden Euch mit solchen Trachten wohl vnvexirt lassen.

Jch weiß / sprach Herr *Kallofelß* / noch heuͤtigs tags *Ein Fromme Fuͤrstin vnd Ein Fromme Graͤvin / vnnd Ein Liebe vom Adel* (welche jetzt hochschwanger gehet / die auch GOTT genaͤdig entbinden wolle) in Teuͤtschland / so vns allen wohl bekant / wegen jhrer Tugend: die traͤgt sich Erbar / in einem feinen Erbarn Schwartzen Kleid / mit Ehrbarem feinem weissem Geraͤth / ohne Stoltz / ohne Hochmuth / ohne vergeydung; was sie aber ane Gelt vnnd Vermoͤgen auffbringen kan / das theilet sie vnder Arme Betrangte Leuͤte: vnd huͤlfft das / durch solchen Jhren Beystand / der

NB.

arme Landmann wider zu seinem Hüttlein kommen / widerumb såen vnd pflantzen möge / damit das Land in einen besseren Stand gebracht / vnd der Eingerissener Vndergang auff das müglichste verhindert werde. Aber O / wie ist solche Fromme Fürstin / Gråvin vnd Edelfraw so kranck vnd schwach! vnd zubesorgen / ehe du wider dahien kommest / sie von der Welt abgescheiden sein möchten: *darumb du dich wohl zu eylen hast / wan du sie noch wilt lebend finden.*

Als ich diese Wort: *daß ich wohl zu Eylen hätte /* hörete; dachte ich bey mir nicht anderst / als ich hätte meine Sach nun wohl außgericht: vnd Erlaubnuß / also bald vmb zu kehren. machte derowegen *(als Erlösete leütte / gegen die / so jhnen auß Nöthen helffen / pflegen; das sie einem hände vnd füsse küssen / vnd nicht wissen wie sie sich gnug demütigen sollen)* eine grosse tieffe reverentz: vnnd mit vielem Bücken / Ritschen vnd hand-küssen / wolte ich mich bedanckt haben gegen Jhm. Aber Er stiesse mich mit einer zornigen rede von sich / vnnd sprach: Halt Kerl / es ist noch nicht an dem: Jch glaub du wilt meiner spotten mit deinen Narren-Geberden! du Kleider-Narr weistu nicht? daß

Nothleidende sind demütig.

Ein Teütscher der sein Kleid veracht /
Vnd sich vmbsieht nach Wälscher tracht /
Der bleibt ein Narr vnd wird verlacht /
Biß ers nach art seins Vatters macht.

Vnd *König Witichund* sprach: kom herumb zu mir / waß? *bistu ein Teütscher? Ey was hastu dann für ein närrischen Wälschen Gang / Sitten vnd Geberden an dir?* waß wiltu? wo wiltu hin? bistu närrisch worden? *wie gehestu* daher? alß woltestu dantzen / oder springen: vnnd fochtelst mit den händen als ein Gauckler; siehe *wie er Schu an hat /* wie Bockßfüß: Es nimbt mich nicht wunder / das er gern hat reitten wollen: Jch

Geberden-Narren.

Gang.

Schue.

glaub er solt jhm die Fůeß abgehen in den hohen Wålschen Schuhen / oder wohl gar den Halß abfallen.

Bůcken. Was ist daß fůr ein wunderliches *Bůcken vnd Ritschen?* mit dem Kopff: mit Hånden vnnd Fůssen: mit dein gantzen Leib? du schnapst mit dem Kopff zu den Fůssen wie ein Dåschen-Messer daß man auff vnnd zu thut. Meynstu das solches einen Teůtschen Mann ziere? weistu was die Wålschen selbst von jhrem Grammantzen halten? welches du jhnen doch so nårrisch nachåffest: meynstu nicht / das sie deiner Einfalt vnd doppelen Thorheit lachen? was meynstu das wir solches Bůckens vnnd Burtzlens allhie achten? die wir gewohnt sind drein zu schmeissen vnd zu schlagen als die Blinde; vnd mehr auff vnser Pferd vnd Vieh achten / als auff solche lumpenbossen. Hast nicht viel gehőrt / daß solche Spiegel-narren / solche Kůss-thoren / solche Bůckesel / wo sie auff solcher Narren weise verharren / ichtwas nutzen.

D. Brand.
Du gehst alß auff Bocks fůssen har /
Vnd wirffst den Kopff dan hie dan dar /
Dann hien zu Thal / dan auff zu Berg /
Dan hinder sich / dan vberzwerg.
Wan du wårst in der Vogel Orden?
Man språch du wårst windhålsig worden.
Dann gehstu bald / dann gar gemach:
Daß gibt ein anzeig vnd vrsach
Daß du hast Ein leichtfertig Gmůth /
Vor dem man sich dan billig hůt.
Auß Sitten man gar bald verstaht
Was einer in dem Hertzen hat.

Meynstu / vnsere Vorfahren / die redliche Helden / wan sie dich also sehen solten / wirden darvor halten das du ein Teůtscher wårest? O weh nein / sie wirden glauben / du wårest allererst von Babel kommen / vnnd woltest noch einmahl eine Zerrůttung mit den Geberden anfahen in der Welt. Was soll das *Finger lecken?*

das Haͤnd vnnd Armtraͤhen? das von-vnd-zu-dir-zucken vnd drucken? das Ritschen vnd Bucken?

Jhr Teuͤtschlinge! Jhr vngerathene Nachkoͤmlinge! was huͤlfft euͤch solche newe Vnarth? Altes Wesen her! Alte Geberden her! Jn Hitz vnnd Frost vbet euͤch / nicht in Schmincken vnd Schmucken. Alte Hertzen her! Alt Gelt her!

Wo ist ewer Alt Gelt hinkommen; als das jhr solche newe Trachten vnnd bossen darumb erkauffet? vnd den Außlaͤndischen all ewre Mittel zu fuͤhret; ohn welche sonst sie euͤch nimmermehr also wirden bekriegen / vndertrucken vnd bezwingen koͤnnen.

der Teuͤtschen Verderben woher?

All solch Buͤcken vnd Ritschen / solch Haͤnd-vnnd Fuͤß-kuͤssen ist erzwungen werck; *wer sich so gar Zimperlich stellet / der ist ein Heuͤchler: entweders foͤrcht er sich: oder will etwas bettlen: oder hat ein boͤß stuck im sinn;* Vnter diesen dreyen ist allzeit eines gewiß. Wer Auffrecht vnnd von Hertzen durchgehet; was darff er allererst sich also verstellen? die reverenzen sind ein farb deß Hertzens / ein anstrich: alles was angestrichen ist das ist falsch / vnd nichts werth: was offen ist das gehet schlecht zu / darff betrugs gar nicht.

Zimpperlich.

Solch Gaucklen / mit haͤnd vnnd fuͤssen / ist keim Teuͤtschen angebohren. Es ist Vnteuͤsch / Vntrewlich. diese Geberden vnnd Gramanzen nemen alle Vertraulichkeit hienweg: Jn dem einer nicht trawen darff / mit dem andern keck / hertzlich vnnd vertraͤulich zu reden: weil man allzeit foͤrchten vnd sorgen muß / Er spotte nur / Er versuche einen nur / Er verlache einen nur: man rede nicht recht / man titulire / man verkehre sich nicht recht.

Guar. l. 2. cap. 38. p. 384.

Vnteuͤtsche Hoͤfflichkeit.

Dann einmahl last sich alte Teutsche Redlichkeit vnd Auffrichtigkeit nicht bergen noch vertuschen. Ein mahl weiß man das diese Gramanzische Sucht den Teuͤtschen nicht angebohren. Einmahl weiß man daß allen Ritterlichen Teuͤtschen / Alten vnd Newen / alle-

zeit solche scheinende Falschheit zu wider gewesen. Einmahl weiß man daß die Teütsche Dapfferkeit je vnd allezeit so redlich gewesen / die daß Gut gut / das Böß böß vor jedermänniglichen hat nennen dörffen. Einmahl weiß man daß die Gleißnerey / das Heüchlen / das Schmeichlen dem Teütschen Blut vnd Sitten nicht anderst als daß fewer dem wasser zu wider gewesen. Einmahl siehet vnnd spüret mans noch alle tag an allen Redlichen Teütschen Hertzen / an welchen dieses Gifft noch kein theil hat gewinnen mögen / das jhnen nichts mehr zu wider als eben diese Auffschnidereyen in Worten vnd in Geberden. Einmahl weiß man das die Teütsche Redlichkeit jederzeit hat Mund vnnd Hertz bey einander gehabt; welches doch daß grosse Gebrall vnd Grammanzen nicht zulasset. Einmahl weiß man daß das Hoch-Edele Teütsche Blut / auß angeborner Tugend keiner Nation spinnenfeinder / alß eben denjenigen jederzeit gewesen vnd noch ist / die der scheinbaren Heücheley in Worten vnnd Sitten ergeben. Einmahl erfahret man das solche Hertzen vntüchtig sind / vnd in der Heücheley also erweichet / daß sie zu waß dapffers schwerlich mehr mögen angezogen werden.

Weichlinge.

Weich in Worten? weich in Sitten vnd Geberden? weich am Hertzen. Was ist weicher dan jener Leib / der keine andere / dan eitel weiche Geberden hat?

Was ist das Newe Welt Abentheur / das gar vngestalte vnnd gar zu gemeine jetzige Neygen vnd Bücken / Hände vnd Füsse küssen / anderst / dann ein vberauß grosse Weibische vnd Kindische Weyche / vnd Gaucklerische Gelencke deß Leibs? Was ist weycher in den Männern dan allein daß verstälte Weibische Lächlend vnnd Heüchlend Gesicht vnd Augen? Was ist weychers / als allein jenes Gemüt / das sich nach jedes Willen vnd gefallen biegen vnd wenden thut? Was sind vnsere von den Frantzosen kommende / oder zu den

Frantzosen ziehende / vnnd die Frantzosen liebende Teütschlinge anderst / als Effaeminatissima Virorum pectora? (Gott verzeihe mir / weil ich diese vns Feindseelige Sprach mit vndermische) *welche kein eigenes Hertz / kein eigenen Willen / kein eigene Sprach haben; sondern der Wälschen willen / jhr willen: der Wälschen Meynung / Jhr Meynung: der Wälschen Rede / Essen / Trincken / Sitten vnd Geberden; Jhr Reden / Jhr Essen vnnd Trincken / Jhr Sitten vnnd Geberden? sie seyen nun Gut oder Böß.*

O der taigigen Feigen weyche! darauß eitel forchtsame verzagte Weychlinge vnd nichts-gültige Weiber-Hertzen werden: die nicht gut noch tauglich / jhre Weibische Weiber / geschweige Statt oder Land zu regieren sind. Dann wan ein solcher Weychling gegen Niemand seine Meynung vnnd die Warheit mit Ernst vnd Mannlich reden darff / wie wird er darffen die Wehr zucken / wan die offenbahre feinde das Vatterland / alß dan geschicht / angreiffen? wie dan ein Jeder Ehrenman von Gott vnd seinem Blut schuldig ist.

Woher kompt es jetzt in vnserem betrübtem Land / das man Stätt vnd Vestungen so freventlich ohne verschulden angreifft? auch hergegen dieselbe den Erb- vnd anderen Feinden so willig auffgibt? allein auß dieser Weyche.

Woher kompt es / das mancher Fürst vnnd Potentat fast nirgend keinen Redlichen Auffrichtigen Diener bekommen kan / welchem er nicht mit grosser Sorg vertrawen müsse? kompt alles auß dieser Abschewlichen Sucht / vnd auß dieser Weyche her; das die Diener / so sie ohne Gewissen sind / sich von widrigen durch Geschenck vnd Versprechen gewinnen / vnd nach derselben willen vnnd Meynung lencken lassen.

Woher kompt es / daß mancher Fürst vnd Potentat fast keinen Redlichen Gewissenhafften Diener mehr kan Woher der Herrschafft vnnd der Diener Vnheil komme.

leiden vnd behalten? oder denselben seiner trewen Verdienste wegen will Erkennen? Kompt auß eben dieser Verdampten vnd Land-Verderblichen Sucht vnnd Weyche her: daß die Herrschafften von Weychlingen / von Fuchßschwaͤntzern / Auffschneidern / Sitten- vnd Geberden-Narren sich einnemen / vnd wider die Jenige so Redlichkeit / Auffrichtigkeit vnnd Warheit lieb haben / verleyten lassen.

Wehe dem Diener / der an seinem Herren vnd Vatterland vntrew vnd ein Verraͤther wird! wie koͤnnen seine Kinder einige Hoffnung haben der Wohlfart!

Wehe der Herrschafft / die einen Gewissenhafften Diener wegen der Vngemeisterten vnd Vnvberwindlichen Warheit von sich lasset! Wie kan es anderst sein / alß das jhr armes Land endlich durch die Luͤgenhaffte Fuchßschwaͤntzer (welche den mangel vnnd das boͤse zu sagen sich schewen / vnd nur jmmer zu nach glatten weychen wohlgefaͤlligen Worten vnnd Zeitungen trachten) muß zu grund vnd in das Verderben kommen!

Die Hunde lachen mit dem Wadel.

Die Hunde Fuchßschwaͤntzen Jhren Herren / aber zu rechter Maaß vnd gebuͤhr: dann auch / wan jhr Herr jhnen zu scharff / oder etwas wider billige gewohnheit thun will; so zeigen sie jhm die Zaͤne an statt deß Wadels. Solche Gesellen aber sind mehr dann Huͤndisch / sie waͤhen Jhren Wadel (Jhre wort. dann was der Hund mit dem Wadel thut / das thut ein Fuchßschwaͤntzer mit der Zunge: siehe / ein so wustes Thier bist du / du Fuchßschwaͤntzer!

Quodque Canis cauda, tu facis ore, facit.)

Zu allen dingen / ohne einigen vnderscheid oder Gewissen / der Warheit oder der Luͤgen / Gutes oder Boͤses / etc.

Wan ein Rath oder Diener seinem Herren / ein schaͤdliches oder Vn-Christliches Fuͤrnemmen darumb gut hiesse vnd lobete; weil er vorhien wißte / daß solches seinen Herren von Jhm annemblichen sein wirde; darüber aber der Herr in groß Vnglück vnd gefahr geriethe? Mit was redlichem Ehren-titul vnd lohn meynstu das ein so fürtrefflicher Mann zu verehren wåre? Ebener massen / als wan ein weycher Medicus oder Artzt / bey Fürsten vnd Herren pflegen wolte / vnd språchen; Ey Lieber / oder Genådiger / oder Genådigster Herr / Esset hien mit gutem Lust / dan quod sapit nutrit, was wohl schmackt das thut wohl / das kompt E. G. zu gut! Wie meynestu das solches Auffschneiden vnd zu-gefallen-reden / solches süsse placebo dem Herrn wirde bekommen? wie meynestu das solcher Artzt einen danck erhalten wirde / wan der Fürst oder Herr darüber erkranckte? oder / wie wirde er solches gegen Gott vnd in seim Gewissen verantworten? Erforsche / welcher vnder zweyen Hunden der beste seye? der jenig / welcher wachtbar vnd auffmerckig / welcher jeden vnbekanten anbellet / vnd vber alles / so jhm mißfallet / murret / vnd die Zåne blecket? oder aber der Ander / welcher sich von jedem berühren / streichen vnd Liebkosen / vnd jhm seines Herren vnd eine frembde Hand gleich gelten lasset / zu allem stillschweiget / vnnd vor månniglich den Wadel wähet / jeden lecket / zu jedem heüchelt? Wird nicht dieser letzterer seinem Herren in der Noth vngültig / vnd an jhm zu einem Verråther werden? Jn dem er etwan einen Dieb / oder seines Herren Feind / den er anbellen vnd beissen solt / Liebkosen vnd zu lassen wird? vnd / wird nicht der ander seines Herren Heyl vnnd Glück sein / welcher den Feind vnnd frembden anbellet / ob jhnen murret / vnnd seinen Herren vor der Gefahr warnet?

welcher der beste Hund seye?

O Alte Mannheit: O Alte Teütsche Dapfferkeit vnd Redlichkeit / wo bistu hien verflogen?

Von der Wålschen Weyche kommet es her / daß man sich in allem also verhalten will das man danck habe vor der Welt / GOtt gebe was die Seele davon trage.

Ob ein Ding dem Gemein-Nutz heylsamb oder schådlich seye? da fraget / Ein alamodischer Weychling nichts nach / wan nur seiner Gelegenheit / seinem Ansehen nichts geschicht oder abgehet. Wan sie nur Jhren Namen / bey Gemeinen / vnd mehrers Heylosen leüten / nicht verliehren / da lassen sie alles gehen vnd watten: da will vnd mag sich keiner mit der Mannheit / vnnd Mannlichen Teütschen Dapfferkeit / bey den Halßstarrigen / oder auch bey den Ansehnlichen / feindseelig machen: da will keiner das Vnrecht zu straffen angreiffen: da will keiner das Gute mit seinem Exempel zu fürdern der Erste werden. Wan es aber zum Danckverdienen / zum Geschenck-nehmen / zum Lehen-Bettlen kompt? da will ein jeder der beste vnd Negste daran sein / da streitet man miteinander / welcher sich mit schmeichlen hien zu machen / oder daß Gemeine Lob / deren im Gewissen sich vbel bewusten / gewinnen möge! Vnd mercken diese Weychlinge durch Straff Gottes nicht / daß eben dadurch sie jhr ansehen vnnd rechten Respect bey Ehrliebenden Leütten verliehren.

O Pfuy dich Teüffel / Pfuy dich. Was wirden solche alamodische Weychlinge erst thun / wan sie von den Feinden deß Vatterlands mit hohen Aemptern / mit Centnerischen Geschencken gelocket vnnd gereitzet werden solten? O wehe! da wirde man groß Wunder sehen! da wirde man groß Meer-wunder sehen / vnd Jhrer viel von den offentlichen Feinden vnd Verråthern an Redlichkeit vbertroffen werden / deren die meiste in jhrer Tyranney weit dapfferer vnd mannlicher als viel alamodische Weychlinge in jhrem leben vnd thun sich verhalten.

Vnd o / noch ein mahl / du Alte Mannheit / du Alte Teutsche Dapfferkeit vnd Redlichkeit / wo bistu hien verflogen.

Pfuy! Pfuy! fort! fort. mit deinen Weychen / Wüsten / Närrischen Geberden vnnd Gäuckeleyen! Pfuy dich du ellendiger Tropff!

Ein Aedeles Gemüth steckt nicht nur in Geberden
Vnd äusserlichem schein. die Wälsche Höfflichkeit
Verhälet offtermahl den grösten Schalck auff Erden /
Vnd deckt jhn etwan zu mit einem Stoltzen kleyd:
Doch / wan Verstand vnd Tugend sind beysammen
sampt der Erfahrenheit /
so ziert die Höfflichkeit
Vmb desto mehr den Aedelmannes Namen

Mein / waß Gelts kostet eüch dise Narrheit nicht? *Es scheinet warhafftig / GOtt hab eüch Teütsche dahien geschlaudert / daß jhr ewer Gold vnnd Silber müßt in frembde Lande stossen / alle Welt reich machen / vnd selbst Bettler bleiben. Engeland solt wohl weniger Golds haben / wan Teütschland jhm sein Tuch liesse. Franckreich solt wohl weniger Golds haben / wan jhr jhm seine Ceremonien / Geprängs / Auffschneiden / alamode – Bossen vnnd Sprach liesset. Jtalien solt wohl weniger Golds haben / wan jhr jhm sein Reitten vnd Fechten liesset. Rechne du / wie viel Gelts eine Meß zu Franckfort auß Teütschland geführet wird / ohne Noth vnd Vrsach / so wirstu dich wundern / wie es zugehe / das noch ein Heller in Teütschland seye. Franckreich ist das Silber vnd Gold-Loch / darein auß Teütschland fleüßt was nur quillet vnnd wächßt / gemüntzt vnnd geschlagen wird bey den Teütschen. wäre das Loch zu gestopfft / so dörffte man jetzt der Klag nicht hören / wie allenthalben eytel Schuld vnd kein Gelt / alle Lande vnnd Stätte mit Zinsen beschweret vnd außgewuchert sind. etc:*

D. Luth. T. 2. Ien. f. 481. & 482.

Die zeit ward mir trefflich lang vber all diesem Gespräch. Vnd wiewohl ich wußte daß es warhafftige / vnd Rechte Helden wort waren / so wurde mir doch daß Stehen an einer stätte so saur / das ich vor müde fast auff den Boden gesuncken / vnd mich ein wenig gegen die eine Säule anleinen muste.

Freß- vnd Schleck-Narren.

Wie *soltestu ein Teütscher sein?* sprach *Herr Tütschmeyr.* Jch hör / das du dich gestern vnnd heüt mit vnserer *Speiß vnd Lager* nicht begnügen lassen; vnnd glaube / vnd meynst es müsse bey vns Redlichen Teütschen hergehen / wie bey den vppigen Wälschen? mit allerley niedlichen Speisen / die mehr zum Schleck / Schwachheit vnd Verderben deß Mänschlichen Leibs angesehen; alß zu dessen auffenthaltung. Was gedencket jhr vngeschlachte Teütsche? das mit Außländischen Artzneyen: mit Außländischen Speisen vnnd Würtzen: mit Außländischen Trachten: mit Außländischem Trincken: mit Außländischer Weibischer Weychheit / jhr ewere Teütsche starcke Leiber also schwächet? ewere Kisten vnd Kasten eröset / vnd ewere Kinder hinder eüch zu Bettlern lasset?

Wan ewere Weiber deßgleichen thäten / oder thun wolten / auß angeborner Weychheit / Schwachheit vnnd Vorwitz? so soltet jhr sie mit aller strenge davon abmahnen / vnnd abhalten: Aber / so kehret jhr es vmb / vnd werdet jhr selbst zu rechten Weibern vnd Mämmen / vnd thut vnd trachtet nach dem was zärtelicht / Weibisch vnd Mämmisch mag geachtet werden: wie von dem Milchmaul Sardanapalus zur Lehr auffgezeichnet worden. *Er name sich an Wiblicher Werckhe vnd Geberde: Er span Side vnd Garn: Er bletzete vnd negete selber Kuttern vnd Küssen: vnd thet Wibes Kleider an.*

Geschrib. Kronick Jacob von Königshoffen.

D. Luth. Tom. 3.

Da behüte eüch Gott Jhr Teutschen / das jhr ja nicht so bald klug werdet / auff das jhr eine gute weile noch gute Zårtlinge bleibet / vnnd lasset Wehrlinge vnd Nehrlinge sein. Ien. An. 27. fol. 327. b.

Hat euͤch der Redliche Bock nicht genugsam gestossen? hat er euͤch nicht teutsch genug geprediget vnd gelehret? so mag euͤch der Wolff einandermal besser predigen: muß dan ewere weise alzeit die beste sein? thut es ein stuck rindfleisch / Speck vnd Saur-Kraut nicht mehr? muß es alles mit Feld-huͤnern / Wachteln / Kramatzvoͤgeln / Austern / Schnepffen / Schnecken vnnd Trecken verpfeffert sein? Muß es dan mit eitel Melonen / Citronen / Lemonen / Pomerantzen / Ragousts vnd Ollipotridos hergehen? mit solchen Trachten: da mit einer jeden / Zwo̊lff arme Månschen håtten erhalten vnd gespeiset werden moͤgen.

O der verdampten Gastereyen! Gastereyen.
Da man mit Wålschen Naschereyen
Offt gro̊sser Gut in kurtzer zeit
Verschwendet / alß sonst tausend Leůt
Sich in der groͤsten Noth zu laben
Jn eim Jahr nicht zu hoffen haben!

Was vor Gewissen ist bey euͤch? woher kompt es / das so viel arme Leůt vnder euͤch erhungern vnnd sterben muͤssen? Nicht wunder ist es: Vns wundert nur / wie der Segen vnnd die Gnade Gottes euͤch noch so lang hat beywohnen koͤnnen!

Mancher Fůrst hat ein Wålschen Koch lieb.
Ein Wålscher Koch ist ein Verlippter Dieb.
Wålsche Suppen
Teůtsche Juppen
Zusammen sich nicht reymen wohl:
Ein Teůtscher Bauch Teůtsch fressen soll.

Es ist durch ewere Låcker-måuler dahien kommen / das man viel guter gemeiner Speisen nichts mehr achtet noch gebrauchet; vnd muß nunmehr ewere Speiß auß den Wåhlschen Landen / ja gar auß Tůrckey vnd Jn- Hier. Bock pag. 572. 573. & 841.

dien geholet werden. Will einer jetzund ein Bancket zurichten; so will er solches nicht auß der Kuchen; sondern auß der Apothecken haben / vnd daß mit grossem Kosten. Also strafft euͤch Gott / wan jhr seine Geschoͤpff (welche euͤch zur Nahrung vnnd Gesundheit geschaffen) verachtet; das jhr frembde / vngesunde vnd vnkantbare Speisen vnd Artzneyen (ja ewere eigene Kranckheiten) mit Gelt kauffen muͤsset.

Da siehe man / der Tropff ist schon so schwach vnd Matt / weil er seine Schleckerbißlein nicht mehr hat / das er fast will vmbfallen / vnd nicht wol kan auff den Beinen stehen; so erweiben / erweychen vnnd erzaͤrtlen sie sich mit jhrem vppigen Wesen. Da meynt Jhr Albere Teuͤtschen / Jhr muͤsset alles ernaschen vnnd erkosten / davon Jhr nur erzehlen hoͤret. Vnd wie fast Jhr in Kleidung vnd allen anderen Dingen fuͤrwitzig; Also in allerley Frembden Außlaͤndischen Speisen vnd Getraͤnck / die nicht Hunger oder Durst; sondern allein den Fuͤrwitz zu buͤssen erfordert / vnd mit grossem Vnkosten ersucht werden; als etwan die Austern vnd dergleichen: Wie auch jener Baur newlich im Wuͤrthauß hiebey sich der Schnecken gelusten / vnnd dieselben also rauhe mit Pfeffer vnnd Saltz zerschlinden vber reden lassen: deren auch ein grosse maͤnge geschlunden / vnnd ein guten suͤssen Newen Wein darauff getruncken: Hernach bey dem Offen auff der Banck / Nach der laͤnge sich zum Schlaff nidergelegt / vnd den Mund offen behalten: allda die Schnecken eine nach der Anderen wider auß dem Maul vnnd nach dem Offengelaͤnder hienauff vnd herumb hauffen weiß krochen: das die beywesenden alle lustig sehen moͤgen.

Gua. l. 2 c. 38. p. 378.

Schnecken Essen.

Es ist euͤch / Sprach Er weiter / weder zu rathen noch zu wehren; Jhr Teuͤtsche (Jhr Teuͤtsche / die Jhr vnser Nachkoͤmmlinge seit mit dem Namen / sonst nicht) seit solche Gesellen: *was New ist / da fallet jhr auff /*

L. T. 2. I. p. 738. b.

vnnd hanget daran wie die Narren / vnd wer euch wehret / der macht eüch nur döller drauff; wan aber Niemand wehret / so werdet jhrs bald selbst satt vnnd müde / gaffet darnach auff ein anderes Newes.

Darumb muß man eüch Tropffen nur machen lassen: endlich alle mahl werdet jhr mit ewerem eigenen Schaden doch witzig werden. Mich deücht / sprach ich / (also ist mir dise rede im Frevel entwischet) Jch wolte besser wissen / vnd zwar auß Erfahrenheit / wo die Schwache Glieder vnd Weychigkeit / vnd jnsonderheit mir / herkäme: *Es ist die Sorg vnnd die Forcht deß Ellenden Lebens / darin wir sind / die / nicht wunder / vns die Natürliche Kräfften des Leibs gar vertrucknen solte.*

Sorg vnd Forcht.

Bey den Alten Teütschen ward Niemand also mit Sorg vnd Forcht beladen / vnnd das gab jhnen solche grosse Krafft / daß sie so Groß vnnd Starck wurden. Dan wo ein Junger Mänsch in grosser Sorg vnd Forcht stehet? werden seine Kräfften geschwächet / vnd mag nicht wohl am Leib tügen vnd zunemen / als wan er frey wäre.

Münster Cosmogr. pr. vom Teütschl.

Behüte Gott! Jch kundte diese wort nicht wohl außreden: da solte man gesehen haben / wie sich dieser Herr vber solche meine vnbedachtsame Einrede (wie ich dan jetzt selbst bekennen muß) erzürnet / vnd mich mit allen bösen Worten vnnd Namen also beladen hatte / daß ich mich dieselbe zuerzehlen noch selbst schäme; aber mir darauß leicht die Rechnung machen kunte / das ich meine sach durch diese allzuvorwitzige Rede wirde trefflich böß gemacht haben.

Vnder dessen / Expertus Robertus der Alte / mir die Lection stattlich her sagte; *wie vbel es einem Jungen Kerl an stünde / wan er jrgend eine Meil sechß gereiset / ein wenig Vnglück außgestanden / vnd etwan einmahl den Grobianus gelesen / das er sich drumb gleich so fern erkühne / das er auch Hochweisen Mächtigen*

Apul Patronos parce.

Helden / Gebornen Herren / Oberkeiten vnd Räthen / darff in die Rede fallen / zusprechen / es besser verstehen / besser wissen vnd sagen wollen; da doch viel mehr ein Junger Kerl / bey Weisen Verständigen Leütten schweigen / vnnd sich nach Jhren Reden reguliren / schicken / vnd Gehorsamlichen / mit gebührender Ehrerbietung verhalten solle.

Ach mein Getrewester Herr vnd Freünd! sprach ich / Jch hab es ja so böße nicht gemeynet; sondern allein gedacht / daß ich auch ein wenig wolte hören lassen / was ich irgends einmahl erfahren hätte. *Es ist zwar nicht ohn / das man bey seinen Obern vnd Befürderern sich nicht herfür thun soll mit Worten / noch sich zu weit an den Laden legen / oder jhnen in die Rede fallen / vnd es besser wissen wollen. Wan aber ein Kerl eben allzeit so gar still schweiget / vnd zu keiner sache etwas vor seinen Obern reden thut? so hat es daß ansehen / als ob er gar nichts wiste oder verstünde / vnd jhm also / alß einem Vndüchtigen Gesellen / an seiner Befürderung offt hoch verhinderlichen fallet. Man hat ja alle weil gesagt / das man herauß reden solle was einem vmb das Hertz ist: vnd nicht also hinder dem Berg halten wie die alamodische Heüchler. Jch wolte sonst wohl geschwigen haben.*

Das sind deine Einbildungen / Sprach der Alte / Aber es ist viel anderst. *Gelehrte Leütte vnnd Obern die Vrtheilen viel anderst / sie dörffen auch deß Geschwätz vnnd Raths der Jugend gar nicht: auß einem Einigen Wort / oder kurtzer Rede / können sie gar leicht mercken was hinder einem Kerl seye: ob er zu brauchen seye oder nicht? vnd dörffen nicht aller erst durch vorgemahlte frembde Weißheit vberredet vnd gewunnen werden.*

Aber / Jhr wolt vnser Nachkömlinge sein / vnd Ehrliche Teutsche genant werden / sprach *ErtzKönig Airovest* widerumb: wie will dan ewer Wesen so gar nicht mit dem vnserigen vberein stimmen? Wie kompt es / das alle Newerungen von den Waͤlschen muͤssen hergenommen werden / so gar / das jhr euch befleissiget jhnen auch in den Lastern gleich zu sein? Jn Fressen vnd Sauffen / in Fluchen vnd Spielen / in Gott-schaͤnden vnd gar verlaͤugnen / in Huren vnd Buben? alles muß auff Waͤlsche weiß / auff Waͤlsche fazon / auff ala mode hergehen: in Reden vnd Schwaͤtzen / in Singen vnd Springen / in Jaͤhlen vnd Schreyen / in Raͤncken vnd Schwaͤncken: Jn guten worten / in boͤsem Hertzen.

Ja jhr Teutsche selbst / auff das jhr euch desto eher vntereinander auffreibet / muͤßt euch mit Gold vnd Gelt erkauffen lassen / damit jhr ewer eygen Vatterland / ewre eygene Freunde quelen / vndertrucken / außsecklen / verderben / vnd in Dienstbarkeit bringen moͤget. *Thurnmeyr / lese du das Saalbuch / was stehet davon?*

Hanß Thurmeyer / der an dem Tisch mitten im Saal saß / blaͤttere daß vorige Buch ein wenig herumb / vnd in einem huy lase er als volget: vnd wo ich recht gesehen / so stehet es am 225. blatt / dan ich war gemaͤchlich beyseits hienzugegangen / damit ich sehen moͤchte / was es fuͤr ein Buch / ob es das Gerichts-buch waͤre? vnd ob ich jrgend etwas zu meinem vortheil erblicken moͤchte: Er lase aber also:

Die Alten habens fuͤr die groͤste Verratherey gehalten / wo einer wider seinen Herren / wider sein Heymat vnd Vatterland einem Frembden Herren zu zoge / wie vnsere Teutschen dem Koͤnig von Franckreich. Jst es ein Verraͤtherey / wen einer einen einigen Maͤnschen verraͤth: so ists vielmehr / wo einer ein gantze Nation sein Vatterland / so viel an jhm ist / verlaͤßt; vnd sich zu desselben offentlichem Feind haͤlt / vor welches doch ein jeglicher ehe sein Leib vnd Leben setzen soll. Drumb ein jeglicher / er sey wer er woͤlle / Geistlich oder Weltlich / Ein Fuͤrst / ein Bischoff: der sich zu seiner Nation- Aventin. lib. 2.

oder zu seines Königes Feind verbindet / oder Jhm zuziehet / soll Leib vnd Leben verwircket haben.

Vndanckbarkeit derer / denen man Guts erzeiget.

Als ich das hörete / erschrack ich vber die massen / das ich hatte leyder viel Freunde die in diesem Spital vnsinnig Kranck lagen / für die mir trefflich angst wurde: derowegen zu jhrem besten etwaß vorzubringen *(so thöricht war ich / vnd noch vielmahl zu meinem grösten schaden / das ich offt für einen andern bathe / der mir es doch meist mit vndanck vnd dem Teuffel belohnet: hätte wohl mehr von nöthen / das ich für mich selbst redete; doch ich will ein ander mahl desto vorsichtiger handlen. Jch hab jenen vom Todt erlöst / wan er mich jetzt könte ermorden lassen / er wirde nichts sparen)* Sprach ich also im Schrecken: weil ich vorhien etwas hart gescholten worden.

Rede eines Erschrockenen.

Ehrwürdiger / Allerhochgelehrtester König / Mein Fürstlich Genaden Herr (in dem ich diese Wort also schreibe / wie ich sie damahlen in der angst geredet) *verwundere ich mich / theils vber die Zaghafftigkeit deß Mänschlichen Hertzens: welches / wan es zu weilen in ein Vnglück oder Betrübnuß gerathet / auch wohl in Gerechter sach; doch offt an dem ort / da er am allermeisten in seinem reden solt vorsichtig vnd verständlich handlen; auß / kan nicht sagen was für schickung / weiß weder hinder sich noch vor sich zu kommen / weder anfang noch end zu finden; offt mehr wider sich / als für sich redet: offt so gar ohne Verstand / das man nicht weiß / was / oder wo von er will anheben: welches auch zu zeiten Hochgelehrten / vnd sonst in der Redgebigkeit hocherfahrnen vnd geübten Männern begegnet.* (Also gieng es mir Einfaltigen dißmahls auch: ich kunte auß schrecken vnd Verstockung weder wort noch Namen / weder Anfang noch Ende an meinem Gespräch finden. Aber die Helden / die an meinen Geberden / vnd auß vorigem meinem antworten mercketen / das es nicht auß Vorsatz oder Boßheit herkaͤme / liessen es dißmahl so vngeandet / als ob sie es nicht gehoͤret haͤtten / durchschleichen: darumb aber der Alte nochmahlen mich hefftig gestrafft hatte) wan ich etwaß hiezu reden doͤrffte / *sprach ich* / so wolt ich meinen vnderthaͤnigen bericht deßwegen gern in allen trewen ablegen.

Vnd als mir zu reden erlaubt ward: sprach ich etwas hertzhaffters / dan ich hatte mich erholet: *Genaͤdigster Herr vnd Koͤnig* / E. Mayst: sollen versichert sein / das es nicht zu dem end geschihet / ob sie jhr Vatterland darumb zuverrathen begehrten / sondern auß anderen höhern vnd Staats-vrsachen / so das Gewissen vnd den Glauben betreffen / deßwegen sie vmb huͤlff suchen / damit sie nicht gar vndertrucket werden; dan es ja gegen Gott vnd der Erbarn Welt besser zuverantworten ist / dem jenigen dienen vnd zuziehen / der daß Vatterland bey seinen Gerechtsamen huͤlfft schuͤtzen; Als dem der es aller Freyheiten will berauben. Vnd was der Helden Rathschreiber da gelesen hat / wie gut es bey den Alten mag gewesen sein; so wird es doch jetzt bey vns gar nit gebilliget / sondern fuͤr ein Altbauͤerischen Eyffer gehalten werden: der deß Vatterlands jetzigen Zustand weniger verstehet als ein Ganß. Dieweil ein ehrlicher Teutscher / der einem frembden Potentaten zuziehet / dafuͤr gehalten wirdt / das er es viel mehr zu deß Vatterlands Heyl vnd besten / als zu dessen vndergang thue.

Auch wohl glaube / das etliche auß Noth (weil sie jhre Dienst dem Vatterland offt angetragen / aber also sitzen blieben vnd fuͤr nichts geachtet worden) sich in frembde Dienst haben einlassen muͤssen. Darumb es scheinet / also ob Teutschland selbst seinem Vndergang entgegen lieffe / dieweil es selbst solche Leute von sich stosset / vnd mehr siehet nach Frevelen / als nach denen die Auffrichtigkeit lieb haben; warauß dan die grausame Wildnuß vnd zerrüttung aller dinge endlich muß erfolgen.

Aber Expertus Robertus sagte mir beyseits. Schweig du von solchen sachen / die du nicht verstehest / still.

Ach wie viel meynstu wohl die solche Gewissens-gedancken haben? wenig / vnd sehr wenig. Die Religion thut viel / aber die Duplonen thun noch mehr / bey solchen Leuten / welche vmb vnersätlichen Gewissenlosen Geitzes willen / jhres eygenen Vatterlands / jhrer eygenen Eltern / jhrer eigenen Kirchen nicht verschonen / wan es zum treffen kompt.

Jedoch / so gehet eines jeden Ehrliebenden Manns Schuldigkeit billig dahien / das er nechst Gott / dem Vatterland vor aller Welt mit Leib vnd Gut trewlich dienen solle: So weit aber erstrecket sich solcher Ehren Gesatz nicht / das darumb ein Ehrliebender Mann sich vnd die seinige ohn einige gegen erkandtnuß in das ewige Verderben setzen müsse. Du must dich nach der Zeit vnd den Leuten schicken; dan weder die Leut noch die zeit sich nach dir schicken werden: vnd must den brauch an jedem ort lassen / wie du jhn findest. Sic enim itur, non qua eundem est, sed qua itur. Diene du dem Vatterland / vnd im Vatterland. Will daß Vatterland deiner nicht? Alsdan allererst so ziehe weiters / in ein ander Land: Doch diene daselbst also / daß du deinem Vatterland nutzlich seyest: vnd wan Jhr heuttige Teutsche diesen Vorsatz habt / so muß ich bekennen / daß vielen / wegen deß vngleichen verdachts fast gewalt geschihet. Bevorab / weil der jenige der deß Gemeinen Wesens Wohlstand liebet / auch die jenige Völcker nothwendig lieben soll / welche denselben Schützen vnd erhalten helffen.

Also schwiege ich still. Die Helden aber ohne antworten thaten als ob sie es nicht verstunden. Vnd Hanß Thurnmeyer gab mir einen Blick / daß ich vor jhm erschracke / vnd von derselben zeit an / ist er mir vielmahlen gar hart gewesen.

Vnd *Koͤnig Airovest* sprach ferner zu mir: bistu nicht der jenige / der vor zwey Jahren *die wunderliche Satyrische Gesichte* geschrieben? Ja Gnaͤdiger Herr / antwortete ich. *So du nun ein Gebohrner Teutscher bist / oder ja sein wilt / was hastu dan fuͤr eine weise vnd manir zu schreiben?* hat euch der *Thurnmeyer* / vnd vnsers Neffen / *Koͤnig Withikhunds* Bischoff / vnd andere nicht genug gethan in der Sprach? wolt jhr es besser / oder aͤrger machen? ist euch das Waͤlsche Gewaͤsch mehr angelegen / als die Mannliche Heldensprach ewrer Vorfahren? was hastu in solchen Gesichten mit Waͤlschen / Lateinischen / Grichischen / Jtalianischen / Spannischen Worten vnd Spruͤchen also vmb dich zuwerffen gehabt? meynstu das man darumb glaube / das du alle solche Sprachen gelernet? warumb legstu dich nicht dieselbe zeit vber auff deine Muttersprach? solche in einem Ruff vnd rechten Gebrauch zubringen? vielmehr / als einer außlaͤndischen Zungen also zu Diensten zu sein?

Satyrische Gesichte.

D. M. L.

Sprach-Narren.

Solche Sprachverkaͤtzerung ist anzeigung genug der Vntrew / die du deinem Vatterland erweisest. Deine ehrliche Vorfahren sind keine solche Mischmaͤscher gewesen / wie jhr fast mit einander jetzt seit. Wer wolte nicht Vrsach genug haben zu schelten / das du dieses Werck (der du doch den Namen haben wilt / das du gar eines Freyen Teutschen Gemuͤths seyest / vnd frembdes Geschminck / Schmeycheleien vnd Liebkosen weit verwerffest) also mit allerhand frembden Sprachen (vnd darzu der jenigen Voͤlcker / die euch so listig vnd grausamlich nach ewerer alten Teutschen durch mich vnd ewre Vorfahren erhaltener angeborner Freyheit / stellen vnd trachten) verderbet? weil ja deine werthe Mutter-sprach den andern nicht wirde nachgeben: Jn dem die Waͤlsche Sprachen meisten-

Sprach-Verderber.

theils jhren Vrsprung von der Lateinischen haben; die vnserige aber von anfang her von vnserem Vranherren Thuitscho von sich / als eine wahre Haubt vnd Helden sprach / selbst bestehet.

Jch will euch / meinen Teutschen / hiemit geweissaget haben / vnd hab es von meinem Vranherrn *Koͤnig Saro* hiezugegen / vnd Er von vnserm ersten Ertzvatter vnd *Koͤnig Tuitscho* verstanden: der also gesagt:

Teutschlands Propheceyung.

Es wird eine zeit kommen / weil alle Ding vergånglich sind / wan das Teutsche Reich soll zu grunde gehen: so werden Burger gegen Burger / Bruͤder gegen Bruͤder im Felde streitten vnd sich ermorden / vnd werden jhre Hertzen an frembde Ding hången / jhre Mutter sprach verachten / vnd der Wålschen gewåsch ho̊her halten / wider jhr eigen Vatterland vnd Gewissen dienen: vnd alsdan wird das Reich / daß måchtigste Reich / zu grunde gehen; vnd vnder derer hånde kommen / mit welcher Sprach sie sich so gekuͤtzelt haben; wo GOtt nicht einen Helden erwecket / der der Sprach wider jhre maß setze / Sie durch Gelehrte Leut auffbringe / vnd die Wålschlende Stimpler nach verdienst abstraffe. O GOtt / welchen Helden hastu dir hie zu erwåhlet? treibe jhn / auff das diß Werck einen Seeligen vortgang habe!

Der wår ein Narr der schiffen wolt:
Ob schon das Schiff wår voller Gold /
  solt aber gehn zu stuͤcken.
Also / Teutsch Hertz vnd wålsches Maul /
Ein starcker Mann vnd lamer Gaul
  zusammen sich nicht schicken.

Doch ich will also sagen / sprach *Koͤnig Airouest* weiters: *viel Sprachen wissen / ist nicht vnrecht.* dieweil mit Nachbaurn vnd Außlåndischen Vo̊lckern man sich / zu vnserm schaden / im handel so weit eingelassen / vnd bißweilen denselben muß antworten koͤnnen / wie *Marggrav Jacob von Baden* / Bischoff zu

viel Sprachen wissen.

1505.

Trier / auff dem Reichstag zu Coͤln deß Papsts Gesandten Lateinisch / den Teutschen Teutsch / den Frantzoͤsischen Frantzoͤsisch / den Venetianischen Jtalianisch geantwortet hat. Aber solche frembde Sprachen der Mutter-sprach vorziehen / oder also vndermischen / das ein Biderman nicht errathen kan / was es fuͤr ein Gespraͤch seye? das ist Verraͤtherisch / vnd muß billig nicht geduldet werden.

Teutscher-Michel.

Jch meyne / sprach er ferners / *der Ehrliche Teutsche Michel hab euch Sprach-verderbern / Waͤlschen Cortisanen / Concipisten / Cancellisten / die jhr die alte Mutter-sprach mit allerley frembden / Lateinischen / Waͤlschen / Spannischen vnd Frantzoͤsischen Woͤrtern so vielfaltig vermischet / verkehret vnd zerstoͤret; so / das sie jhr selbst nicht mehr gleich siehet / vnd kaum halb kan erkant werden / die Teutsche Warheit gesagt!*

Jst es nicht eine schand zu hoͤren? Einem frembden Volck zu belieben / sein eigen Heyl vnd Wolfahrt verachten?

Hund vnd Katzen.

Jhr / mehr als Vnvernuͤnfftige / Nachkoͤmlinge! welches vnvernuͤnfftige Thier ist doch / das dem andern zugefallen seine Sprach oder Stimm nur aͤnderte? hastu je eine Katz / dem Hund zu gefallen / bellen; Ein Hund der Katzen zu lieb mauchzen hoͤren? Nun sind warhafftig in seiner Natur / Ein Teutsches festes Gemuͤth / vnd ein Schlipfferiger Waͤlscher Sinn / anderst nicht / als Hund vnd Katzen gegen einander geartet: vnd gleichwohl wollet Jhr vnverstaͤndiger als die Thiere / Jhnen wider allen danck nacharten? Hastu je einen Vogel blaͤrren / eine Kuhe pfeiffen hoͤren? vnd jhr wollet die edele Sprach / die euch angeboren / so gar nicht in obacht nemmen in ewrem Vatterland / Pfuy dich der schand.

Fast jeder Schneider   will jetzund leyder
Der Sprach erfahren sein   vnd redt Latein:
Wälsch vnd Frantzoͤsisch   halb Japonesisch /
Wan er ist doll vnd voll   der grobe Knoll.
Der Knecht Matthies   spricht bonaͤ dies /
Wan er gut morgen sagt   vnd gruͤst die Magd:
Die wend den Kragen   thut jhm danck sagen /
Spricht Deo gratias   Herr Hippocras.
Jhr boͤse Teutschen   man solt euͤch peuͤtschen /
Das jhr die Mutter-sprach   so wenig acht.
Jhr liebe Herren   das heist nicht mehren;
Die Sprach verkehren   vnd zerstoͤren.
Jhr thut alles mischen   mit faulen fischen /
Vnd macht ein misch gemaͤsch   ein wuͤste waͤsch /
Ich muß es sagen   mit vnmuth klagen /
Ein faulen Haaffen kaͤß   ein seltzams gfraͤß.
Wir hans verstanden   mit spott vnd schanden
Wie man die Sprach verkehrt   vnd gantz zerstoͤhrt.
Jhr boͤse Teutschen   man solt euch peuͤtschen.
Jn vnserm Vatterland   pfuy dich der schand.

Gnaͤdiger Herr / sprach ich / wan ich was reden doͤrffte / ich wolte warlich beweißlich sagen / diese Schuld waͤre nicht der Schreiber / sondern der Herrschafften selbsten. Dan die Herrschafften wollen es also haben: vnd hab ich es selbsten erfahren.

Fürstliche Cantzleyen.

Die Herrschafften meynen nicht daß ein Diener was wisse oder gelernet habe / wan er seine Schrifften nicht dergestalt mit Waͤlschen vnd Lateinischen Woͤrtern ziere vnd schmuͤcke. Vnd geschicht offt / das ein gut Gesell / der sich deß puren Teutschen gebraucht / vnd solcher vnteutschen Reden sich mit allem fleiß muͤssiget vnd enthaltet / fuͤr einen vnverstaͤndigen Esel gescholten / oder wohl gar abgeschafft / vnd an seinem Gluͤck wird verkuͤrtzet. Will dan ein gut Kerl irgend ein Dienstlein haben / so muß er sich nach der Herrschafft vnd deren Herren Raͤthen weise richten: Vnd jhnen antworten wie sie fragen: Singen wie sie Geigen:

Tantzen wie sie Pfeiffen: Schreiben wie sie es haben wollen. Jch hab selbst offt darwider gescholten / aber was hilfft es? ich bin viel zu gering / das ich es allein åndern wolte.

NB.

Fůrsten vnd Herren / Stått-vnd-Schul Råthe solten da jhre Macht vnd Liebe gegen das werthe Vatterland sehen lassen / vnd demselben zu Ehren / wegen der Sprach heylsame Ordnungen setzen: verståndige Teutsche Gelehrte Månner darauff halten / vnd wohl besolden.

Das wåre / sprach *Ko̊nig Witichund* / wohl besser / als das vmb frembder Wo̊rter vnd Vntugend willen / als da sind Respect, Reputation, Reformation, Temporisation: Contribution, Raison d' Estat vnd andere verdamliche mehr / Sie das Aedele Teutsche Blut so vergiessen lassen.

Es wird (Sprach der Alte zu mir in ein Ohr / welches ich hie in vertrawen melde / doch das mirs keiner nachsage) Aber am Jůngsten Tag vnsern Fůrsten vnd Herren wunderlich vorkommen: wan sie vor GOttes Gericht / wegen deß Guten / so sie auff so offters zusprechen / auß Reputirlicher Vnachtsamkeit vnderlassen haben / eben so beschåmpt jhr Vrtheil werden anho̊ren můssen; als jetzt die arme Bauren von jhnen.

Doch verstehe ich / sprach er / allein die / welche Kunst vnd Tugend mehr verhindern als befo̊rdern helffen. Die jenige aber verhindern Kunst vnd Tugend / welche auff Thorheiten / Eitelkeiten vnd nichts-nutzende Dinge / grossen Kosten verwenden; wan es aber an erhaltung deß Vatterlands Hohheit vnd Wůrde gehet / vnd an dessen Liebhabere / Sie dan alles ersparen vnd erkargen wollen.

Genådigste Herren / sprach ich weiters / ich hab solche *Sieben Gesichte* / von denen E. Gn. jetzund Gnådige andung gethan / vor zwey Jahren / nach vngefährlicher anleitung *des Visions de Don Francisco de Queuedo* zusammen geschrieben; jedoch / weil die / in Wålschen Landen gewohnliche Sitten vnd Håndel / eben mit vnserm Teutschland nicht solche durchgehende Gleichheiten haben mögen noch sollen; Also auch jene auff vnser Wesen vnd Statum (welchen einzubringen ein Teutscher / der in frembden Landen nicht gereyset wäre / nicht vermo̊cht hätte) sich nicht wirden geschicket oder gereymet haben: vnd meist auß sonderbarem fleiß mit allerley dergleichen Sprachen also vermången wollen: Nicht / das ich jrgend mangel an Teutscher Sprach gehabt hätte; sondern / das man ein offenbares Muster habe / in künfftiger zeit; vnd sehe / wie so gar vnsere heutige vnartige Landsleut (auch wohl die jenige / so den Fuß niemahln auß der Mutter Heymat gesetzet haben) solche Vntugend hoch vnd herrlich halten; auch nicht wohl etliche wort reden ko̊nnen / sie müssen jhre angebohrne Selbståndige Haupt-Sprach mit diesen Bastart sprachen vervnehren. Ja mit solcher Vo̊lcker Sprachen / die doch anderst nichts als vnsere Freyheit vnter jhr Joch zu bringen sich bemühen / vnd deme Tag vnd Nacht mit list vnd trug nachsinnen. Dan ich selbst solche Einmischung Auß-ländischer wort / in vnsern Teutschen Schrifften vnd Handlungen fast hasse vnd schelten thue.

Wålsche Sprachen sind Bastart-Sprachen.

Das ist / sprach *Hertzog Herman* / ein liederliche Außred / mit deren du dich vermeynest weiß zu brennen / vnd vns also zu Liebkosen: man darff solcher Muster gar nicht: die Thorheit sitzt euch im Hertzen / vnd lehrt sich / wie du siehest / von sich selbst gar leicht; wie scho̊n es Euch aber ziere / das kanstu hier auß vnschwer erachten: *alldieweil es ja kein Wohlstand dem Adler sein wirde / wan Er sich mit Hanen /*

Teutsche Sprache Vorzug vnd

Raben vnd Gauchsfedern bekleiden vnd zieren wolte. Verglei-chung.

Der Alte Kőnig Saro: so allein bißhero zugehőret / fieng endlich mit einer langsamen mắchtigen Stimm also an: Jch will schier glauben / das du ein geborn Teutsch-Kerl seyst; aber die Teutsche weiß zu leben vnd zu reden fast verkehrt vnd verkắtzert habest: *Vnd ist kein entschuldigung / das du meynst / es sey heut also die gewonheit vnd der Brauch bey euch.* Dan wan schon in angrắntzenden Orten vielmehr Newrungen vnd vnarten vorgehn / wie es dan in diesem meinem verderbtem Land / Gott erbarms / geschicht; so ists aber doch heutigs tags dabey nicht blieben / sondern solch Vntugend auch biß / vnd weit / vber meines Neffen / *Kőnigs Airovest* Land eingewurtzelt. Gewohn-heit.

Dan was du vor von dem Parnassus gesagt / das ist durch vnd durch neben viel andern Mißbrắuchen / im Teutschland gemein; aber ein schand; weistu auch / was der Parnassus / den du hast suchen wollen / eygentlichen sey? Jst dir dan vnbekant / was mein Vetter *Kőnig Brenner* mit sambt seinen Sőhnen *Eűring vnd Thessel* darvor verricht haben? wolt jhr dan der Griechen vnd Rőmer Mắhrlein vnd Großsprechen mehr glauben als der Teutschen Warheit selbsten? was wiltu allererst den Parnassus in Griechen-Land suchen? hab ich euch nicht in diesen Landen genugsame Stifftungen gethan / Kunst vnd Tugend zuerlernen? Was ist das Academia? das Gymnasium? das Pindus? Jch hab ja in diesen Landen am Rheinstrom vnd Westrich / an meinem Wasser / der *Saar* alhie / der allererste verordnet / wie die faule wilde Leute von jhrem Muthwillen / Grobheit / Frechheit vnnd dem Műssiggang abgehalten / in Zucht / Ehr / Kűnsten vnd Tugend aufferzogen werden sollen: dahero man sie nach mir / vnd mir zu Ehren / die *Sarannen* / kurtz / *Schrannen* / *Schranner* genant: das sind die alte rechte Teutsche Namen / da- Parnassus.

Schule. Schranne.

mit man die Schul vnd Studenten geheissen vnd genennet. dann *Schul* und *Schuler* sind nicht Teutsche sondern Griechische Namen / gezogen von dem wort *Schola* σχολή, das auff Teutsche Sprach / *Mueß vnd Ruhe* heisset. Deßgleichen / *Student* vnd *Studiren* kompt vom Latein *Studere*, das ist / *sich fleissen* her. Aber von mir hat man bey den alten Teutschen solche ding *Schrannen* / *Schranner* genannt: wavon endlich deß *Adels-Schule* in das wort *Schrancken* ist erwachsen: Biß dergleichen Grichisch-vnd Latein-fresser (wie jhr heutige Welschsuͤchtige auch mit andern erdichteten hochmuͤtigen Namen) es / einem frembden zu gefallen / geaͤndert; Meine Koͤnigliche Majestaͤt veracht vnd vergessen: vnd also die frembde Woͤrter bey euch eingetraͤnget haben. Was wiltu dann solchen Parnassus, wie du jhn beschreibest / erst bey den Delphiern suchen? Hic Parnassus! damit ich dir zu lieb auch Lateinisch rede / Hic Gymnasium! Hic Academia est! Hic Pindus! Hic Laurentinum! Hic Tusculanum! Hic Athenae! Hic Roma, hic Indulgentia / ἰδοὺ Ῥόδος, ἰδοὺ Πήδημα, Hic Rhodus est, Hic salta: Hie / in Teuͤtschland / sind Schulen vnd gute Kuͤnste.

Waͤlsche Tugenden.

Jm Teuͤtschland kanstu Tugend lernen; darffst nit allererst in die Waͤlsche Lande lauffen / da die Tugend vor langen Jahren schon jhr endschafft genommen; oder / so noch was an Tugend daselbst vbrig zufinden / doch mit Lastern dermassen beflecket vnd besudelt ist / daß man das Gute vor dem Boͤsen / *die Freundlichkeit vor der Hurerey / den Ernst vor der Tyranney / die Hauͤßlichkeit vor der Dieberey / Gute wort vor der Betriegerey / Den Glauben vor der Heucheley / das Christenthumb vor dem Heydenthumb* schwerlich wird erkennen.

Kuͤnste in Teutschland wolfeil.

Vnd das noch mehr ist / so sind die Edele Kuͤnste in Teuͤtschland dermassen in auffnemmen / das du thoͤricht thust / dieselbige anderstwo zu suchen: ja die

Kuͤnste steigen allererst von tag zu tag also hoch / daß es das ansehen hat / sie seyen noch im vollen auffgehen / vnd kuͤnfftiger Zeit so weit kommen moͤchte / das auch die Kinder werden von grosser wissenschafft reden; vnd beydes die Griechen vnd Waͤhlschen in jhren Auffschneidereyen vberweisen koͤnnen. *Laß dich also genuͤgen an dem was dir dein Vatterland durch der Vor-Eltern fleiß selbst mit beyden haͤnden vnd mit hoͤchster Trew darbietet.*

Es war bey halb sechs Vhren / biß *Koͤnig Saro* seine Rede zu End gebracht. Endlich hieß *Herr Teuͤtschmeyer* mich beneben meinem Beystand / *dem Alten* / abtretten: *Hanß Thurnmeyern* aber ward befohlen zu bleiben vnd *das Vrtheil* zuverfassen.

Nach einer Viertel stund wurd ich neben dem Alten wider eingeruffen: Vnd als ich zuvorderst in die Hand *Hanß Thurnmeyers* / auff erfordern / angelobet; allem dem / was mir wirde anbefohlen werden / getrewlich nach zukommen / hatt er mir meinen Bescheid vorgelesen: O Mein Gott! Wey hunn aich gezoͤddert? aich hunn gezoͤddert aß an aspe laub! sprach Vixen-Hansen-Jaͤckels-Dummes-Nickel von Lebach.

Vnd als man mir sagte / fleissig auffzumercken / lase *Herr Thurnmeyer* von wort zu wort also:

Philanders Vrthel.

Jn sachen der Vralten Edlen Teutschen Helden / als hoch-genoͤttigster Klaͤgern / an einem; vnd deß genandten Philanders von Sittewald / Beklagten / andern theils. Dieweil auff eingenommenen bericht / vnd auß allen Vmbstaͤnden erscheint / auch beweißlich ist: das Philander von geburt vnd Eltern zwar ein jnngesessener Teuͤtscher seye. doch aber (so bald ich dise wort: *Zwar* / vnd *doch aber* / gehoͤrt; hatte ich mir die Rechnung meines vrtheils leicht machen koͤnnen:) *auß etlichen vngebuͤhrlichen anzeigungen vnd Newrungen / widerigen verdachts vrsach geben; Als ist zu Recht erkandt: das Beklagter / auff geleistete Buͤrg-*

schafft vnsers Lieben Getrewen vnd Helden Raths Experti Roberti, *der verhafftung zwar erlassen sein; doch an Eydstatt / mit handgegebener Trew / angeloben soll / ohn gnådigste Erlaubnuß auß vnserer Burgzwang nicht zu weichen; sondern in derselben so lang vnd viel sich auff zuhalten / biß man deßwegen gnådigster Gůte nach fernere Verordnung wird thun lassen: Vnterdessen jhm frey stehen mag / die / in dem Burgzwang ankommende vnd fůrgehende Handlungen / zu sehen vnd zu hören / ohne hinderung einiges Månschens. Vnd weil Klåger vber das / in etwas / vnsers Teutschen Herkommens schrancken / in Kleydung / in Geberden / Sprach vnd anderm vberschritten; als ist zu billigmåssiger Abstraffung vnd Zåumung solcher einreissenden vnverantwortlichen Thorheiten / fůr gut eracht worden / daß Er / Philander / damit kůnfftiger zeit vnser geliebtes Vatterland nicht gar in Wålschen Vntugenden zu grund gehe / in zeit dreyer Monden diese Land biß auff acht Meylen wegs raumen / sich in eine gelegene Teutsche Statt begeben: alda die wålsche Trachten abschaffen: den Baart auff Teutsch wachsen lassen; die wålsche Alamode-Kleydung einstellen / sich Erbar vnd vntadelich tragen; an statt der Feldhůner / Wilprets / Geflůgels / Schnecken vnd anderer schleckbißlein / sich mit Rindfleisch begnůgen: die Muttersprach rein vnd vnverfålscht reden / mit keinen frembden Wörtern beschmitzen noch vervnehren solle. Auch schuldig vnd verbunden sein / wann vnd wie offt wir es von jhm erfordern werden / wider solche new vnd wålschsůchtige Sprach-verderber vnd Namenflicker / in Teutscher sprach (durch vermittelung eines auß vnsern alt-Teutschen-Geblůts Helden / dem wir solches zubefůrdern anlaß geben wollen) zu schreiben; wie nicht weniger alles das jenige zu thun / was einem gebohrnen ehrlichen Teutschen / zu seines Vatterlands Heil vnd Bestens befůrderung ohne das gebůhret vnd wolanstehet. Alles bey vnaußbleibender straff deß verderbens / so Beklagter in ichtwas deme nicht nachgeleben thåte: die wir vns aber eines bessern zu jhm versehen wollen. Außgesprochen vorm Teutschen Helden-Rath. in vnserer Burg Geroltzeck im Wassgau. Vff Ruhdulffs tag / im Jahr der Christen 1641.*

Nach verlesenem welchem Bescheid / neben meinem Beystand / ich mich deß Vrtheils gleichwol demůtig bedanckt; vnd also mit gnådigster Erlaubnuß dißmahl meinen Abschied genommen: da ich dann bey dem Alten in seiner Kammer zu bleiben zugelassen worden.

Als ich aber in den Hoff kame vnd der Alte (der ein wenig in Herrschafftlichen geschåfften anderwerts zuthun hatte:) mich ein kleines allda seiner warten hiesse: kam indessen einer in einem gelben Haar an mich (meines erachtens von den Trabanten so dem Ertzkönig vorigen Abend auffgewartet) der bate mich / in wartung deß Alten / mit jhm in den Garten nechst hinder der Burgmaur zu spatzieren / dem ich dann folgete / weil ich mich gegen jhm / als einem Mann dem ich alles guts wůnsche / auch vbels gegen jhm niemahlen begangen hab / nichts arges versehen kunte.

So bald ich aber in den Garten kam / welchen Er nach jhm zurigelte / geriethe er an mich: vnd mit aller Gewalt muste ich jhm meine eigene Strimpff (ein par gelb Seiden Strimpff) vnd Schuhe außziehen / vnnd in handen geben. Wiewol ich aber fůr Gewalt bate / mit begehren / mir die vrsach solcher Vngunst zusagen: Kunte ich doch andere Antwort von jhm nit gehaben / als nur / daß es mir nicht gebůhrte / in der Burgzwang gelbe Strimpff vnd weisse Schuhe zutragen; sondern wo ich nicht saur angesehen sein wolte / in schwartzer Kleidung auffziehen möchte / weil ich ja durch Vrtheil vnnd Recht vorm Helden-Rath alleweile dahin verwiesen waͤre worden.

Mein lieber Herr / sprach ich / Jch hab den Herrn fuͤr ein so gar feinen Auffrichtigen Herrn gelobet / vnnd mich alles guten zu jhm versehen es ist gleichwol nicht recht / daß er mich also in der Noth / ohne gegebene oder habende rechtmaͤssige vrsach / noch mehr bevnruͤhigen vnd beleidigen will. Er siehet ja / daß ich auß Notthurfft / vnd nicht auß Hoffart solche Kleider trage: Er gebe mir schwartze Kleider her / so will ich jhm diese da / gern geben: Es ist ja besser / ich trage was ich hab / als daß ich gleich zu einem Kauffmann hienlauffe vnd vnbillige schulden mache / welche nach meinem Todt allererst muͤsten bezahlt werden. Zu dem / ob ich zwar in der Burg zu bleiben so wol als Er jetzt macht habe; so ist es gleichwol ein anders mit mir / in dem ich nicht in Leib-diensten bin wie Er; sondern allererst erwarten muß was GOtt vnd das Gluͤcke auß mir will machen. Vnnd wann dasselbige mir einmahl so wol wolte / ich nicht nur gern vnd willig nach dem Burgbrauch / in schwartzer Kleidung gehen; sondern / mit Gottes huͤlff /auffs wenigste solche dienste thun wolte / als Er vielleicht mag thun koͤnnen. Wo auch dieses wider verhoffen nicht geschehen solte? so nehme es mich gleichwol wunder / was er da von der schwartzen Kleidung sagen moͤgen? warum dann Er nit auch ein schwartzes Haar trage? Eben als wann der jenige nothwendig schwartz bekleidet sein muͤßte / der ein Ehrlichmann sein wolte; welches eine Aberglaubische Kleidung waͤre / vnd eben so sehr zu schelten als der jenigen vnart / welche sich alle tag auff Alamode, in Newe Trachten schaͤfften lassen.

Aberglaubische Kleidung.

Jn waͤrendem Gespraͤch / der Alte / der mich da anzutreffen erkuͤndigt hatte / an die Thuͤr kam / vnd als ich jhm auffgethan / meine Noth geklagt / vnd gesagt wie es mir so vnfreuͤndtlich ergangen haͤtte / befahl er also balden mit allem ernst / daß mir meine Schuhe vnd Strimpff wider zugestellet wirden: dessen ich mich bedanckt / mit dem versprechen / daß ich mich kuͤnfftig kleiden wolte nach dem mein Seckel vnd Dienste wirden erleiden moͤgen.

Fuͤhrte mich also der Alte mit sich in sein Gemach / allda es mir vmb ein merckliches besser zuschluge als vorigen Abends.

Gleich bey einer halben Stunde nach sieben Vhren ward der Disch gedeckt / das Essen angericht vnd auffgetragen.

Zu dem Disch kamen / der *Alte Expertus Robertus* / *Hanß Thurnmeyer* / *Freymund* / *Mannhart* / *Gutrund* / *Kuͤhnrath* / wie ich jhre Namen hernach erforschet hatte / welche vier letztere bey den Helden auch in Bestallung waren / vnd Jch.

Zwey ding hab ich in waͤhrender Mahlzeit insonderheit in acht genommen. Erstlich daß Gespraͤch so die beysitzende Herren meiner Person vnd Vrtheils wegen gehalten. vnd das / als ich den Salat / so das erste Gericht war / mit der Gabel essen wollen; wie grausamlich sich die Auffwartere / vnd wie von hertzen die Beysitzende sich meiner zerlacht hatten.

Jch meynte / sprach der Alte / der Alamode solte dir heut vergangen seyn. Diese Thorheit / *den Salat mit der Gabel essen* / haben deine Vorfahren auch von den Waͤlschen gelernet: vnd ich dachte anderst nicht / als es wird dieselbe langst wider erloschen sein gewesen bey euch; weil ich aber das gegenspiel sihe / lieber so erinnere die guten Teuͤtschen bey deinem Ruckkehren / daß sie fuͤrthin solche / nach der Waͤlschen vnart schmackende / bossen abschaffen wollen.

Salat Essen.

Jch esse / Sprach *Hanß Thuͤrnmeyer* / wie ein Rechter Redlicher Boyrischer Schwab; wo zu sollen mir sonst die Finger? wie kan mir der Salat wohl schmacken wan ich jhn nicht mit den Fingern Esse? wan du die Hånde gewaschen hast / was schewestu dich den Salat recht anzugreiffen?

Vnd ich muß jetzt bekennen / seit derselben zeit ich jhm gefolget / das mir der Salat nie so wohl alß jetzt geschmackt habe.

Das Disch-gespråch wegen deß Alamode / vnd meines Vrtheils / fieng *Hans Thurnmeyr* ebenmåssig an / mit diesen worten:

Landsmann / es muß dir heuͤt fast bang gewesen sein: vnnd nicht ohne / dan sonder den guten Beystand glaube ich sicherlich es wåre so wohl nicht abgeloffen. wan jedem Alamode-Kerl also abgezwagt wirde / Jch glaub die Thorheit solt jhnen gesamt vergehen.

Sprach Freymund / vnd wan ich den Alamode zu reformiren håtte / ich wolte jhm hånde vnd fuͤsse abschlagen.

Hoho dachte ich / der ist nicht gut auff deiner seitte / wiewohl er hernach fast mein bester freuͤnd geworden.

Gutrund: Es ist ein Ellend das sich vnsere Teuͤtsche also vernarren / vnd wan jedem also abgezwagt wirde als dem Philander / ich glaube es solten wenig Alamode mehr gefunden werden.

Mannhart: Ja / insonderheit solche Trachten / deren man sich viel mehr zu schåmen alß zu ruͤhmen.

Kuͤnrath: Loͤblich ist es an vnserer Oberkeit / das sie solchen Thorheiten mit allem Ernst vnd Eyffer begehret zu wehren.

Vrsprung der Kleider.

Expertus Robertus. Der Erste Rechte wahre Vrsprung der Kleydung kompt von vnserer Vntugend / Suͤnde vnnd Lastern her. Adam vnnd Eva vnsere Groß-Eltern werden mir dessen Zeuͤgnuß geben / ohne welcher Grausamen Fall wir der Kleider niemahlen beduͤrfft håtten. So ist es auch nachmahlen fast mit allen Stuͤcken / die wir am Leib tragen / ergangen: da auß Noth /

vnd wegen eines Sündlichen Schandfleckens / jemand zu bemäntelung vnd beschönung desselben / was von Tracht auffgebracht; Ein anderer aber / der solchen Mangel nicht hatte / gleichwohl darauff gefallen vnd es nachgeaffet. Daher dan der Alamode vrsprünglich entstanden.

Die Kröse oder Krausen sind anfangs von den Jenigen erdacht worden / welche nach eingerissener Frantzösischen Seuche in Teütschland / die vberbliebene Schandflecken am halse bedecken wollen; vnd gleichwohl sind andere / die solche wüste Flecken nicht am Leib hatten / zugefahren / vnd je eines einen Grössern vnnd Kostbareren Kragen haben wollen.

D. Osiander Hoffarts Predigt.

Hanß Thurnmeyer / Also heüttigs Tags: Ein wustes / vngestaltes / verhöntes Beflecktes Jungfrawen-Gesicht / hat zu beschönung vnd bemäntelung solcher Vnstalt / die Masquen vnd den Flur erdacht / damit sie jhr Gesicht dahinder verbergen möchte. Ein schönes / wohlgestaltes / Himmlisches / Engelisches Bilde vnnd Gesicht hat solche Thorheit gesehen / vnd gleich alsobald nachgeäffet: vnd nicht betrachtet / warumb der andere Vnlust solche Thorheit erfunden hatte: da sie vielmehr alle Masquen vnd Dücher vom Gesicht solte wegkaufft haben / nur das man daß schöne Gesicht hätte sehen vnd loben / vnd lieben mögen.

Masquen.

Also / ein vngestalte / Hockerichte / Buckelichte / hat anfangs die Grosse weite Ermel auffgebracht / mit dem schmahlen Rücken / damit sie den Hoffer also darunder verbergen mögen; Andere / die von geradem / wohlgestaltem Leibe waren / vnnd solche Tracht nachmachen lassen / sind desto thörichter gewesen / weil sie den Mansleüten vrsachen deß verdachts geben / ob solten sie mit gleicher vngestalteten Krümme am Leib verstellet sein.

Weite Ermel.

Also / ein lose Schandhur / die mit einem Vn-Ehelichen Kind Schwanger gangen / vnd solchen Jhren

Speck vnd Reyff-

Schürtze. Vnehrlichen Bauch vor der Welt verdecken wollen / hat die Grosse gepulster vnnd Reyffschürtze anfangs erdacht vnd auffgebracht; vnd Ein Ehrliche Jungfraw / die von keinem Mann wuste; Ein Ehrliches Eheweib / das jhren Schwangern Leib von Gottes Gnaden / vnd mit Ehren truge / hat solche Ehrlose Tracht nach gemacht / vnd nicht betrachtet die Vrsach warumb es die Erste erfunden hatte. Jst das nicht zu erbarmen! dannenhero die Frantzosen selbst solche gepulsterte Weiber-Kleydungen / *des Cachebastards Huren-Kleider / oder Blinde Bastardt* haben zu nennen pflegen.

Also gewiß die Meiste Alamode-Trachten vnd Newrungen in Kleydungen / von Vnehrlichen Stücken vnd Vrsachen Jhren Vrsprung her haben.

Künrath. Hanß Thurmeyer ist wegen seiner bösen Hauß-Mutter nur immer vber den armen Weibern. haben dann die arme Leütlein das Vnglück aber alles allein gemacht? haben dann die Männer nicht gleiche vnd wohl grössere Thorheiten wegen deß Alamode begangen?

Sie sind ja eben so thöricht in jhrem Kleyder-tragen alß die Weiber selbsten; vnnd nemmen eben so wenig in obacht / die Vrsachen warumb eine oder die andere Newrung in Trachten Jhren anfang genommen habe.

Dann: Ein Krumbeiniger / vnnd der Schenckel hatte

Hosen. wie ein Rebstecken; hat anfangs die lange Hosen (so man vor eim par Jahren noch getragen) auffgebracht / seine vngestalte Schenckel also dadurch zubeschönen. Ein Rechtschaffen Wohlgestalt Kerl / der schöne grade wohlgestalte Schenckel hatte / hat solche thörichte Tracht eben wohl nach gemacht; da er vielmehr die Hosen mit einer Axt hätte sollen weg hawen lassen / oder gar abziehen / damit man seine Wohlgestalte Leibes Glieder nur hätte sehen mögen.

Expertus Robertus: Meines erachtens solten die / so

Newe / von anderen erfundene Trachten / nachtragen wollen / bedencken / die Bequemlichkeiten vnd Vrsachen / zu was Ende? zu was Nutzen vnnd Vortheil sie erfunden worden? vnd wo sie Vrsprůnglich herrůhren?

Langer Mantel.

Dann wie heůt im Helden-Rath gesagt worden: Einer trågt ein langen Regen Mantel / damit er die Stiffel bedecke im Reitten; Darumb thut der jenige Nårrisch / welcher stets zu hause bleibet / vnnd doch einen solchen Mantel mit aller macht will antragen!

Grosse Stiffel.

Jener trågt lange Stiffel / weil er Reitten will; drumb so thut der jenige Nårrisch / welcher nie geritten hat / vnd doch solche Stiffel will an tragen!

Hut.

Jener trågt ein Chapeu de fuyart / Einen Můnster-Kås-Fo̊rmigen Hut; weil er in das Feld muß / zu Feld sein vnd bleiben muß / die Post Reitten vnd Reysen muß: damit er jhn mo̊ge in den Kopff ziehen / damit jhm der Wind denselben nicht abwåhe / oder von sich selbsten abfalle / wan er außreisset. Darumb so thut der Nårrisch / der einen solchen Hut zu tragen sich selbst zwingen will / so er doch allezeit daheime vnnd zu Hauß verbleibet: dann er betrachtet nicht die Vrsach warumb Jenner einen solche Form deß Huts vor anderen hat erwo̊hlet.

Jenner gehet vber Land / vnnd in mangel pferds trägt er einen Stecken in der Hand / an den Er sich steyret. Dieser / so nur in der Statt vmbher stutzert / thut es jhm nach / da er doch weder durch dick noch durch důnn zu gehen hat / sondern den fuß hiensetzen mag / wo er selbst gern will: thut derowegen Nårrisch.

Waidmann.

Also ein Aedelman / Ein Falckner / Ein Waidman / Ein Wildschůtz / trägt einen gantzen abgezogenen Otter / an statt eines par Håndschuchs an / weil er vnlangst denselben Otter hat geschossen. Er trågt ein Busch Kranich- vnd Reyger-federn vff dem Hut / weil er vnlangst einen geschossen hat. Dann das ist billig / vnd stehet dem vber alle massen wohl vnd zierlich an. Der auff den fall erweisen kan / daß er der Mann seye / der solche That gethan hat. Daß aber ein anderer in der Statt / der nicht weiß waß hetzen oder baissen ist / der seine tag kein Fewr-Rohr gesehen / kein Bůrsch-Bůchß kennet / viel weniger abgeschossen / viel weniger aber einen Otter Kranich oder Reyger getroffen hat / ein solches nach thun will? das ist Nårrisch / vnd so låcherlich / das ich in mir selbst von Hertzen lache / wo ich dergleichen einen sehe bey mir vorůbergehen. Noch thun es doch etliche / weil sie auß Vnvollkommenheit jhres Verstands / vnnd auß mangel der Erfahrung nicht wissen moͤgen / warumb der andere dieses oder jennes zu tragen berechtiget seye / oder Macht habe.

Hutschnůre.

Ein Kutscher traͤgt Eine Hutschnur von Pferdshaaren; die Narren machens nach / vnd tragen auch solche Hutschnuͤr / die doch theils nicht wissen wo die Pferde die Schwåntze haben.

Haarpůlffern.

Ein Alter Greyse puͤlffert sein Haar / will das eckelende Frawenzimmer dabey vberreden / seine Haar waͤren nicht Alters halben graw; sondern er håtte sie mit dem Cyper-pulffer also geruchs wegen gepuͤffet. Das aber thut er zu dem end / damit er noch fuͤr einen Huͤrnin-Seyfrid moͤchte angesehen werden / der die Jungfraw koͤnte von dem fewrigen Drachen / so in jhrer Schoß rastet / erloͤsen. Deßgleichen thut auch Eine Alte Nårrin / die noch gern einen Jungen Mann håtte.

Schwartze-Haar.

Die Liebe Jungfrawen / so noch im besten Alter sind / vnd sich jhrer Kernhafften Lieben Schwartzen Haare nicht zu schaͤmen / sondern zuerfrewen håtten / thun deßgleichen / machen jhre Haar auch grauw: die doch nimmer wissen noch bedencken / warum jenne Alte solchen schminck anfangs erdacht haben.

Gutrund: vber das / sind noch viel vnzåhliche thorheiten. Dann da tragen sie Hutschnuͤre / von Seiden / von Gold / von Silber / von Attlaß / von Daffat / dann gestickt / dann geschlagen / dann geflochten; dann Rund / dann auß Faͤdemen / dann breit / dann viereckicht / dann von Haaren / von Roßharen / von Jungfrawen Haaren / (Ach wie mancher Monsieur ist mit solchen Haaren betrogen) von weiß nicht waß.

Dann Vmbschlaͤge / oder Vberschlaͤge (die vnsere Newlinge / Rabbat / nennen) einen Ehlen breit / dann eines halb Viertelsbreit. Dann vornenzu gleich / dann mit Zipfflen spannen lang.

Dann Stiffel / dann Schue / dann Daͤgen / dann Wehrgehencke / dann Sporen / dann Wambs vnnd Hosen / dann Huͤte vnnd Strimpff / dann Nestel vnd Baͤnder / das sich zu verwundern.

Meines theils / sprach *Mannhart* halte ich dafuͤr das solche Newe Trachten nicht allezeit zu schelten seyen; sondern wegen jhrer Gemaͤchlichkeit je zu weilen zu loben / wan sie auch vrspruͤnglich von Thoren herkaͤmen: dann auch ein Thor zu zeiten was nutzliches / vnd ein Blinder ein Huffeysen findet. Vnd die Kleider so wohl als die Sprach sich nach der Zeit richten muͤssen. Dann so man allezeit bey der Ersten Tracht / vnd bey der Alten Geigen bleiben solte / so wirde volgen / das wir gar Nackend / oder in Feygen blaͤttern dantzen muͤsten.

Fraw. Zim. Gespraͤch-Spiel. Erst. theil. 13.

Nicht ohn ist es / sprach Expertus Robertus, daß so wohl die Kleider alß die Sprach sich nach der Zeit richten muͤssen. Ja / der Sachen gruͤndlicher nach zu sinnen: so finde Jch / das solche Enderungen alle ex Fatis & Influentiis vrspruͤnglich herruͤhren: vnnd wie die Koͤnigreiche / ja die gantze Welt / jhre Fatales periodos / Mutationes / Incrementa / Decrementa vnd Eversiones / Jhre Enderungen / Jhren Auffgang / Abnehmen / Vndergang / vnnd Wechsel haben; also auch die Sitten vnnd Geberden / die Sinne vnnd Gedancken /

Vrsachen der Newerungen.

das Dichten vnd Trachten der Maͤnschen solchen Enderungen (doch nicht auff Stoische Heydnische weise) vndergeben seyen.

Zum beweiß nur diese Ewere Zeiten zubesehen / sprach er zu mir / da jhr halb vnd halb seit; halber L'un halber L'autre; halb Teuͤtsch halb Waͤhlsch. Ewre Hertzen sind auch also: dann wer hat bestaͤndige vnbefleckte rechte Teuͤtsche Trew im Hertzen? wenig. wie solten dan die wort anderst sein? welche auß dem Hertzen Vrspruͤnglich herruͤhren? wie solten dan die Kleidungen anderst sein? die sich nach dem Hertzen richten. Bastart-Hertzen: Bastart-Sprachen / auß welchen letzlich die vnehrliche vnehliche Mißgeburt gezeuget wird / so man Complimenta nennet.

Dann wie wolte muͤglich sein / das sonst solcher vngereymte wechsel vnnd Newrungen der Kleydung solte geduldet oder von maͤnniglichen so geliebet werden. Da wollen die Jungfrawen tragen was den Jung Gesellen gebuͤhrt; die Jung-Gesellen wolten gern haben was den Jungfrawen zu stehet. Die Jungfrawen haben freche Mannshertzen; die Jung-Gesellen feige weyche Jungfrawen Hertzen. Der Weib will die Hosen an haben / Die Mann will den Rock an ziehen.

Farben. Ja die Farben sind jetzt also / wo findet man einen / *(Jch rede von solchen Newlingen / von denen es heisset / Astra necessitant, die den Thoͤrichten Einfaͤllen in allem Knechtisch zu eigen vndergeben sind / vnd wider die einfliegende Eitelkeiten nicht streitten wollen)* der eine rechte selbststaͤndige Farb will lieben vnd tragen / alß Schwartz / Weiß / Blaw / Gelb oder Gruͤn? sondern newe halbscheinende Farben / die halb blaw / halb weiß / halb Schwartz / halb gelb / halb gruͤn sind / etc.:

Recht! Bastart farben / weil Sie verbasterte halb-ehrliche Gemuͤter haben / Columbin, bleu-mourant, Isabelle, Coquinelle &c.

Die Alte Teütsche habens recht genant / Leichte (Leichtfertige) farben / als Leichtbraun / Leichtblow / Leichtroth / Leichtschwartz / Leichtgrün etc.

Ja / wie gesagt / die Natur selbsten ist also dißmahlen in jhrem periodo vnnd vmbgang beschaffen. Wan hat man Blumen gesehen von so mancherley gemängten halbscheinenden Farben als jetzt?

Der Boden gibt es jetzt also / der Boden wircket es also / auß denen Jhne bewegenden Oberen Vrsachen / welche zu gewissen zeiten so vnnd so in jhrer Würckung pflegen. Worin aber solche vnbeseelte Creaturen zuentschuldigen sind / weil sie bloß der Wirckung der Natur vndergeben vnd folgen müssen: die Mänschen aber / durch die von Gott gegebene eingepflantzte Vernunfft / all jhr Thun vnd Lassen / Dichten vnd Trachten / erforschen / dem bösen mit macht widerstehen / vnnd das Gute mit frewden zur Ehre Gottes fortsetzen sollen.

Wann das ist / Sprach *Mannhart* / so thun meines erachtens dan die jenige auch fast thöricht / welche mit Gewalt erzwingen wollen / das man sich in gewisse Farb / alß in Schwartz / Kleyden müsse: vnd wer nicht also einher ziehet / gleich vber achsel angesehen werden; die davor halten / es könne keiner ein Ehrlich Mann sein / der nicht also gekleidet gehe.

Daß wäre / sprach Expertus Robertus / ein rechter Aberglauben im Kleyder tragen / vnd wirde manchem vbel gesagt sein / der nicht gern schulden machen / noch sich mit vberfluß in Kleidern beladen wolte. Vnnd meyne ich / das nicht die Befürderung an den Kleidern; sonder die Kleider an der Befürderung hangen sollen. Vnnd wo einer sein Brod her zugewarten hat / das er sich auch alßdann nach seines Herren Willen richte vnd trage. Dann mancher / der sich ohne versicherte Wohlfart mit solchen Kleidern vbereylet / jhm vnd seinen Kindern einen solchen Schuldenlast auff den Halß ladet / das sie sich dessen endlich wohl zu schaͤmen haben.

Complimenta.

Der Herr / sprach *Freymund* zu dem Alten / hat erzehlet das *Complimenta* ein vnehrliche Mißgeburt seye. Weil ich aber von dieser Mißgeburt offt wunder dinge gehoͤret / doch seiner eigentliche Deuͤttung noch nicht recht außgruͤnden moͤgen / bitte ich vmb ferner deren Erklaͤrung. Es soll den Anwesenden Herren ja nicht zu wider sein koͤnnen?

Die Frantzosen / antwortete der Alte / wollen das Wort *Complementum* deuͤten / alß *Completamentum, ex Completa Mente / Eine Vollkommene-Gemuͤts-erklaͤrung*. Aber ich wollt es beweißlicher herbringen von *Completum Mendacium*. Dann es sind ja freylich andersts nichts als *grosse Wort ohne Nachtruck / Auffschneidereyen / Luͤgen.*

Ja / es ist recht Nachdenckliche Krafft in diesem Wort verborgen. Compli-menteur / ein Praͤchtiger Hoͤfflicher Reder / Großsprecher / Ein Auffschneider vnd Luͤgner. Dann wie kan es immer muͤglich sein / das ein Teuͤtscher / der von art nicht viel wort macht / nicht viel Schwaͤtzens vnnd Großsprechens achtet / seiner Natur zuwider es mit so laͤppischen Babbeleyen recht meynen solte? Warlich / dieses wort Complement, dessen wirckung jetzt im hoͤchsten grad stehet / gibt zuerkennen was wir fuͤr zeiten haben: dann auch in den Worten eine solche heimliche Krafft vnnd Nachtruck zu zeiten stecket / daß grosse Dinge darauß koͤnnen ersehen vnnd erkundiget werden.

Wie die Zeiten sind / so sind die Wort: vnd hinwiderumb / wie die wort sind / so sind auch die Zeiten. Verba ut Nummi. Es ist vnsere Sprach dißmahlen in ein recht Kipper Jahr gerathen: Jeder beschneidet / bestimmelt dieselbe wie er will / gibt jhr einen Halt vnd Zusatz wie er will. Vnd wie solche leichte Muͤntzen / wie weiß sie auch gesotten sind / dannoch anderst nichts in sich haben als Kupffer am Halt: Also alle solche heutige Auffschneidereyen / wie schön sie äusserlichem Thon nach lauten / sind im Hertzen doch nicht eins drecks werth: vnd wan sie am besten sind / vnnd du meynest du habest nun alles was du begehrest / so weissestu im außkehren weder daß / was du begehret / noch daß was man dir geben / vor einander zuerkennen: dann der Wind führet die Wort darvon: vnd so wenig als du den weg eines Vogels wirst finden können in der Lufft / so wenig wirstu den Nachtruck solcher Auffschneydereyen spůhren mögen.

Nun wissen wir / sprach *Freymund* / wie diese schöne Geburt geartet seye / GOtt wolle das arme Teütschland davon reinigen.

Es ist ein rechte Vnsinnigkeit in solchen Newen Alamode Trachten / vnd sage noch / die Oberkeiten solten solche Funcken an dem Leben abstraffen. Dann man siehet / das sie mit solchem Eyffer vnd Ernst in solcher Leichtfertigkeit verfahren / so verpicht vnd verpasst auff solche Newe Thorheiten sind / das ich dafür halte / wan sie sehen ein Wälschen einen Farrenschwantz / oder einen Treck in der Faust tragen / sie es gleich für etwaß Alamodisch halten / vnd mit sonderem lust nach thun wirden.

Daß wäre / Sprach *Gutrund* / ein wüster Alamodo / ein stinckender Alamodo. Pfuy Teüffel; wan dem allem also ist? so müssen die vnbedachte Newsůchtige ja in jhrem Hirn vbel verwahret sein / das sie der so kostbaren Thorheit sich dermahlen nicht entschlagen wollen.

Ja wohl entschlagen / Sprach *Hans Thurnmeyer* / die Narren belieben sich in jhrer Narrheit selbsten / biß zu jhrem gäntzlichen Vndergang vnd Verderben. Dann Narren sind Narren vnd bleiben Narren so lang sie leben.

Jn wärendem Gespräch / alß wir nun nach vollendeter

Maalzeit auffgestanden / sprach *Freymund*. Jch glaube ja sie sind Narren vnd bleiben Narren / solche Newsůchtige / Geltverschwendende Vnteutsche Teutschlinge / Ja ich glaub / sie sind die grŏsseste Narren die man mŏchte finden.

Was deůcht den Herren / Sprach er zu Expertus Robertus / welcher (weil er an meinem stillschweigen vnd sonsten sahe / daß mir die Augen zugehen wolten / vnd daß ich lieber zu Bett gewesen wåre) sprach: den Außschlag zu geben / *Ob die Alamode-Kerls die grŏste Narren seyen oder Nicht?* womit wir es auch dißmahl wollen beschlossen haben. So hŏren die Herren.

Wer der grŏste Narr seye.

Es war vor zeiten ein Reicher Großmåchtiger Herr im Waßgauw: der hat einen einigen Sohn: da er aber jetzo sterben solte / vnd sahe das sein Sohn noch zu Jung zum Regiment wåre / ließ er einen schŏnen grossen gůldinen Apffel machen / nam den in seine Hand / rieff dem Jungen Herren vnd Erben / vnnd sprach zu jhm: Mein Sohn: ich weiss das ich jetzo sterben muß / vnd du mein Land vnd Leůt / Gelt vnnd Gut erben wirst: Nun sehe ich deine Jugend an / vnnd bedencke das alte wahre Sprichwort: *Weh dem Volck des Herr ein Kind ist:* darumb ist mein letzter Will vnd begehren an dich / du wollest diesen gůldinen Apffel in deine verwahrung nehmen / außziehen / in frembden Landen dich erkůndigen / vnnd der Leůte Sitten / Rechte / Gewonheiten / Macht vnd Pracht ansehen: vnd wan du den grŏsten *NARREN* findest / so verehre jhm diesen Gůldinen Apffel von meinet wegen / vnd zeuch heim / alßdann solstu dieses Lands Herr / vnd mein gewůnschter Erbe sein: vnter des wird die Regierung / durch meine alte getrewe Råthe / wie bißhero / versorget werden / vnd dir nichts abgehen: Der Sohn als ein gehorsames Kind vnd Junger Held / lies jhme den Rath seines Vatters wolgefallen / vnd so bald der Vatter verschied / vnd in die Grufft versetzet ward / macht der Sohn sich auff / vnd durchzog Land vnd Leute / vnd fand mancherley seltzame Abendthewr vnd wunderliche Narren in der Welt / deren er sich nit versehen.

Dan es begegneten jhm vnderwegs Reiche Leuͤt / die hatten Hauß vnnd Hoff / Acker vnnd Wisen / Gelt vnd Gut / Kisten vnnd Kasten voll / die ranten auff jhren Gaͤulen vnd Kutschen den Kuckuͤssen vnd Alchumistischen schmeltztiegeln zu / wolten Berge versetzen vnd Gold backen / scharreten vnnd schmeltzten so lang / biß sie Soͤller vnd Keller / Thaler vnd Heller / Beuͤtel vnd Ketten verkuckt vnd verpulvert hatten / vnnd zu letzt den Ambtleuͤten ins Handwerck fallen / vnnd zu Voͤgten sich brauchen lassen muͤsten / wolten sie nicht graben oder bettlen. Da sagt der Junge Herr / das sind zimmliche fuͤrwitzige Narren / waͤren schier werth das ich jhnen den Apffel gebe / doch er gedacht / vieleicht wirstu andere finden.

Es geschahe: er traff etliche an / so Land vnd Leuͤte / Staͤtte vnnd Doͤrffer hatten / die fiengen an vnnd wolten Babylonische Thuͤrne vnd Nimrodische Schloͤsser bawen / sie baweten auch Tag vnd Nacht / Winter vnd Sommer / biß sie Land vnd Leuͤte / Staͤtt vnd Doͤrffer versatzten / vnnd letzlich / ehe der Bauw zu Ende gebracht / musten sie davon / vnnd der Burg der Todten zu ziehen; vnd jhre angefangene halb-vollendete Pallaͤste also ohne Nutzen vnnd mit verderben Jhrer Erben zu grunde gehen: Da schuͤttelte der Junge Held den Kopff vnnd sagte: Diese haben fast alles verbawet / allein da sie ewig wohnen muͤssen / vnd dahien sie am Ersten dencken sollen / daß haben sie anstehen lassen biß auff das letzte

Bauw-Narren.

Sie bauwen alle faͤste
Vnd sind doch frembde gaͤste;
Vnd da sie ewig sollen sein
Da bawen sie gar selten hien.

Daß sind ja die grösseste Narren / vnd wolte jhnen den Apffel geben / aber sein Hoffmeister bließ jhme ins Ohr: Herr thut ein wenig gemach / jhr werdet noch wohl grössere finden als diese.

Er zoge fort: Vnderwegs begegnet jhm ein wol gerüstetes Kriegsheer / das brach auff ohn alle gegebene vrsach / auß einer schönen befriedigten Schmaltzgruben / wolt seines Nachtbarn Land vberfallen: das ward verkundschafft / vnd da jhme nichts tråumete / denn wie sie die Leütte laden vnd fortschaffen möchten / da kam der Feind geraspelt / vberfiel es / schlugs mit der scherffe deß Schwerds / vnd theilet den Raub auß / fuhre fort / nam dessen Land ein / vnd machts ihm Zinßbar vnnd vnderthan. Ey / sagte der Junge Herr / dieser Feld-Oberster vnd Kriegs-Rath solte den Apffel billich für andern bekommen haben / so er noch am Leben / aber weil er Todt ist / muß ich fort rucken.

Da kam er in ein Land / dessen Herr wolte nicht auff seinem Schloß vnd Sitz Hoff halten / vermeynte es

Jagen.

möchte jhm zu viel auffgehen / zog herumb von einer Wildfuhr zu der anderen / bäyßte / hetzte vnd jagte Hirsch vnnd wild-Schwein / vnnd das dauchte jhn die beste Kurtzweil sein: Vnder deß waren die Råthe / Haubtleute / Ambtleüte / Rentmeistere vnd Schaffnere / Herren im Lande / die solten das gute schützen / vnnd das böse straffen / Gericht vnnd Gerechtigkeit hegen / ohn alles ansehen der Person / nach dem rechten Recht Vrthel sprechen / vnd also des Landes bestes suchen: Aber sie dachten bey sich selbst: Heüt hie / Morgen anderswo; Herren Gunst erbet nicht: wir müssen vns Pfeifflen schneiden / weil wir im Rohr sitzen: da giengs an; wer sich nicht wolte tücken der muste den Mantel vnd das Bündlein ablegen vnd vberspringen: wer nicht hatte die Hände mit güldinen Månnlein zu füllen der muste vnterliegen vnnd seinem Widersacher die Schue putzen: In Summa, Krumb muste gerade / gerade krumb / vnd der Heüchler der beste Mann zu Hoffe sein. Hierbey war Mein Herr sicher / soff / fraß / spielete / faulentzte / biß Hund vnd Katzen das beste Vih waren / Ja biß sie alle lam / arm vnd kranck wurden / vnd mit Schmertzen von hinnen fuhren / Ach sagte der Herr / hie solte ich vil gůldine Aepffel haben / weil aber nur einer vorhanden / muß ich wandern / er möchte mir sonst auch per fas & nefas abgedrungen werden.

Hoffleben.

Brach eilends auff / machte sich darvon / vnnd kam in ein schönes Volckreiches Land / Er zog an einen derselben Fürsten Hoff / zu sehen was er da für Anstalt finden möchte. Als er etliche Monat den gantzen Staat erkundiget: befande er das es ein recht Ellend zu Hoff sein müste; allwo der Herr selbsten es nicht besser hatte als die Diener / Ja das er noch viel vbeler versehen war / vnd in der grössesten Gefahr seines Lebens vnnd aller Wolfart täglich stehen thäte. Dann wie zu Hoff der brauch ist / das / der am besten Auffschneiden kan / derselbe das beste gehör / glauben vnnd Vortheil hatte: Also hie auch. Der Herr hatte einen Alten getrewen Diener / der manche Jahr sein Leib vnd Gut / Ehr vnnd Blut / Tag vnnd Nacht mit embsiger Sorg / Angst vnd Noth in seinen Diensten zu gebracht: die böse mit Ernst vnd Eyffer gestraffet / vnnd die Vndertruckte wider den Gewaltigen mit allen Kråfften geschützet hatte. Also daß Gericht vnd Gerechtigkeit im schwang gienge. Der Herr hatte aber auch einen kurtzweiligen Rath / Einen hochtragenden Esel / der dem Herren redete was er gern hörete / vnnd sich in allem nach seinem willen also zu stellen wuste / das es die anderen verwunderte: der redete einem jeden grosse auffgeblasene wort / sprach von der sachen zierlich / als ob er allein der Atlas wäre / der die Berge tragen vnnd deß Herren Authoritet vnd Wohlstand erhalten müste; im Werck aber anderst nicht dachte / als auff sein Eigen-nutzen / Vortheil vnd Ansehen / vnd selbst lieber Herr / als Diener gewesen waͤre. Dieser / damit seine Person vnnd Rath gelten moͤchte / gab den Alten Rath bey dem Herren an / seines Vnverstands / seines Vnfleißes / seines Vnansehens / als der sich nicht nach deß Herren Stand stellen / vnd gravitetisch genug halten koͤnte. Ja auch / das er dem Herren vntrew waͤre: so fern: biß der gute Rath mit vngenaden abgeschafft worden. Als aber / bald nach dem / wichtige sachen vnd Staats-geschaͤffte vorfielen / welche der hochtragende Sennor Mutio nicht nur nicht verstunde / sondern auch niemahlen dergleichen gehoͤret hatte; Da wolt der Herr nach seinem Alten Diener sehen; aber er war davon / vnnd muste der Herr in Vnrichtigkeit seiner haͤndel vor Leyd vergehen / sterben vnd verderben. Diesem / Sprach der Junge Herr / gebe ich warhafftig den Apffel / wan er noch lebete: weil er dem auffgeblasenen Tropffen wider den Auffrichtigen Mann / ohngeachtet aller voriger trewer Dienste / geglaubet hatte.

Verlaͤum-der.

An eben demselbigen Hoff fande er andere die sich Neideten vnnd keibeten / da der Eine auff den anderen erdachte vnd Loge was jhm in sinn vnnd ins Maul kam: Also das der Vnschuldige sich eine zeitlang leyden / vnnd weichen muste; Endlich aber die Warheit hervor brach / das der Verlaͤumbder in seiner Vnwarheit offentlichen erwischet / mit Spott vnnd schanden davon ziehen muste. Das ist wohl ein Narr / Sprach der Junge Herr / der einem anderen eine Grube grabet vnd selbst muß darin fallen. Wolte jhm auch den Apffel geben haben.

Ambtman.

Aber er ward zu Gast geruffen bey Einem Amptman / dessen Wesen jhm nicht vbel gefiele anfangs: Allein befande er / das Er etlichmahl von den Reichen Geschaͤncke name. Hoho sprach der Junge Herr / das ist nicht gut: wan es zum treffen kompt / so wird er die

Reiche nicht wohl saur ansehen dörffen. Er sahe auch das er / der Amptman / etliche böse Buben nur schlecht mit worten abstraffete / damit er also deß Pöffels gunst vnd guten willen bey männiglichen erhalten / geliebet vnnd gelobet werden möchte. Aber das Widerspiel geschahe / dann er ward letzlich verachtet / vnd verspottet / vnnd von dem Nothleidenden Mann / den der Reiche Schacher vndertrucket hatte / angeklaget seiner vntrewen Handlungen. Da sprach der Junge Herr zu seinem Hoffmeister: da laß ich den Apffel: dann wie könte ein grösserer Narr sein / alß der sich in seinem Ambt das Vnrechte zustraffen / vnd das rechte Recht zubefürdern will förchten?

Regenten.

Da gedachte er aber bey sich selbst / vielleicht hats jenseit deß Wassers auch Leute / zog vber Meer / vnd kam in eine Jnsel / da fand er ein reiches / schönes / lustiges Volck / das hatte einen König / derselbe thåt was jhne gelüstete: es war gleich wider Gott / sein Wort / Natürliche vnd Weltliche Gesåtze / alle Zucht vnd Erbarkeit / so hies es doch / *Si lubet, licet:* ainsy nous plaist. Dis sahe der Junge frembde Herr mit verwunderung an / trat zu dieses Königs Kåmmerling einem / fragte jhn vnd sprach: Mein Freund / was hats für eine Gelegenheit mit ewrem König? Jst keine Gottesforcht / kein Gericht noch Gerechtigkeit / Zucht noch Erbarkeit in diesen Landen? Nein / antwortete der Kåmmerling: Zucht / Ehr / Gottesforcht / Redlichkeit / das sind Burgerliche Tugenden / gehen vnseren Fürsten vnd Herren allhie nicht an; Der thut was er will: vnd waß er will / daß ist / ob es schon nicht wåre. Es geht mit vns wie mit dem Wolff vnd dem Karpen. Die Wölffin war eines mahls groß-tragend / vnd bekam gelust nach einem Karpen. Deßwegen den Wolff außschickte / jhr dergleichen Fisch zubringen: der Wolff håtte gern Karpen gehabt; aber zu fangen? das war seines thuns nicht. Derowegen bey einem

Burgerliche Tugenden.

Måhrlein.

Weyer traff er eine Herde Schwein an / Nam eines / vnd mit davon: vnderwegs als er ruhete / vnd das Schwein die vrsach dieser That fragte / erzehlete der Wolff / wie er nach Karpen geschickt wåre. Das Schwein entschuldigte sich / es wåre ein Sauw / Ein Schwein vnnd kein Karpe; der Wolff aber verlachte daß wort vnd sprach: Mein / du solst mich nicht lehren Karppen kennen / du bist mir ein Karp / vnd wan deiner noch hundert wåren / Jhr soltet mir alle fůr Karppen gut sein: Also was vnser Herr / weil Er den Gewalt hat / will / das muß sein / wan es schon nicht wåre. Ist jhm also? spricht der Junge Held / so kans auch die långe mit jhme nicht wåren? Ja freylich / sagt der Kåmmerling / wehrets nicht lange; sondern ein einiges Jahr. Dann wir haben in diesem Lande eine solche Gewonheit / das wir in erwåhlung eines Kønigs nicht sehen nach grossem Geschlecht / Ehre / Kunst / oder Weißheit; sondern nehmen einen auß den geringsten Haluncken / doch mit dem bescheidt / daß er nur ein einiges Jahr regiere / vnnd bey dieser seiner Herrschafft macht habe zu thun vnd zu schaffen alles was sein Hertz gelůstet: Wenn aber das Jahr vmb ist / so wird er seines Ambts entsetzet / in ein Gefångnis geworffen / darin muß er die zeit seines Lebens verbleiben / Hunger vnd Durst / Gestanck vnd Frost / vnd den elendesten Jammer außstehen / sterben vnd verderben. Ey / sagte der frembde Herr / der ist ein Narr vnd bleibt ein Narr / der vmb eines einigen Jahres Wollusts / nichtige / flůchtige frewde willen / jhme die zeit seines gantzen Lebens / wissentlich vnd willig / herb / bitter / vnd verdamlich machet! Ja / antwortete der Kåmmerling: da man nur einen sucht / findet man jhr noch wol tausend / die vmb eines solchen Jahrs willen / nicht nur die zeitliche sondern auch die Ewige Wolfart gern in den wind schlagen vnnd verschårtzen.

Der ist deß Apffels wohl werth / sprach er; Aber der Hoffmeister hieß jhn noch gedult tragen.

Der Junge Herr zoge weiters: in eim anderen Land begegnete jhm ein grosser Herr / der war Haͤtzen geritten auff einem Klepper / hatte zween Leythunde / zween Strick Winde / so der Knecht neben seinem Klepper angefahen fuͤhrete / Einen vorstehenden Hund / vnd einen Falcken bey sich. Der Herr sang von heller Stimme:

Haͤtzen vnd bayssen.

WOl vff / wol vff Ritter vnd Knecht / vnd alle gute Gesellen / die mit mir gen Holtz woͤllen. Wol vff / wol vff die faulen vnd die traͤgen / die noch gern laͤnger schlieffen vnd laͤgen. Wol vff / wol vff / in deß Namen / der da schuff den wilden vnd den zamen. Wol vff / wol vff / roͤsch vnd auch trat / daß vns heuͤt der berat / der vns leibe vnd seele beschaffen hat. Hinfur trutter hund / hinfur: vnd auch das dir Gott heyle gebe / vnd auch mir: hinfur trutter hund / hinfur zu der fert / die der Edelle Hirsch heuͤte selber thaͤt. etc.:

Waidspruch.

Vnd als in dessen der Junge Herr an jhn kam / vnnd jhn fragte / waß er mit solchem Viehe allem machte? sprach er: Jch brauche es zu Haͤtzen vnd bayssen. Vnd als er forschete: wie viel er deß tags fange? antwortete der Herr: je nach zeit / vnd wie das gluͤck will / dann viel / dann wenig / dann nichts: Aber einen tag in den anderen zu rechnen / so hab ich wochentlich meine zween Haasen vnnd mein par Feldhuͤner auff der Taffel / ohne den groͤsten lust so ich dabey finde. Der Junge Herr fragte weiters / was dieses Viehe alles zu vnderhalten koste? Diese beyde Klaͤpper / welche hierauff allein bestellet / haben tags jeder Ein halben sester Habern / Ein jeder Hund deß tags 4. Mitschen / vnnd der Falck deß tags ein pfund fleisch / das ist ja ein geringes / sprach er. Der Junge Herr / nach dem er sich ein wenig bedacht / die Außgab vnnd Jnnam gegen einander gehalten: Alle woche zween Haasen? sind 104. Haasen / jeden zu eim halben gulden / sind 52.

gulden. die Feldhüner auch so viel: Also ist Jnname dieser Rechnung / 104. gulden. Nun die Außgabe: die Eylff hunde / jeder 4. Mitschen / ist deß tags 44. Mitschen / deren 80. für einen sester / thut Jahrs 16060. Mitschen / zu 36. fiertel / daß fiertel á 3 gulden / ist 108. gulden. Vff die zwey pferde tags ein sester habern / thut 61. fiertel / zu 15. schilling / thut 91 vnd ein halben gulden: 365 Pfund fleisch / 24. gulden. der Falckner aber hat 150. gulden. etc.

Herr Hoffmeister / sprach er / nun langet mir den Apffel her / dann es ist zeit: dieser hat jhn am besten verdienet / auff das wir nach hause kommen.

Don Thraso.

Nein / sprach der Hoffmeister / es wird noch andere geben: zogen derowegen weitter / vnnd kamen bey eine vorneme Statt / vnder wegs aber traffen sie in Gesellschafft an einen Grossen Herren (dem Ansehen nach) welcher viel Diener / Hoffmeister / Stallmeister / Falckner / Kammerdiener / Edelknaben / Kutscher / Reittknechte / Jungen etc. vnd vil Mågde / vil Viehe / Kutschen / Roß vnd Wagen / vnnd etliche Bey-Pferde mit sich hatte / der zoge der Statt auch zu: vnd alß der Junge Herr erforschet von einem der nachritte / wer er wäre? vnd wo hien er ziehen wolte? war jhm in vertrauen gesagt / das der Herr diser Vo̊lcker vnd Reichthumbs allen / seines Herkommens zwar nur eines Weingårtners Sohn gewesen / sich aber in Kriegen / Schlachten / Treffen / Stürmen / Plünderungen / Vbersteigungen / Einnemmungen / mit dem Maul so Ritterlich gehalten / vnnd durch seinen fleiß vnd Vorsichtigkeit seine sachen so klüglich angegriffen / daß er nicht allein eine Hohen Geschlechts Wålsche Tochter zur Ehe erworben; sondern auch ane Barschafft / Gold / Silber / Kleinodien / Kleidungen / Vieh vnd anderem einen solchen Vorrath erschwåtzet / daß es vnmůglich wåre selbigen allen zu verthun. Darumb er in der nåhe eine Herrschafft erhandlen / fürter hien

sich deß Pfefferwesens abthun / vnnd die vbrige zeit seines Lebens mit seinem Weib in Adelichen frieden / frewden vnd lust vollenden wolte: Also das seiner meynung nach nicht wohl ein seeliger Mann zu finden seye. Der Junge Herr sprach zu seinem Hoffmeister / diesem grossen Spraͤcher ziehe ich so lang nach / biß ich sehe was es fuͤr ein Ende mit jhm nemmen werde.

Sie zogen in die Statt / der Sennor ordnete sein Haußwesen an / erhandelte Eine gelegene Herrschafft / einen schoͤnen Palast vnd Garten / ordnete sein Haußwesen der gestalt / das er wuste wie viel die Huͤner alle tag Eyer legen koͤnten / damit er nicht jrgend durch vnachtsamkeit an ichtwas schaden leyden muͤste. Er ließ sich sehen vnnd hoͤren: alle tag veraͤnderte Er seine Kleidungen; aber dabey war er fast Hochmuͤtig. Wan jhn jemands gruͤssete / er danckte jhm nicht: wo man aber den Hut nicht abzoge / so wolte er gleich vmb sich schmeissen vnd schlagen. Er thate alß ob er Niemands sahe oder kante. Wan jhn ein armer vmb einen pfenning bate liesse er jhn mit Stoͤssen vortweisen. Er brauchte sich wunderlicher Gebaͤrden / vnnd Sitten / trug einen hohen breiten fliegenden Hut / Ein Jgelkoͤpffiges-falschgemachtes-Haar / alles war mit Armbanden vnnd mit Ketten / koͤstlichen Ringen vnnd Kleinodien versetzet. Zu keinem Maͤnschen gesellete er sich / auß forcht daß jhn jemand kennen / oder sich zu viel gemein mit jhm machen moͤchte; seine Blutsfreuͤnde / die in solchem seinem Vberfluß eine Stewr von jhm baten / ließ er mit Bruͤglen vorttreiben / als falsche Leuͤte / die jhne für einen anderen halten vnnd ansehen wolten. Jn summa / seine sachen waren so geordnet / daß er scheinete vnsterblich sein bey den einfaltigen Maͤnschen. Soll das gut thun? sprach der Junge Herr / so nimpt michs wunder: dann wan ich betrachte wie diser grosse Spraͤcher all seine Gelder

vnnd Mittel / mit Staats betteley vnd hilpers-griffen; nicht aber mit Redlicher Soldaten-faust noch mit Ehrlichen Lehnungen erworben hat / so ist vnmůglich daß es lang kan bestand haben: Sintemahl die Warheit Gottes an jhm nicht wird zur Lůgnerin werden: Alß welche allem solchem vngerechtem Gut den Fluch dergestalt angebunden / das ob es in Eyserne Berge vergraben / das Fewer vnnd der Blitz es doch daselbsten růhren vnnd zudrimmern wirde. Jst also dieser Kerl / meines achtens / der gröste Narr den ich noch gesehen hab / vnd bin willens das ich jhm den Apffel geben wolle. Als er aber in den Gedancken stunde / wird in der nacht ein Geschrey vnd Ruff eines Fewers: vnd als man hörete / so war auß verwahrlosung / aber schickung Gottes / der herrliche Palast angegangen / vnd darin verbrunnen aller Raub vnd Vorrath / den der Hudler je gehabt hatte / in welchem fewer auch sein Weib vnd etliche Diener das Leben lassen: Er aber / der Noth zu entkommen / zum fenster hienauß springen vnd also den Halß brechen můssen; welches die Vrsach ist das jhm der wohlverdiente Apffel nicht zu theil worden.

Endlich kam der Junge Herr durch das Teütschland biß gegen den Rheinstrom.

Freymund aber sprach / ich bitte / Mein Herr / ehe er schliesse / noch ein einiges wort: Meines wissens / ehe er an den Rheinstrom kommen / so zoge er vber ein grausames grosses Gebůrg / vnnd kam in ein Königreich das fast måchtig war / vnd vber die gantze Welt herrschen wolte / dessen König hielte einen grossen Hoff vnd mannige Ritterspiel / als dann zur Zeit Gewohnheit was. Der König hatte einen Nachbarn / einen anderen Alten König / jenseit der grossen Bach / derselb hatte einen einigen Sohn / den sandte er herůber / dieses Königs Hoff vnd Ritterspiel zu besuchen: wie er sich dann so wohl da befande / das er auch vmb

deß Königs Tochter freyete. Nun hatte dieser König heimlichen verstand in deß Alten Königs Reiche / vnnd es / wo nicht durch offene Macht / doch durch Raison d'Estat *Staats-Liste* gern vnder seinen Gewalt bringen wollen. Dessen dann vnser Junger Herr gut wissens hatte. Derohalben zu dem Hoffmeister sprach: Mein Freünd / siehe da / ist das nicht ein thöricht Stuck von einem so hohen Mann / das er seinen Einigen Sohn / an dem seines *Reichs* vnd armer Leütte einige Ewige Wolfart hanget / in seines wissentlichen Feindes Land vnd Gewalt hienein schicket: Wie / wan es jhm an Leib vnd Seele anderst gienge alß wohl / wäre dieser vnwidersetzliche fehler zunennen? vnd solte dem Alten König den Apffel geschicket haben: Aber weil er denselben also vbers Meer nicht wagen wolte / noch durch Wechsel vbermachen kunte / muste er fürter ziehen.

Kam in ein Ellendes Königreich da nichts war als grosse Haiden / kleine Waiden: da die Vnderthanen Geschnitten stroh / an statt der Früchte / mahlen vnd backen liessen / vnd solch halb-hültzenes brod assen. Die Esel alda ritten auff den Pferden / vnd die Säuwe sassen auff den Spechten: Es war ein recht vmbgekehrtes Reich / das viel mehr einem Gemälde gleichen mochte als einem Land. Vnd als der Junge Herr nach jhrem König fragte: war jhm geantwortet / das sie selbst nicht recht wissten wer jhr König wäre. Dann vnlängst hätte ein anderer König in jhrer Nachbarschafft (dessen Reich von viel anderen Bequemlichkeiten als dieses ist / als in welchem der eine vnd grösseste Fluß / von Gold / der andere von Wein / der dritte von Honig / der vierte von Milch fliesset; da der Vnderthanen Häusere mit Thalern gedecket / vnd die Edelgesteine so gemein sind / daß auch die Dienstbotten deren am Leibe tragen etc.:) mit jhrem Ersten König vmb dieses Königreich / Reich auff Reich / das gute auff das böse / gesetzet / gewaget / vnd auff einen vngleichen Streich verspielet. Als aber der Junge Herr nach diesem König / in Meynung jhm den Apffel zu geben / fragte / vnnd jhn niemand dessen Wohnung vnd Hoffsitzes bescheiden kunte / muste er fürter ziehen.

Vnd kamen in ein schönes Land / das fast mit schönem Vortrefflichem Volck erfüllet / mit allerhand Nutzbarkeiten von Vieh / Wunne vnd Wayde vberschüttet war: darin fande er den Herren deß Lands / einen Jungen Kühnen Helden / am Tod-bett liegen / mit grossem Schmertzen vnnd betrauren seiner selbst / wegen der blühenden Jahren / in denen er die Welt gesegnen vnd zu den Todten sich begeben müste. Als er aber die Vrsach solches Vnfals erfragte; Ach / sprach derselbe Junge Held: Bin ich aber nicht der grösseste Thor gewesen der je gelebet: daß ich mich meinen vnbedachtsamen Muth so weit erkühnen lassen / vnd wegen einer sache / die mich doch nichts angegangen / vnd deren ich wohl hätte entrathen können / in frembde Streitt vnd Kriege begeben / darüber ich nicht allein meinen einen Arm verlohren; sondern auch das Leben nun gar dabey zusetzen / vnd in meinen besten Jahren von hinnen muß scheyden. Bin ich aber nicht der grösseste Thor so jemahlen gewesen? Vnser Junger Herr sprach / wohl / vnnd wolt jhm den Apffel geben haben: Aber sein Hoffmeister sprach / jhrer sind noch viel grössere zu finden / Es ist diesem Kühnen Helden wegen seiner Muthigkeit vnd Jugend noch zu verzeihen.

Fürter / vnnd ehe er gegen den Rheinstrom zoge / kam er an eines Herren Hoff / bliebe doch wegen der Vntrew / die er ins gemein sahe da vor gehen / nicht lang an demselben; Aber im Abscheiden traff er an / einen guten Gesellen / der sahe ellendig auß / gung traurig vnd in tieffsinnigen Gedancken / so / das der

Junge Herr vnschwer mercken kunte / Er ein schweres Anligen vnd Hertzens Noth haben müste. Derowegen denselben anredend / vnd fragend die Vrsach solches seines zustands / vnnd was jhm widriges begegnet wäre? Ach / sprach der gute Gesell; Meiner Noth ist nicht wohl abzuhelffen / dann sie ist nicht zu erzehlen: Jch weiß sie auch nicht außzusinnen / noch zu erdencken wie ich mir selbst in diesem Jammer rathen solle. Dann nicht lang ist es / das ich in dieses Herren / der hie zu nechst Hoff haltet / Dienste gewesen bin / mich in demselben meines wissens / vnd wie beweißlich ist / dergestalt verhalten / das ich all meiner Handlungen weder schew noch forchten trag: Aber darüber hab ich nicht allein alle mein Vermögen zugesetzet; vnd so gar bin ich in das Verderben gerathen / daß ich fast / nach dem Sprichwort / mehr weder Watten noch Schwimmen kan; Sondern / welches das ärgste ist / so muß ich noch von den Fuchßschwäntzern solche hinderlist vnd Verläumbdungen erfahren / das mir die Seele darüber verschmachten möchte: vnd gleichwohl kan ich dem Vbel so gar nicht wehren / das / je mehr ich mich bekümmere / je mehr sie lusts vnd fortheil daran haben. Daher es dann kommet daß Leütte die mich vnd mein Thun nicht kennen / oder die auff eines Manns reden / vngehöret deß anderen / gleich beyfallen / oder denen / wegen vberhäufften anderer Geschäffte / meiner sachen außführliche beschaffenheit zu hören beschwerlich fallet / solche Vngleiche Vrtheil von meiner armen Person schöpffen / das ich mich offt verwündschen möchte. Jch hab zwar verhoffentlich also gehauset / das ich auch deß geringsten dings wegen antwort zu geben nicht schewe; sondern ein mehres niemahlen gewünscht habe / damit nur mein Recht vnd Jhre Liste recht an tag kommen künten; Aber / vnder dessen solches anstehen bleibet / so haben die Lästerer / welche nicht feyren / sondern sich an meinem

Verleümdeter.

Vnmuth erkützlen / gewonnen / vnd muß ich also hindernuß spüren in allen meinen vorhabenden sachen. Sie hassen mich zwar / auß einiger Vrsach / das ich nicht jhres willens vnd gefallens leben / vnd meine Kinder / nach derer todt vnnd vndergang sie gelusten / nicht hab vor männigliches augen hienrichten vnd ellendig erhungren wollen. Sie hassen mich vmb jhrer inwendigen Boßheit willen / vmb jhres bösen hertzens willen / weil ich jhre Eitelkeit gesehen vnd entdecket / jhnen in jhren losen sachen nicht beyfall geben / noch jhrem Hochmuth zu fallen wollen. Sie hassen mich vmb jhrer Vnvollkommenheit willen / vnd vmb sachen die nicht mein sind / sondern die mir Gott gegeben. Jn summa sie hassen mich darumb das ich nicht bin noch werden will / der / für welchen sie mich offentlichen angeben.

Es wolte dieser gute Gesell deß verdrießlichen erzehlens noch viel gemacht haben; Aber der Junge Herr sprach / Schweig Kerl / Schweig / vnd erzehle mir nicht mehr / Jch will dir jetzt den Apffel geben / den ich dem grössesten Narren zu geben schuldig bin. Bistu ein Christ geborn / vnd hast nicht mehr Glaubens als also? bistu so vnschuldig vnd Rein als du sagst? Waß krämmestu dich dann also? Laß die Lästerer lästeren: dencke / Gott habe sie geheissen / vnnd du habest solch Kreütz mit anderen deinen Sünden wohl verdienet: oder es habe dir Gott solches zur Prob der Gedult / der Sanfftmuth vnd Demuth / zu geschicket. Vbel von dir Reden / daß ist nicht gnug; wan du nur nicht vbel gethan hast / so wird der sache im außkehren wohl geholffen werden. Non male audiendo, sed male audendo mali fimus. Tu vero sic vivas ut Calumniatoribus fides non sit habenda. Vbels hören / schadet nicht; vbels thun / das ist vnrecht. Darumb so halte du dich also / das alle Lästerer durch dein Leben vberzeiget vnd zu Lügnern gemacht werden: bistu ein Christ /

vnnd weissest nicht was den Låsterern endlich fů̊r ein Tranckgelt vnd Lohn zuerwachset? das Sie nemblich / nach dem die Warheit (welche fester ist als alle Mauren / vnnd von sich selbsten bestehet vnd nicht vergehet) endlich vberwindet / mit spott vnd schanden derer / die auß eignem muthwillen vnd frevel / auch eygenem zorn / hass / neid vnd Rachgirde / den Nothleydenden geångstiget vnd gequålet haben. Vnd wan ich diesen Apffel also bald besser an zu legen verhoffe / so hab du dir an dessen statt dieses zum Tranckgelt von mir:

VICTI. QVANDOQVE. RESVRGENT.

Als nun *Freymund* dergestalt geendet hatte / jetz / sprach er / ist der Junge Herr sampt seinem Hoffmeister weiters / vnd Endlich durch das Teutschland gegen dem Rheinstrom gezogen.

Sehr recht / Sprach Expertus Robertus: dann weil *Philander* sich deß Schlaffens nicht wohl enthalten kan / vnd jhm die zeit fast lange wird biß er in die federn kommet / so hab ich mit allem fleiß dieser vnd noch viel anderer Thoren / die den Apffel wol verdienet håtten / vntz zu anderer gelegener zeit versparen wollen. Ja / vnd damit ich fortfahre wo ich es vor hien gelassen habe / vnd einmahl zum Ende komme. Als sie nun durch das Teůtschland biß gegen dem Rheinstrom kamen / da sahen sie vil wunder newer sachen vnd håndel: vnd als sie ein Jahr daselbst herumb verharreten / vernahmen sie Junge Leůtte / Manns-vnd Weibs-Volck / welche alle Viertel Jahr / ja je zu Zeiten alle Monat jhre Kleydungen ånderten / dann Hut / Hosen / Wambs / Strimpff / Schue / Stiffel / Speck / ja am Leib selbsten / dann grosse Bårte / dann kleine Bårte / dann schwartze / dann weisse Haar / dann jhre eigene / dann frembde Haar etc.: vnd solches mit grossem Kosten / also das viel sich vnd die Jhrige darůber in das verderben vnnd zu grund richteten. Alß noch heuͤttiges tags die vnteuͤtsche Gewonheit ist. Dessen sich der Junge Herr verwunderte vnnd fragte / wie man solche Leuͤtte nennete? vnd jhm war geantwortet / Alamode.

Ach / solcher thoͤrichter Narren / beschleust der Junge Held / hab ich die zeit meiner Wallfart noch nit funden / gieng derwegen eilends zu einem / vnd verehret jhme / als dem groͤsten Narren / das Geschaͤnck seines Vatters / vnd zoge wider heim in sein Land. Da ward er wohl empfangen.

Nach erzehlung wessen / die Herren sich erlachteten das sie hotzelten / vnnd einen Abschied namen / biß vff *Hans Thurnmeyern* / der bey vns bliebe / vnd wir vns in Gottes Namen zur ruhe begaben.

Deß Alamode Abzug.

Wan Teuͤtschland wolt witzig werden /
vnd vorsichtig vmb sich sehn /
nicht nach Alamode gehn /
nicht nach Farben vnd Gebaͤrden /
Waͤlschland muͤßt Ohnmaͤchtig wancken;
das es aber jetzt obsiegt /
Euͤch in ewrem Land bekriegt /
Das habt jhr euͤch selbst zu dancken.

Anhang

Editorischer Bericht

Dieser Auswahl aus Moscheroschs *Philander von Sittewalt* liegt die zweite rechtmäßige Ausgabe (nach Bechtold: *B*) zugrunde. Deren erster Teil erschien in Straßburg 1642 und umfaßt die sieben »Gesichte« der Straßburger Erstausgabe von 1640 in veränderter Form. Der zweite Teil erschien in Straßburg 1643 und enthält als Erstdruck vier weitere »Gesichte«, in denen Moscherosch – wie schon im »Hoff-Schule«-Gesicht des ersten Teils – keine Quelle durchgehend zugrunde legt (s. Nachwort). Benutzt wurden die Exemplare beider Teile der Herzog August Bibliothek Wolfenbüttel (Sign.: 403.38 Qu.) und der Bayerischen Staatsbibliothek München (Sign.: 8° P. o. germ. 953) sowie mein eigenes Exemplar des ersten Teils, ferner mit Hilfe des 1974 in Hildesheim und New York ohne Einleitung und Kommentar publizierten Nachdrucks das dort zugrunde gelegte Exemplar beider Teile der Universitätsbibliothek Erlangen (Sign.: Sch. L II,280). Die Auswahl bietet keine Lesarten. Wer Moscheroschs weiter verfolgte Bearbeitungsprinzipien, die u. a. die Eindeutschung von Fremdwörtern zum Ziel haben, näher beobachten möchte, dem sei vor allem ein Vergleich mit der fünften rechtmäßigen Ausgabe (nach Bechtold: *E*) von 1650 empfohlen, die dank einer hohen Auflage (mit Doppeldruck) gut verbreitet ist und von der Felix Bobertag 1883 eine kommentierte Auswahl vorlegte. Eine kritische Ausgabe der Werke Moscheroschs wird von Jörg-Ulrich Fechner vorbereitet.

Die Auswahl bietet im gebotenen Rahmen in sich geschlossene größere Teile, die Moscheroschs Absichten und Ausführungen seiner satirischen Zeit- und Weltkritik sowohl im ersten Teil in der Auseinandersetzung mit seiner spanischen über das Französische vermittelten Vorlage wie auch im zweiten Teil in der freien Entfaltung zeigen. Wie bei jeder Auswahl fällt es schwer, Auslassungen – etwa des glänzend erzählten »Soldatenleben«-Kapitels (zuerst 1644) oder der Vielwisserei- und Vielreiserei-Kritik im Kapitel »Hanß hienüber Ganß herüber« (1643) – überzeugend zu rechtfertigen. Es dürfte aber mit dieser Auswahl ein Eindruck dessen vermittelt werden, was die zeitgenössische und spätere Wirkung dieser Prosasatire ermöglicht hat.

Orthographie und Interpunktion folgen den Drucken von 1642 und 1643. Druckfehler, die am Ende der Ausgabe des ersten Teils aufgeführt sind, wurden stillschweigend verbessert. Alle vom Herausgeber vorgenommenen Korrekturen sind nachfolgend verzeichnet.

Die Typographie der Vorlagen konnte nur vereinfacht wiedergegeben werden. Textstellen, die innerhalb der Grundschrift der Vorlagen (Fraktur) durch größeren Schriftgrad hervorgehoben sind, erscheinen kursiv. Die übliche Auszeichnung fremdsprachiger Ausdrücke innerhalb des Fraktursatzes durch Antiqua wurde nicht übernommen; nur wo die Antiqua auch zur Hervorhebung diente, wurde sie als Kursive wiedergegeben. Der Gebrauch der Virgel (/) sowie die Unterscheidung von *u/v*, *U/V* sowie *i/j* folgt den Druckvorlagen, ebenso die Umlautschreibung *aͤ*, *oͤ*, *uͤ*. Das Fraktur-*I/J* wurde durchgehend als *J* gesetzt. Die unterschiedlichen Formen von *s* und *r* wurden normalisiert. Die Akzente in lateinischen Texten wurden getilgt. Ligaturen und Abbreviaturen wurden aufgelöst (u. a. *m̄* zu *mm* oder *mb*, *vō* zu *von*, *dz* zu *daß*, *od'* zu *oder*, das Kürzel ꝛc. zu *etc.*). Einige wenige fehlende Bindestriche und Schlußpunkte in den Marginalien wurden stillschweigend ergänzt.

Außer dem Titelkupfer des ersten Teils, das – wenn überhaupt vorhanden – bei den erhaltenen Exemplaren mit dem Titelkupfer der Erstausgabe fast identisch ist (s. Bechtold, 1922, S. 14), enthält die Vorlage keinen graphischen Buchschmuck. Außer Wiedergaben der Kupfer- und Texttitel der Ausgaben von 1642 und 1643 sind der Auswahl aber aus anderen zeitgenössischen Ausgaben weitere Wiedergaben von Titelblättern und von Illustrationen beigefügt (s. »Erläuterungen zu den Titelblättern«, S. 233, und »Abbildungsnachweis«, S. 238).

Die Anmerkungen sollen Lesehilfe und gelegentlich weitergehende Interpretationsanregung verbinden. Sie erklären veraltete Wörter und Redensarten, und sie erläutern historische und literarische Personen und in Auswahl auch Anspielungen. Fremdsprachige Passagen werden übersetzt, wobei für die zahlreichen lateinischen Epigramme John Owens die zeitgenössische Übersetzung Valentin Löbers zitiert wird, da der zeitgleiche Umgang mit Sprache und Gattung den Nachteil einiger Ungenauigkeiten ausgleicht. Sekundärliteratur wird in den Anmerkungen insbesondere dann zitiert, wenn sie weiterführende, auch als Kommentar zu nutzende Ausführungen zur Sache bietet.

Zu danken habe ich für Hilfe bei der Herstellung des Textes Ingrid Femmig und Renate Haftlmeier, für Mitarbeit an den Anmerkungen Gabriele Bach, Susanne Paß und Maria Schröder. Für mehrere sachliche Hinweise bin ich Werner von Koppenfels und Michael Schilling dankbar.

Verzeichnis der berichtigten Druckfehler

13,8 ruffete:] ruffete 16,19 warlich] warlich. 18,3 Art vnnd] Art vnnd vnd 39,6 Aber / o] Aber / ô 40,8 o bedåchtestu] ô bedåchtestu 49,10 vielleicht] viellicht 67,7 frembd] fremb 70,6 werden /] werden) 71,13 meinem zweck] mei- zweck 73,2 Kehrauß] Kherauß 73,3 Gesichte] Gesicht 77,11 vnd] vud 82,19 f. heilthumbs] helthumbs 88,15 der ander daß:] der ander daß 92,30 sorgen.] sorgen 97,18 Dem] Denn 108,28 Kuonickh Airovist] Kuoanickh Airovist 108,29 Kuonickh Witikhund] Kuonickh Witckhund 117,1 mercken kônte /] mercken kônte 117,20 sie einen] sie einne 117,29 f. Spannisch-Bårtel] Spannisch Bårtel 141,24 Gerichts-buch] Gerichts buch 142,31 (Also] Also 145,12 f. Helden-sprach] Helden sprach 161,35 Reyger-federn] Reyger federn 165,19 Sprach] Spach 175,8 sang von] sang võn 179,32 von Milch] vo Milch 180,30 zu verzeihen] zuverziehen 183,20 f. noch viel] Ooch viel

Anmerkungen

Philander dem Leser

7,2 Dem Leser] Zwischen dem Text-Titelblatt der Ausg. von 1642 und diesen Versen an den Leser stehen drei Motti von Hieronymus, Erasmus von Rotterdam und John Owen, eine »Vorred an den Leser« (fol. 2[r]–5[r]) sowie Widmungstexte in Prosa oder in Versen von Wahrmund von der Tannen (d. i. Jesaias Rompler von Löwenhalt), weitere Dedikationstexte von Sebastian König, Johann Heinrich Schill und Samuel Gloner. Zu S. König und S. Gloner, den Straßburger Freunden, s. Schäfer (1972), S. 106, 108 u. ö.

7,3–18 WJltu . . . gestehen] Moscherosch beansprucht hier für sein Werk einige der Grundpositionen der Satire: den Einblick in die Mängel, die es zu bessern gilt, eine moralische Position, die den Beifall der Untadeligen erhält, sowie die Fähigkeit, den betroffen zu machen und zu erregen, der lesend belehrt werden soll.

Philanders Bericht an den Kåuffer

8,22 zu lesen] In der Ausg. von 1642 wendet sich Moscherosch auch innerhalb des »Höllen-Kinder«-Gesichts S. 304–308 Problemen des Buchdrucks und -vertriebs zu und behandelt S. 307 das Problem des Nachdrucks.

Welt-Wesen

9,9 Gurr] (meist abschätzig) Pferd, Stute (Grimm IV,1,6,1161 f.).

9,29 Flur] feines Tuch.
Crespe] Krepp.

9,31 scheinsal] makelloser Glanz.

10,2 Vino . . . hedera] »Ein leicht verkaufbarer Wein benötigt keinen Efeu.« (Vgl. Wander V,95, Nr. 261.)

10,4 Kårchelzieher] Karrenzieher, führten u. a. Weinfässer auf ihren Wagen durchs Land (Grimm V,208).

10,12 ordinari] gewöhnlichen; Ausg. 1650: *Land-Kutsche*. Die Tendenz zur Eindeutschung von Fremdwörtern, wie sie für die spätere *Philander*-Ausgabe charakteristisch ist, wird hier nicht regelmäßig dokumentiert. Sie kann in einem Vergleich mit Bobertags Teilabdruck gut verfolgt werden.

10,14 Itinerariis solennibus] üblichen Wegbeschreibungen; es folgen Namen von Reiseschriftstellern.

10,18 praerogativis] Vorrang.

10,21 Parißl] Moscherosch hielt sich 1625–26 im Rahmen seiner Studienreise in Paris auf.

10,23–27 Compendium ... etc.] »Eine Kurzform des Erdkreises. Eine andere Welt. Eine kleine Welt. Ein Auszug aus der Welt ... Diese Stadt ist eine andere Welt in einer blühenden Welt usw.«

11,6 waas ... lo̊hrå?] »Was wollt Ihr in zwanzig Jahren lernen?«

11,10–14 Nihil ... nescit] »Nichts in der Welt kann unsere Sehnsucht stillen. Wir sind Wanderer, weil wir durch ununterbrochene Bewegung jegliche Ruhe meiden, die sich freilich durch äußerliche Unbeständigkeit nährt, aber das Wesen und die Beschaffenheit der Dinge nicht kennt.«

11,21–23 quae ... possidentibus] »Was von uns durch wunderbare Sehnsucht begehrt wird, das wird, wenn es unser ist, wertlos, weil wir es besitzen.«

11,25 varietet, vanitet] varietas, vanitas: Mannigfaltigkeit, Unbeständigkeit; Nichtigkeit, Eitelkeit. Zu diesem zentralen Thema der Barockzeit s. F. van Ingen, *Vanitas und memento mori in der deutschen Barocklyrik*, Groningen 1966, und W. Mauser, *Dichtung, Religion und Gesellschaft im 17. Jahrhundert*, München 1976, S. 119–152.

11,32 f. Mundus ... vivendi!] »Die Welt wird vom Schein geleitet, von der Meinung beherrscht. Nichtig ist die Sehnsucht zu leben!«

12,1 á la ville de Strasbourg] Gasthaus, wo Deutsche abstiegen und wo auch Moscherosch wohnte (Schäfer, 1972, S. 71). Der weitere Zusammenhang hier wird unabhängig von der spanischen und französischen Quelle erzählt (s. Höft, S. 8 ff.).

12,3 f. Carle Diskauw vnd Abraham Loß] Zwei deutsche Adlige aus schlesischen Familien, in deren Gesellschaft Moscherosch Angers und La Flèche (Jesuitenkolleg) besuchte. Loß fiel als Sekundant seines dänischen Freundes Crabbé, als dieser sich mit einem Franzosen duellierte (Schäfer, 1972, S. 72).

12,12 Entzuckung] Lähmung.

12,20 Kath] Kot, Dreck.

12,25 La Colere] erklärende Marginalie der Ausg. von 1650: *Hader Gasse*.

12,26 auprez ... garçons] nahe der Spitzbubengasse.

12,32 La debauche] erklärende Marginalie der Ausg. von 1650: *Schwälger Gasse.*

12,33 raßlen vnd praßlen] lärmen und prassen.

13,3 recolligiren] fassen.

13,4 f. verstabert] (elsäss.) erstarrt, in Angst versetzt (Grimm XII, 1,1518).

13,8–10 Abren ... omis] Umschreibung der elf Buchstaben des Namens »Moscherosch« mit Hilfe der Geheimschrift des Johannes Trithemius, *Polygraphiae libri sex*, Frankfurt a. M. 1550 (nach Dittmars Erl. zur Stelle).

13,13 f. Amolach ... thombas] eine weitere Umschreibung der Buchstaben des Namens »Moscherosch« nach derselben Quelle.

13,17 Moysiskopff] Moseskopf; vgl. die schon vom sechzehnjährigen Schüler Moscherosch vorgenommene etymologische Umdeutung seines Namens in »Mosche Rosch«, hebr. für ›Kalb‹ und ›Kopf‹ (Schäfer, 1972, S. 24 f.) und die darauf zurückführbare spätere Legende von der vermeintlichen Herkunft der Moscheroschs aus dem spanischen Judentum (Faber du Faur, 1947, S. 246 f.). Harsdörffer schrieb ein Lobgedicht auf Moscheroschs ›hebräischen‹ Namen (s. Dünnhaupt, S. 805).

13,27 f. Rabbi Laudel Poppel Poy] in der Erstausg. *Rabbi Poppel Poy*; Faber du Faur (1947), S. 246, erwägt, mit dieser Anrede könnte einst Moscherosch selbst gehänselt worden sein.

13,30 EXPERTUS. ROBERTUS] positive Gegen- und Schutzfigur des wankelmütigen Philanders, in späteren Ausgaben auch im Erscheinungsbild positiver dargestellt (vgl. Faber du Faur, 1972, S. 246, präzisiert von Höft, S. 12 f. und S. 18 f., sowie von Kleinschmidt, S. 285).

14,2 Arx-mihi-firma-Deus] »Gott ist für mich eine feste Burg.« Eine Umschreibung für den Straßburger Prediger und Hebräischprofessor Friedrich Blanckenburg (1580–1625), auf den die Ausg. von 1650 hier mit der Marginalie *Blankenburgius* hinweist.

14,4 אבג] (hebr.) Alphabet, hier svw. ›mit viel Wortaufwand‹.

14,8 Imperii Camera] Reichskammergericht (seit 1495); in dessen Sitzungssälen war als Zeichen des Verschwiegenheitsgebots (»sub rosa«) eine holzgeschnitzte Rose angebracht (nach Dittmars Erl. zur Stelle).

mit der Rosen] »Ros« oder »Rosch«: jüd. Familienname (vgl. Anm. zu 13,17).

14,20 Fitta] Beta, der neugriech. Aussprache angenäherte Schreibweise.

14,36–15,1 Paßquillen] anonyme Schmähschriften.
15,1 f. ad speciem gehen] sich auf den äußeren Schein beziehen.
15,2 dolo malo] mit Betrug.
15,6 Kintzig] rechter Nebenfluß des Rheins, an dem Moscherosch Heimatdorf Willstätt liegt. »Sittewalt« ist Anagramm von »Wilstaett«.
15,8 Gruterum] Janus Gruterus (1560–1627), bedeutender Philologe, Professor für Geschichte, Bibliothekar der Heidelberger Bibliothek.
16 [Marg.] Tempus inaestimabile] unschätzbare Zeit.
16,16 f. Peser ... impossible] »Das Feuer wiegen, den Wind messen, den vergangenen Tag wiederkehren lassen ist ein Ding der Unmöglichkeit.«
17,11 Austrasia] unter den Merowingern der östliche Teil des Fränkischen Reiches mit den Hauptstädten Reims und Metz.
17,24 schelffe] Schale.
17,28 Hypocrisia] von griech. ὑπόκρισις ›Heuchelei, Verstellung‹.
17,30 freto Anian] fretum Anian: Meerenge zwischen Asien und Amerika. In den Vorlagen fehlen die geographischen Veranschaulichungen dieser ›größten Straße der Welt‹.
17,30 f. freto Magellanico] fretum Magellanicum: Magellanstraße vor der Südspitze Südamerikas, zum ersten Mal 1519 von dem Portugiesen F. de Magalhães durchsegelt.
17,31 Nova Zembla] Novaja Zemlja: Insel im nördlichen Eismeer. Neben einem Gelegenheitsgedicht von Simon Dach (zum 8. März 1639) ist dieses der früheste Beleg in deutscher Literatur; vgl. Monika Hueck, »Der wilde Moscowit«, in: *Russen und Rußland aus deutscher Sicht* (9.–17. Jahrhundert), hrsg. von Mechthild Keller, München 1985, S. 289–340, hier S. 302.
17,33 Cabo Bonae Spei] vom Kap der Guten Hoffnung.
18,5 Pfeffersack] Schimpfname, bes. für Kaufleute. Hiervor fügt die Ausg. von 1650 eine Kritik der Politiker, Juristen, Geistlichen, Techniker und Ärzte ein, die breite Ständekritik des »Höllenkinder«-Gesichts abwandelnd.
18,10 liberey] Livree, Bedientenkleidung.
18,12 reverenter] ehrerbietig. Der folgende Abschnitt über die Titelsucht hat in den Quellen keine Entsprechung (s. Höft, S. 21).
18,32 Atzel] Elster.
19,1 Euclidem] Euklid: griechischer Mathematiker um 300 v. Chr.
19 [Marg.] Ovven] John Owen (um 1560–1622), neulateinischer Epigrammatiker aus Wales. Mit seinen Epigrammen, von denen

eine erste Ausgabe 1606 erschien, war Moscherosch wohlvertraut.

19,6 f. Per ... duas] »Die gantze Stadt aus kan in Sammet Foelix gehen / | der kaum zwo Stådte hat in gantzer Welt gesehen.« (Valentin Löber VII,62.)

19,10 sensu communi] sensus communis: (allgemeiner) Menschenverstand.

19,11 f. o quam ... induere!] »Wie lächerlich ist es, die Toga einer tanzenden Person anzulegen!« – Hier folgt in der Ausg. von 1650 das Idealbild eines Ratgebers an Fürstenhöfen.

19,14 f. bey dem Vrtheilfålligen Frawenziffer] bei Frauen, die ein Urteil abgeben (Grimm XI,3,2581); die Ausg. von 1650 behält die (wohl ironisch-abwertend gemeinte – s. Grimm IV,1,1,83, zu »Frauenziefer« –) Schreibung *Frawenziffer* bei, ebenso 76,18 f.; sonst schreibt Moscherosch *Frawenzimmer*.

19,17 Bleyinen Stråhlen] Kämmen aus Blei (angeblich zum Verhindern des Ergrauens).

19 [Marg.] Martial] Marcus Valerius Martialis (um 40 – um 101/104 v. Chr.), römischer Epigrammatiker, mit starker Nachwirkung u. a. im 17. Jh. Zur Martial-Wirkung in Werken Quevedos s. Lia Schwartz Lerner, »Martial and Quevedo: Re-creation of Satirical Patterns«, in: *Antike und Abendland* 23 (1977) S. 122–142.

19,23–26 Mentiris ... tuo] »Durch gefärbtes Haar, Lätin, erlügst du den Jüngling, | du, der ein Schwan erst war, wurdest ein Rabe so schnell. | Alle täuschest du nicht; Proserpina weiß, daß du grau bist: | und bald wird von dem Haupt diese die Maske dir zieh'n.« (Martial, *Epigramme* III,43.)

19,29 aequivociren] doppelsinnig reden.

19,30 scholastisiren] gelehrt reden.

19,31 nichts als ... Celso] d. h.: nichts als das, was Autoritäten vergangener Zeiten gewußt haben. Bartolus Severus (1313 – um 1359), italienischer Jurist, Rat Kaiser Karls IV.; Petrus Baldus (1324–1400), italienischer Jurist; Claudius Galenus (um 129 – um 200), griechischer Mediziner, mehrfach in Rom tätig; Aulus Cornelius Celsus (Ende 1. Jh. v. Chr. – Mitte 1. Jh. n. Chr.), römischer Mediziner und Schriftsteller.

19,32 f. attributis ... Conscientiae] Eigenschaften, Vorbehalten und Fällen des Bewußtseins.

20,1 f. quod ... Juvenatus] »daß der Senat nach dem Alter genannt wird, und, würde er nach den Jünglingen benannt, ›Iuvenat‹ hieße«.

20,3–8 a senibus . . . manet] »Wenn du im Alter wilt mit Witz begabet seyn / | so trinck ihn mit der Milch der Mutter bald hinnein. | Bey Alten suche Raht, bei ihnen ist Verstand / | und sonder Raht und Witz, vergehet Stadt und Land. | Ein Reich, Stadt oder Haus, wenn es regiert ein Kind, | es mag seyn wie es wil, zergeht es doch geschwind.« (Valentin Löber VI,55–57.)

20,12 f. sich duncken lasset] sich duncken lassen: eitel sein (Grimm II,1546 ff.).

20,15 f. Omnia . . . minus] »Du glaubst, daß du alles weißt, solange du jung bist. Dadurch, daß du mehr weißt, erkennst du, glaube ich, daß du weniger weißt.«

20,20 f. Vberiora . . . parum] »In Thålern wåchset hoch, auf Bergen kůrtzer Gras, | ein niedriger Sinn weiß eh, daß ein hoher was.« (Valentin Löber VIII,48.) – Hier folgt in der Ausg. von 1650 ein Exkurs über den überheblichen Gelehrten, der ›das Gras wachsen hört‹ und als Bild der *Eigenlieb* hingestellt wird.

20,22 f. Stillschweigen . . . vngunst] ähnlich bei Wander IV,860, Nr. 11.

20,28 Ertz-Hypocrit] scheinheiliger Heuchler.

20,30 f. Nestel] Verschlußformen an der Kleidung.

21,8 kahler] kahl: arm, elend, schlecht (Grimm V,27 ff.).

21,10 Conservatorem Calceitatis] Bewahrer des Schuhwerks.

21,13 Kieffer] Küfer.

21,18 Hoffmeister] Aufseher über die Hofhaltung eines Fürsten.

21,22 f. Stattmeister] höherer städtischer Beamter, wohl Bürgermeister (Grimm X,2,1,483 f.).

21,24 Gauch] Narr.

21,24 f. gedultiger Job] Hiob, als Exempelfigur der Patientia dem gottfernen Narren gegenübergestellt.

21,27 f. Bernheutter] gefährlicher Paktpartner des Teufels; sonst auch Faulpelz (s. Heinz Rölleke, [Art.] »Bärenhäuter«, in: *Enzyklopädie des Märchens*, hrsg. von Kurt Ranke u. a., Bd. 1, Berlin / New York 1977, Sp. 1225–32.

21,29 Ehrenhold] Herold (Grimm III,61).

21,30 f. schwartzer Schleppsack] liederliche Frau, unordentlicher Mensch (Grimm IX,649 f.).

21,36 Blackvogel] Tintenkleckser, Schreiberling (Grimm II,59 f.).

22,5 Mundus . . . titillatur] »Die Welt wird von der Meinung beherrscht, die Welt wird von Titeln gekitzelt.« (Vgl. Walther II,2,1003, Nr. 48b.)

22,11 f. sub . . . causa] »hinter dem äußeren Schein, durch den Vorwand und die Aufweisung irgendeiner Qualität oder um der Notwendigkeit willen.«

22,14–16 Aber ... Spinnweb] nach Buch Hiob 8,13 f.

22,25–29 Togas ... Cinaedos] »Sie tragen die Toga, obwohl sie tanzen, und geben vor, wie die Kurier zu sein, leben aber ausgelassen und lasterhaft. – Einen, der Kurier gern stets nennt und Fabier, suche, der sich struppig und rauh zeiget und bäuerischer Art! Finden ihn wirst du; doch hat die finstere Schar auch Kinäden.« (Martial, *Epigramme* VII,58.) Kurier: röm. Gens; Curius Dentatus war als Beispiel der Sittenstrenge berühmt. Fabier: bedeutende röm. Gens. Kinäden: Tänzer; Bezeichnung für verweichlichte, lasterhafte Männer (RE XI,1,459 ff.).

22,30 f. Nil ... togatus] »Nichts Leichtsinnigeres als Carisianus; er geht in der Toga beim Saturnsfest.« (Martial, *Epigramme* VI,24.)

22,32 f. Thelin ... moecham] »Numa sah in der Toga jüngst den Thelys, und Ehebrecherin nannte er diesen Hämling.« (Martial, *Epigramme* X,52.)

23,26 f. Carmina funebria] Trauergedichte. Zur literarischen Praxis s. Wulf Segebrecht, *Das Gelegenheitsgedicht. Ein Beitrag zur Geschichte und Poetik der deutschen Lyrik*, Stuttgart 1977, S. 164 bis 173.

23,28 parentation] Totenfeier.

23,32–34 Scilicet ... nigra!] »Die Frommen ångstet man / eh sie den Geist aufgeben / | im Tode lobt man sie: o sůsser Todt / saur Leben!« (Valentin Löber IV,135.) – Hiervor bezieht die Ausg. von 1650 Johann Matthäus Meyfarts Gedanken über das Sterben ein (*Das Jůngste Gericht [...]*, Nürnberg 1632, Tl. 2, Kap. 3, S. 55).

24,1 f. consideration] Betrachtung.

24,22 verlassenschafft] Erbe.
discurriren] sich auslassen über etwas.

24,34 schleyffe] liederliche, träge Frau (Grimm IX,587 ff.).
kôtsch] unordentliche Hausfrau (Grimm V,1599).

25,11 vortrågliche] nützliche.

25,13 sich resolviren] sich entschließen (Campe, Erg.-Bd., S. 533); so auch in der Ausg. von 1650 verdeutscht.

25,30 kluxete] schluchzte.

25 [Marg.] Petr. Arbit.] Petronius Arbiter (gest. 66 n. Chr.), arbiter elegantiae am Hofe Neros, Autor des Romans *Satiricon*.

25,33 f. manibus ... contritis] »indem sie die Hände bis zum Knarren der Fingergelenke verschränkte«.

26,1 Bronnen zu Breysach] Der Brunnen in der badischen Festung Breisach war besonders tief (Zedler IV,1401 ff.).
26,14 f. In tenebris . . . virum] »In der Dunkelheit betrauerst du, Gallierin, den verlorenen Ehemann, denn du schämst dich, glaube ich, Gallierin, den Ehemann zu beklagen.«
26,30 f. Batzientzia Fintzi Domine] verballhornt für »Patientia vincit omnia« (nach Dittmars Erl. zur Stelle).
26,33 Weidspruch] Sinnspruch (Grimm XIV,1,1,622 ff.).
27,13 figural geschrey] ironische Anspielung auf Figuralmusik, die im Gegensatz zum einstimmigen Choral und zur einfachen Choralharmonisierung den kontrapunktisch gearbeiteten und mit Figuren verzierten Satz kennt. Die folgenden klangmalenden Verben haben in den Quellen keine Entsprechung (vgl. Höft, S. 33).
27,20 ordinarium] Gewohnheit.
27,23 f. Tabac-Narren] Das Tabakrauchen wurde als Anzeichen einer närrisch-heillosen Gesinnung angegriffen; zu Jacob Baldes und Sigmund von Birkens Satiren und nahestehenden Flugblättern s. Harms, Flugblätter I,83 f.
28,3 Sic . . . voluntas] »So wünsche ich es, so befehle ich es. Der Wille steht für die Vernunft.«
28,32 versporet] verschimmelt, verfault, vertrocknet (Grimm XII,1, 1436 f.).
29,4 lacrymae . . . paratae] »Die Tränen sind nur zum Anschein (der Trauer) hervorgebracht.«
29,9 Courranten] Courante: französischer Tanz.
29,12–15 Amissum . . . dolet] »Gellia weint um des Vaters Verlust nicht, wenn sie allein ist; | Siehet sie einer, sogleich stürzen die Tränen hervor. | Merk es, Gellia, dir; der trauert nicht, der da Lob sucht; | der fühlt wirklichen Schmerz, der ihn vor Zeugen verbirgt.« (Martial, *Epigramme* I,33.)
29,17 ex lachrymis in risum mota] »nachdem sie vom Weinen zum Lachen gebracht worden ist«.
29,28 gressolfiert han] geresolviert haben; vgl. Anm. zu 25,13.
Werrly] (elsäss.) wahrlich (bekräftigend) (Martin/Lienhart II,843).
29,33 affechtion] Zuneigung.
30,12 f. Was GOtt . . . vnverwehrt] vgl. Wander II,68, Nr. 1660.
30,14 f. Doch . . . veracht han] (elsäss.) »Doch ich möchte wahrlich fast lachen, daß er mich so anschaut, ich will Euern guten Rat darum nicht verachtet haben.« Zu elsässischen Einlagen auch in Moscheroschs Lyrik vgl. Schilling, S. 317 f.
30,18–20 hi sunt . . . corde] »Das ist die Art der Witwen; bevor der

Verstorbene aus dem Hause getragen ist, ist ein anderer Lebender ins Herz aufgenommen.«

30 [Marg.] Strenoph] bei Höft, S. 187 und 184, identifiziert mit: Josua Stegmann, *Studii pietatis icon, sive Christognosia [. . .]*, Marburg 1630, wo in Kap. 6 (»Christus Strenophorus«), S. 467, ausführlicher über die falsche Trauer von Witwen gehandelt wird.

30,33 Scherge] Gerichtsdiener.

30,35 hebt] haltet.

31,10 part] Anteil.

31,18 f. scheinbahren . . . Justitien] Vorwand der Gerechtigkeit.

31,22 f. per anticipationem] aufgrund vorgefaßter Meinung (vor Prozeß und Urteil); zur unrechtmäßigen Bereicherung des Justizpersonals s. Erich Döhring, *Geschichte der deutschen Rechtspflege seit 1500*, Berlin 1953, S. 119 ff.; zur Behandlung im Flugblatt s. Harms, Flugblätter I,67 f.

31,29 f. non tam . . . fiunt] »Nicht so sehr durch das Verbrechen, als vielmehr durch das Schicksal sind sie schuldig.« – Die Ausg. von 1650 verweist hier auf Petronius.

31,30–32 wann . . . gesehen] vgl. Wander II,869, Nr. 1184.

31,33 f. Non amo . . . te] »Lieben kann ich dich nicht und kann nicht sagen, warum nicht; | kann, Sabidius, nur sagen: ich liebe dich nicht.« (Martial, *Epigramme* I,32.)

32,7 deponenten] Vorgeführten (Zeugen).

32,28 f. grossen Kragen] gefältelte Kröse, wegen ihrer Größe und Steifheit auch »Mühlrad« genannt.

32,31 gleych] Gleich: Gelenk (Grimm IV,1,4,8017 f.).

33,9 pausete] blies (Grimm VII,1515).

33,12 Solon] athenischer Politiker (geb. um 640 v. Chr.), der den Tyrannen Kroisos warnte, sich vor seinem Tode glücklich zu preisen. – Dem Ende dieses Absatzes läßt die Ausg. von 1650 acht französische Verse des Satirikers Etienne Tabourot des Accords (1547–90) folgen, aus dessen Werk dort auch in den folgenden Partien wiederholt zitiert wird.

33,25 Aula . . . miseria] »Der Hofstaat ist ein glänzendes Elend.« Zum Hintergrund dieses Topos s. Helmuth Kiesel, *»Bei Hof, bei Höll«*, Tübingen 1979; vgl. auch das »Hoff-Schule«-Gesicht am Schluß des ersten Teils des *Philander* sowie Moscheroschs *Insomnis Cura Parentum* (1643), hrsg. von Ludwig Pariser, Halle 1893, S. 123.

33,33 la mi] italienische Notenbezeichnungen für e und f, womit das Intervall einer dissonanten kleinen Sekunde angegeben wird. Die

Ausg. von 1650 läßt ironische kurze Notenbeispiele folgen (vgl. Bobertags Erl. zur Stelle).

33,34 Nil hic ... est] »Du siehst hier nichts so, wie es ist.«

34,8 Fuchsschwåntzer] eigennütziger Schmeichler; oft zur Hofkritik eingesetztes Wort (Grimm IV,1,1,352–354). Diese und weitere Passagen der Hofkritik haben in den Quellen keine Entsprechung.

34,9 prae] Vorrecht.

34,14 f. Nil distant ... Sapit] »Arbeit und Mühe unterscheiden sich nicht, | Baum und Baum unterscheiden sich nicht: | Ehre und Ehre ist dasselbe, | Wer sich rasch etwas aneignet, ist folglich auch klug.«

34,23–26 Praeteriti ... sapit] »Man hofft nicht / was vorbey / was kůnfftig ist / hofft man. | Ohn' hoffen fleicht das Gut / ohn Gut komt Hoffnung an. | Wenn Schmertz und Sorg uns quåhlt des / was war / und wird seyn / | nimt / was zugegen / an ein Behst. Ein Behst thut fein.« (Valentin Löber III,71.) Im ersten Vers unterschlägt Löber eine Verneinung; der letzte Vers lautet, wörtlich übersetzt: »ein wildes Tier greift sich, was gegenwärtig ist, und es ist klug.«

34,31–33 Ergo ... fame] »Bewohne ich also wohl große Atrien? Kaum diese drei oder vier da ernährt die Sache; die übrige Schar ist blaß vor Hunger.«

35,1 Suppenfresser] Schmeichler, Schmarotzer (Grimm X,4, 1235 f.).

Zeitungsflickerin] opportunistische Lügnerin (?) (vgl. Grimm XV,595).

35,4 auffnehmen] Gedeihen.

35,9 f. Qui cuivis ... minus] »Wer allen alles glåubt / dem glaubt man sicher kaum; | ich glåube dir nicht viel / wenn du mir glaubst so raum.« (Valentin Löber IV,65.)

35,17 Taubmannus] Friedrich Taubmann (1565–1613), Philologe, Professor der Poesie in Wittenberg.

35,21 f. Est oculus ... Mercurius] »Hast du nur ein Auge, Quintus? dann mußt du Odysseus fürchten. Hast du hundert wachsame Augen? dann den Merkur.«

35,23 f. Ille est eximius] »Jener ist ausgenommen« (mit der weiteren Bedeutung: Jener ist der übelste).

35,27 Westreicher] Westreich: hier: Teil des alten Königreichs Austrasien (u. a. Vogesen, Hunsrück, Eifel), vgl. Anm. zu 17,11.

35,31–35 Sic vos ... Oves] »So baut ihr Pferde für euch nicht Hafer an, | so bereitet ihr Bienen für euch nicht Honig, | so bereitet ihr Vögel für euch nicht das Nest, | so führt ihr Ochsen für euch nicht den Pflug, | so tragt ihr Schafe für euch nicht Wolle.« (Zu V. 2,5 und 6 vgl. Jacob Cats, *Spiegel van den Ouden ende Nieuvven Tijdt*, Den Haag 1632, Tl. 1, Nr. 29, S. 59.)

36 [Marg.] Oculorum mobilis petulantia] »Der Augen bewegliche Leichtfertigkeit.«

36,18 Mimy] zu Schleiern benutztes Zeug (nach Bobertags Erl. zur Stelle); vgl. Anm. zu 9,29.

36,27 f. Crines ... effuderunt] bei Petronius, *Satiricon* 126,15, auf Circe bezogen: »Die Locken hatten sich in natürlichem Geringel über die ganzen Schultern ergossen« (Übers.: K. Müller und W. Ehlers).

36,29 f. Lumina ... comae] »Glänzender sei als die Sterne sein Aug', und es peitsche den Nacken weiches Haar.« (Martial, *Epigramme* IV,42.)

36,32 Lefftzen] Lippen.

36,33 f. Nares ... credidit] »Die Nase leicht gebogen und den kleinen Mund so, wie Praxiteles ihn der Diana zuerkannt habe«.

36,35 Auffgesetz] Kopfputz der Frauen (Grimm I,718 f.).

37,12 poenitere] paenitere: bereuen, Reue empfinden.

37,13–15 quod ... nocet] »Wer Schmerz erkaufft vor Lust / mit solchem stehets schlecht« (Valentin Löber III,138).

37,16 f. Principium ... solet] »Diß ist der Venus Art: Erst lachen hernach klagen: | Sie hebet fröhlich an / und endet sich mit Zagen.« (Valentin Löber I,13.)

37,26 f. quod ... ardet] »Daß es entweder ein Gott oder ein Stein ist, der nicht jugendlich brennt.« – Die Passage um den Bezug auf Hieronymus hat Moscherosch gegen seine Quellen eingeführt (vgl. Höft, S. 44).

37,33–38,4 Quid ... fluent] »Wie kommt es, daß du die Waffen weggeworfen hast und gegenüber den Himmelsbewohnern schweigst? Jetzt erscheine als Stier mit ragenden Hörnern am Haupte, verbirg dein graues Haar jetzt mit den Federn des Schwans! Hier ist die wahre Danae! Versuche, ihren Körper zu berühren, und bald werden deine Glieder in feuriger Glut schmelzen.« (Petronius, *Satiricon* 126,18.)

38,11–13 O Dea ... permiseris] »Oh meine Göttin, ich bitte dich bei deiner schönen Gestalt, daß du es nicht verschmähst, einen Fremden unter den Verehrern zuzulassen; du wirst in ihm einen frommen Menschen finden, falls du es gestattest, daß du angebetet wirst.«

38,15 f. oculi ... fulgentibus] »Augen, die glänzender sind, als die den Mond überstrahlenden Sterne«.

38,30–33 Candida . . . sanguis. etc.] »Ihre glänzenden Augen erglühen mit dem Licht von Gestirnen, ihr Hals verbreitet Rosenglanz, ihre Haare überstrahlen das Gold. Der süße Mund nimmt vom Purpur das Rot, und ihre milchweiße Brust wird vom Blut geschwellt usw.«

39,1 Goldmacher] Alchimisten.

39,7 Cornelius] Kornschnaps oder Kornelkirschenwein (?). Vgl. Grimm V,1822; Harms, Flugblätter I,148.

39,22 Aventinus] Johannes Turmair, gen. Aventinus (1477–1534), Geschichtsschreiber; vgl. »Ala mode Kehrauß«-Gesicht und Anm. zu 70 [Marg.]. Die folgende Partie hat in den Quellen keine Entsprechung (s. Höft, S. 45).

39,24 D. Thom. Scotum] Thomas Scotus (gest. 1566), dominikanischer Theologe, 1557 von Paul IV. zum Generalkommissar der Inquisition bestellt.

Suaretz] Francisco Suarez (1548–1619), führender Theologe und Philosoph der spanischen Scholastik.

39,26 subtilisationes] Gründlichkeiten, in der Ausg. von 1650 ergänzt durch *gespitzte grillen oder Grillen-spitzen*.

39,33–40,7 Gyckes . . . auß] Die Verse stammen nicht von Sebastian Brant, haben nur eine gewisse inhaltliche Ähnlichkeit mit der Warnung vor närrischem Reisen in fremde Länder im »Narrenschiff«, Kap. 34, V. 11–14: *Eyn narr ist wer vil land durchfert [. . .]* (vgl. Höft, S. 106).

40,17 vbersichtig] mit einem Augenfehler behaftet, unachtsam (Grimm XI,2,554 f.).

40,32–35 fallunt . . . rotatur] »Immer täuschen die Augen und umgaukelt unvernünftiger Sinnentrug uns Menschen. Nahe sieht man den Turm quadratisch ragen, doch von ferne verschwimmen seine Kanten« (Petronius, *Satyrica*, Fragm. 28, S. 376).

41,8–10 sciteque . . . dedit] »und geschickt hat sie, nachdem sie die äußeren Umrisse nachverfolgt hatte, sich diese ganze Schönheit gegeben«.

41,23 supercilia . . . pixide] »die Augenbrauen macht sie durch Pech auffällig sichtbar«.

41,26 Mercurialischen Wasseren] Quecksilbermitteln.

41,28 f. Psilotro . . . faba] »[. . .] Frischt sie sich auf mit Philothron und legt gesäuerte Kreide, drei- und vierfach auch Paste von Bohnen sich auf« (Martial, *Epigramme* VI,93).

41,30 f. Inter . . . laborare] »Zwischen den Falten ihrer Wangen kann man so viele Kreide zum Schminken finden, daß man glauben wird, sie sei eine Wand, die vom Regen abgespült wird.«

41,34 f. Color . . . mutat] »Denn eine künstliche Farbe verschmiert den Körper, verändert ihn aber nicht.«

42,1 Zibeth] fettige, moschusähnliche Drüsenabsonderung der Zibetkatze; wurde als Riechstoff verwendet.
Bisam] Moschus.

42,2 poudre de Cypre] Haarpuder.

42,8 f. Cum bene . . . olet] »Schien sie sich wohl geschützt durch tausend Künste der Täuschung, tat sie alles, so hat Thais der Thais Geruch« (Martial, *Epigramme* VI,93). Thais: athenische Hetäre im Troß Alexanders des Großen (RE R. 2, V,1,1184 f.).

42,11 feißte] Fett.

42,12 Kuttelfeger] Kuttelwäscher: einer, der die Kutteln (Gedärme des Viehs) auswäscht und verkauft (Grimm V,2902).
am Bubeneck] in Straßburg.

42,14 Canafas] Kanevas: Segeltuch; netzartig gewebter Stoff, als Grundlage für Stickereien dienend (Grimm V,166).
Zwilch] Zwillich: derber Leinen- oder Baumwollstoff (Grimm XVI,1195).

42,18 Vestissez . . . baron] »Kleidet einen Busch, und er wird einem Baron ähnlich sehen.«

42,22–24 Non dentes . . . dormit] »Und, wie dein serisch Gewand, des Nachts ablegest die Zähne, | Und vergraben von fast hundert Büchsen du liegst, | Und mit dir dein Gesicht nicht mitschläft« (Martial, *Epigramme* IX,37); serisch Gewand: kostbares halbseidenes sehr dünnes Gewand (die Serer waren ein Volk im östlichen Asien).

43,1 stumpffiren] verspotten, beschimpfen (Grimm X,4,472 ff.).

43,3 f. quae . . . satisfactionem] »diejenigen, die ihr Aussehen so verändern, bereiten eine Täuschung und keine Genugtuung«.

43,8 f. Est . . . mulier] »Die Weiber gleichen sich den Regeln / die gemein / | warům? die Regel triegt offt, wie die Weiberlein« (Valentin Löber V,19).

Hȍllen-Kinder

45,3 Genff] Anspielung auf Moscheroschs eigenen Studienaufenthalt in Genf (1624–25), wo er an der philosophischen Fakultät immatrikuliert war. In diese Hochburg des Calvinismus unterhielt

Moscheroschs Straßburger Lehrer Bernegger, selbst Lutheraner, gute Verbindungen (s. Schäfer, 1982, S. 64–66).

45 [Marg.] propositum peregrinantium] Das Vorhaben, sich im Ausland aufzuhalten; hier ist *peregrinatio* zunächst nur als *peregrinatio academica* zu verstehen.

Politici hodierni] Heutige Politiker (Kenner der Regierungsgeschäfte).

45,14 Ratio status] s. Anm. zu 149,14.

praetext] Vorwand.

45,15 f. Religio . . . plebis] Die Religion ist bei den Politikern ein Geheimmittel, um das Volk zu zähmen; s. Anm. zu 149,14.

45 [Marg.] Schupp. de Opin.] Johann Balthasar Schupp (1610–61), 1634–46 in Marburg Professor der Geschichte und Rhetorik, ab 1649 Hauptpastor in Hamburg; verfaßte auch politische Schriften (z. B. *Salome oder Regentenspiegel*, 1663). Hier handelt es sich um die Schrift *De opinione dissertatio praeliminaris*, Marburg 1639, später deutsch von B. Kindermann unter dem Titel *Von der Einbildung oder vorgefasten eingebildeten Meynung der Menschen* (s. Gerhard Dünnhaupt, *Bibliographisches Handbuch der Barockliteratur*, Tl. 3, Stuttgart 1981, S. 1708).

praetextus politici] Der Vorwand des Politikers.

45,22 Declarationes, Deductiones] Erklärungen, Fortführungen.

45,31 f. Nam . . . caret] Denn was der ungezügelte Ruhm gebietet, hat keine Grenzen; zu Petronius s. Anm. zu 25 [Marg.].

46,1 Albaren] albernen, einfältigen.

46,11 f. Lausanne . . . Brisach] Moscheroschs tatsächlicher Reiseweg führte von Genf über Lyon und Orléans nach Paris (s. Schäfer, 1982, S. 66–68); Philander zieht schon hier eine Absage an das Französische vor.

46,23 f. Saurbronnen] Mineralquelle, Badeort, hier wohl mit Bad Griesbach bei Straßburg zu identifizieren (s. Kühlmann/Schäfer, S. 64); Philander träumt also nach dem Abschluß seiner Reise in heimatlicher Umgebung.

47,8 ort] Hier beginnt die Beschreibung eines einsamen ›locus amoenus‹, der sich fürs Nachsinnen (contemplatio) und damit auch für ein Traumgesicht eignet. Moscherosch folgt hier Quevedo, der seinerseits im Höllen-Sueño deutlicher als bei anderen Traumsituationen zeigt, daß diese Träume unter dem Eindruck von Dantes (Höllen-)Visionen stehen; s. Ilse Nolting-Hauff, *Vision, Satire und Pointe in Quevedos ›Sueños‹*, München 1968, S. 18.

47,19 Concent] mehrstimmiger Gesang. – Hier fügt die Ausg. von

1650 hinzu: *daß es mehr einem jrdischen Paradiß als sonsten was kostliches gleich scheinete.*

47,21 libertet] libertas: (lat.) Freiheit.

47,22 zeitlich] bald.

47,23 ichtwan] irgend.

47 [Marg.] Litera . . . Herculis] Der Buchstabe des Pythagoras, der Scheideweg des Herakles. – Das Ypsilon in der Form einer Weggabelung soll von Pythagoras erfunden worden sein und hat bis in die Neuzeit als Zeichen für die Wahl des angemessenen Lebensweges gegolten (s. Harms, S. 29 ff., zur Stelle S. 74 ff.). Philander gerät hier in eine Herakles-Nachfolge, in der sich der Held der Satire dem großen Vorbild unterlegen zeigt; dieses ist schon bei Quevedo angelegt (s. Arnold Rothe, *Quevedo und Seneca*, Genf/Paris 1965, S. 32 ff.; zur Verbindung von Traumsituation und Herakleswahl s. Dieter Wuttke, *Histori Herculis*, Köln/Graz 1964, S. 120 ff.). Vgl. Abb. 3 und 4.

47,32 verhudelt] versperrt.

47 [Marg.] via virtutis] Der Weg der Tugend. – Die Darstellung dieses positiv verstandenen Weges folgt der ikonographischen Tradition mit einer Anhäufung von Attributen, die hier das Wandern erschweren.

47,34 wortzeichen] Wahrzeichen, Merkmale.

49,15–18 S. Paulus . . . gesessen] Die Anspielung auf das Damaskuserlebnis, durch das Saulus zu Paulus wurde, weist die Szenerie als bedeutungs-, nicht realitätsbestimmt aus: Die rauhen Eigenschaften des Tugendweges können nicht mit äußeren Mitteln (z. B. einem Pferd), sondern nur mit der angemessenen Religiosität und Moral bewältigt werden (s. Harms, S. 77 f.; s. Haberkamm, S. 185 ff.).

49,21 Wagenleyß] Wagenspur.

49,24–27 Non . . . via] »Den edlen Castor hat kein Roß zum Himmel bracht / | Trimptolemum kein Wag, als von mir wird eracht. | Der Himmels-weg ist schmall / man mus zu Fuß ihn traben: | ein Pferd und Kutsche mus den Weg / der breit ist / haben« (Valentin Löber X,89). Dieses Epigramm, bei Owen unter dem Titel »Solatium pedestrium«, fehlte noch in der Ausg. von 1640.

50,1 f. Weg . . . zufinden] Die Ausg. von 1650 fügt hier einen Hieb gegen die ›Materialisten‹ ein, denen dieser Weg jetzt verboten sei.

50,13 f. Mors . . . malum] »Kein Frommer fůrcht den Todt / ein Bőser wil ihn meiden / | denn jenem bringt er Freud / und diesem ewig Leyden« (Valentin Löber III,42).

50,20 f. Festinemus . . . perveniamus!] »Also wollen wir uns sputen und beeilen, damit wir schnell dorthin gelangen!«

50 [Marg.] D. Stegman. . . . piet.] Josua Stegmann (1588–1632), Theologieprofessor an der Universität Rinteln, hier seine Schrift *Studii pietatis icon sive Christognosia ad praecipua totius anni Festa, de persona et agentia, officio Christi accomodatum*, Marburg 1630; vgl. Anm. zu 30 [Marg.].

51,6 spendiren] verwenden. – Das Weltkind Philander zeigt sich von der Konfrontation mit Vertretern des Bereichs der »virtus« (Tugend im Gegensatz zum weltlichen Wohlleben) und der »peregrinatio« (der Lebensweg als prüfungsreicher Gang durch die Fremde) zu keiner Sinnesänderung veranlaßt.

51,7 f. In coelum . . . nihili] »Ein Geitzhals warům kǒmpt er nicht in des Himmels Zelt? | Dem Geitzhals reuet nichts / als ausgegeben Geld« (Valentin Löber III,31).

51,10 f. Nunc . . . media] »Nun eile ich wieder; es beschämt, anzuzeigen, es reut, zurückzukehren, und man schämt sich, mitten im Leben zu stehen.«

51,12–14 Doch . . . theileten] Philander kehrt also vom schon beschrittenen Tugendweg an den Ort der Wegeteilung und -wahl zurück, um dort andere Wanderer zu befragen.

51,18 Tondalus] Die Visio des Iren Tundalus beschreibt eine Jenseitsreise (s. Nigel F. Palmer, *Tondolus der Ritter*, München 1980); entsprechend wäre als Begleiter ein anderer Unterwelts- oder Höllenbesucher, wie Brandan oder Esdras, zu erwarten (Egneus nicht erklärbar).

51,21 Jrrland] Dieser Weg von *Irrland* (gewählt wegen der etymologischen Deutungsmöglichkeit von »irren«; vgl. Harms, Flugblätter II,284) über den Ätna ins Fegefeuer dient zur Konkretisierung eines weiteren Irrwegs, der durch die Reformation, die, von 1640 zurückgerechnet, vor 123 Jahren stattfand, endgültig versperrt worden sei.

51,29 f. einhundert . . . Jahren] 123 Jahre vor dem ersten Erscheinen (1640) begann die Reformation, die die Lehre vom Fegefeuer verwarf; zum Verschwinden des dritten Weges s. Haberkamm, S. 186 f.

51,34 breite Strasse] der Lasterweg zur Verdammnis (s. Abb. S. 48 und 53). – Daß hier Philander als Belehrender fungiert, ist offenbar als unpassender Gegensatz zu seiner eignen Uneinsichtigkeit verstanden worden; denn in der Ausg. von 1650 ist Philander hier ebenso ratlos wie die beiden Soldaten.

51 [Marg.] Boter. . . . Deucal.] Die lange Marginalie mit ihren Hinweisen auf theologische und geographische Quellen für die kühne Beschreibung des Weges zum Fegefeuer aus lutherischer Sicht bringt die aufgebotene Gelehrsamkeit in Kontrast zum Ertrag. – Johannes Boterus (gest. 1608), Abt zu St. Michel in Piemont, verfaßte eine Weltbeschreibung (Jöcher I,1278 f.).
Olaus . . . sept.] Olaus Magnus (1490–1557), schwedischer Historiker und Geograph, verfaßte u. a. *Historia de gentibus septentrionalibus* (1555).
Münst. . . . c. 32] Sebastian Münster (s. Anm. zu 139 [Marg.]).
D. Gerhard.] wohl: Johann Gerhard (1582–1637), lutherischer Theologe (Jöcher II,948 ff.).
Dionys. Carth.] Dionysius der Kartäuser (1402/03–71), niederländischer Mystiker, die Scholastik fortsetzend.

52 [Marg.] Syl. Gyrald.] Lilius Gregorius Giraldus (1479–1552), italienischer Jurist und Dichter. – Das Folgende unklar (auf M. Flacius Illyricus bezogen?).

52,7 Non datur tertium] »Es gibt kein Drittes.«

52,9 f. Hic non . . . Mediatore] »Hier gibt es keinen mittleren Weg außer durch einen Vermittler.«

52,18 f. discuriren] discurrere: (lat.) mitteilen, viele Worte machen.

52,20 Sécrét oder Privét] geheimes Gemach, zu dem enge Vertraute Zutritt haben.

52,31 visirlichen Postur] (übertrieben) gezierten Körperhaltung (s. Grimm XII,2,379).

54,1 schlůpfferig] unzuverlässig, charakterlos (s. Grimm IX,847).
Opiniastre] (nur) von Meinungen abhängig, (nur) Einbildungen verpflichtet (?).

54,4 tribuliren] quälen.

54 [Marg.] Hőllische . . . Meyfarts] Johann Matthäus Meyfart (1590–1642), Theologe und Rhetoriker, 1623–33 Direktor des Coburger Gymnasium academicum, hier Verfasser der Erbauungsschrift *Das hőllische Sodoma* (Coburg 1630, auch Nürnberg 1640), in der u. a. in Kap. 16 eine scharf dualistische Beschreibung von Seligen und Verdammten geboten wird; s. Erich Trunz, »Nachwort«, zu J. M. Meyfart, *Tuba Novissima* (1626), Neudr. Tübingen 1980, S. 53*–78* (vgl. Anm. zu 23,32 und 55,12). Zu weiteren Bezügen auf Meyfart im ersten Teil der ›Gesichte‹ s. Höft, S. 193–205.

54,30 entdecken] aufdecken, entlarven; zur Entlarvung der Welt als

Hauptziel der satirischen ›Gesichte‹ s. »Erläuterungen zu den Titelblättern«, S. 233.

54,31 f. braviret ... getrotzet] bravieren: übermütig auftreten; prangen: sich überheblich zeigen (Grimm VII,2065); pochen: prahlerisch handeln (Grimm VII,1958); trotzen: hochmütig sein (Grimm XI,1,2,1131).

54,33 Scharhansen] Scharhans: (wilder) Krieger; zur Bedeutung und Wortbildung vgl. »Marterhans« (Grimm VI,1682 f., und IV,2,457; Harms, Flugblätter I,172).

55,5 f. Bidermann] ehrenhafter und verständiger Angehöriger eines beliebigen Standes, an verläßlichen alten Werten orientiert (Grimm I,1812 f.). Der »Biedermann« ist das Ziel, das Philander und mit ihm der belehrungsbedürftige Leser Moscheroschs erreichen soll.

55,12 f. D. Meyfarts ... Hőlle] Johann Matthäus Meyfart, *Tuba Novissima, Das ist / VOn den vier letzten dingen des Menschen / nemlich / von dem Todt / Jűngsten Gericht / ewigen Leben vnnd Verdamniß / Vier vnterschiedliche Predigten / gehalten zu Coburgk bey gegebener Gelegenheit*, Coburg 1626; vgl. Anm. zu 54 [Marg.]. Meyfart vertritt in aller Schärfe die Auffassung, daß Gott im Jüngsten Gericht um so schrecklicher richten werde, je höher der Stand eines Menschen sei (S. 100). Moscherosch nähert in seinen Beispielen und Mahnungen seine Satire diesen lutherischen Predigten an und zeigt damit, in welchem Ethos sein moralischer Standpunkt als Satiriker fundiert ist.

Philanders Teůtsche Zugabe

57,20 Geschmůckte Heůcheley] Die Worte des buchstäblichen ›Entlarvens‹ sind durch die Larvenbildlichkeit des Titelblatts, den Hypokrisie-Abschnitt des »Welt-Wesen«-Gesichts und andere Partien vorbereitet und betreffen den irreführenden schönen Anschein oder die ›Praetension‹ (s. Faber du Faur, 1947, S. 487 f.) nicht nur des intendierten Lesers, sondern auch des Autors selbst: Der moralische Satiriker schreibt nur als Erzähler, nicht als historische Person aus einer Position der Wertsicherheit und moralischen Integrität.

57,24 Probirstein] Der »lapis Lydius«, mit dessen Hilfe sich Edles von Unedlem, Wahres von Falschem scheiden läßt.

58,10 lieblichern Geschmack] Die Vorstellung von der süß umzukerten Bitterkeit der wirksamen Arznei gehört zur traditionellen

Beschreibung von Wirkungsweisen der indirekt formulierenden Satire, allgemeiner des Einsatzes von Erfreulichem (delectare) zum Zwecke des Lehrens (docere); vgl. die Ableitung des Arznei-Bildes von Lukrez her bei Bruno Markwardt, *Geschichte der deutschen Poetik*, Bd. 1, 3. Aufl., Berlin 1964, S. 59.

58,29 f. welche ... geschrieben] Diese Angabe ist direkt auf Moscheroschs Lebensumstände 1636 bis 1642 in Finstingen zu beziehen, wo er als Amtmann die ›Gesichte Philanders‹ zu schreiben begann, während Kriegsplagen mit friedlicheren Zeiten wechselten (s. Schlosser, S. 77, und Schäfer, 1972, S. 105–118).

59,10 Ståttige] störrische.

zaufen] zurücksetzen, rückwärtsgehen (von Zugtieren) (Grimm XV,398).

59,21 Seria ... juuabunt] »Ernsthaftes wird so dem Lernenden unter Heiterkeit gefallen.« (Vgl. auch Horaz, *De arte poetica* 225 f. und 333–344.) Zur Antithetik von Heiterem und Ernstem in der Satire s. Günter Heß, *Deutsch-lateinische Narrenzunft*, München 1971, S. 96 ff.; zur Tradition, mit Lachen die Wahrheit zu sagen (Horaz, *Sermones* I,1,24), s. ebd., S. 24 f.

59,22 Eckkůmig] nicht wohl (Martin/Lienhart I,27).

60,28 Warmund von der Tannen] Jesaias Rompler von Löwenhalt war unter diesem Gesellschaftsnamen Mitglied der 1633 in Straßburg gegründeten »Aufrichtigen Tannengesellschaft«, einer kleineren Sprachgesellschaft. Er arbeitete ab 1640 eng mit Moscherosch zusammen, schrieb die Vorrede und entwarf das Titelblatt, das für die erste und (leicht verändert) für diese zweite Ausgabe des ersten Teils der ›Gesichte‹ benutzt wurde (s. Schäfer, 1972, S. 206 f.; Wilhelm Kühlmann, »Rompler, Hecht und Thiederich. Neues zu den Mitbegründern der Straßburger Tannengesellschaft«, in: *Jahrbuch der deutschen Schillergesellschaft* 25, 1981, S. 171–195, bes. S. 173 ff.).

61,7 bossiriger] drolliger (Grimm II,266).

61,15 portz] Portion, Anteil (Grimm VII,2005 f.).

Portia] Porcia: Tochter des älteren und Schwester des jüngeren M. Porcius Cato (Cicero, *Ad Atticum* XIII,37,3); vgl. die folgende Anm.

61,16 Cato] M. Porcius Cato Censorius (234–149 v. Chr.), der strenge Moralist, der die alte römische Moral gegen das Eindringen hellenistischer Lebensart verteidigte, gilt für Moscherosch als Maßstab.

61,21 Conrad von Riterßhausen] Konrad Rittershausen (1560 bis 1613), Jurist und Philologe in Altdorf.

61,22 f. Bilibald Pirckheimern] Willibald Pirckheimer (1470–1530), vielseitig (auch als Satiriker) tätiger Nürnberger Humanist, wirkungsreich u. a. durch umfangreichen Briefwechsel.

62,11 Monatwendischen] alle Monat anderen.

62,27–29 Es haben . . . angestrichen werden] Moscherosch verteidigt hiermit auch die Vielzahl von Spuren seiner Gelehrsamkeit (Zitate, Wörter und Anspielungen als Formen der Einbeziehung vor allem lateinischer und französischer Literatur), mit der er – mit Erfolg – beim gelehrten Leser Eindruck zu machen versuchte. Daß dabei die deutsche Darstellung mit vielen nichtdeutschen Flicken versetzt und so dem Narrengewand des Alamodegecken ähnlich wurde, wird hier gerechtfertigt, da ebendieses die natürliche Farbe des kritisierten Gegenstandes der Satire sei.

63,5 Harßdoͤrffer] Georg Philipp Harsdörffer (s. Anm. zu 163 [Marg.]), hier wohl als Verf. der *Frauenzimmer-Gesprächspiele* (Tl. 1, Nürnberg 1641) genannt. Moscherosch war offenbar über weitere Publikationspläne Harsdörffers informiert, wie er überhaupt sehr zügig Zugang zu literarischen Neuerscheinungen hatte.

63,6 Schottel] Justus Georg Schottelius (1612–76), Prinzenerzieher am Wolfenbütteler Hof, Verfasser zentraler sprachwissenschaftlicher und poetologischer Schriften der Fruchtbringenden Gesellschaft. Vorläufer und Teile seiner späteren *Ausfuͤhrlichen Arbeit von der Teutschen HaubtSprache*, Braunschweig 1663, erschienen schon ab 1640, z. B. *Lamentatio Germaniae exspirantis*, Braunschweig 1640; *Teutsche Sprachkunst*, Braunschweig 1641 (hierin bereits ein Glückwunschgedicht Moscheroschs); *Der Teutschen Sprache Einleitung*, Lüneburg 1643.

63,18 f. Fuͤrsten . . . Oberkeiten] Hier dürfte u. a. an die Förderer der Fruchtbringenden Gesellschaft, Fürst Ludwig von Anhalt-Köthen und Herzog August d. J. von Braunschweig-Lüneburg, vielleicht auch an städtische Obrigkeiten in Nürnberg und eventuell Straßburg gedacht sein.

63,24–26 Allein die Feder . . . stehet] Moscherosch schreibt hier in der Tradition der Vorstellung von der Dauerhaftigkeit des literarischen Werkes (Horaz, *Oden* III,30,1: *monumentum aere perennius*), auch mit dem Nebenaspekt, einen potentiellen Mentor oder Mäzen an der Dauer des Ruhms teilhaben zu lassen.

64,23 רי למביז:] *daj la-merin* (hebr.) ›genug für den Sachkundigen‹ (Schlußformel wie »sapienti sat«).

Philanders Vorrede

67,13 fast wohl] recht wohl.

67,17 Satyra] Zu Moscheroschs Auffassung von der Satire und ihrer Verbindung zum Satyr s. Schäfer, 1972, bes. S. 196 f. und 207.

67,23 Hilpers-griffe] Hilpersgriff: tückische, schlaue Handlung. Gekürzte, übliche Form für »Hildebrandsgriff«, angelehnt an die Darstellung des *Jüngeren Hildebrandsliedes*, wo Hildebrand im Kampf gegen seinen Sohn einen tückischen Griff anwendet (Grimm IV,2,1322 und 1332).

67,24 auffmutzet] hervorstreicht, übertreibt (Grimm II,692 ff.). hechel] Gerät mit scharfen Drahtspitzen zum Reinigen des Flachses oder Hanfes. »Durch die Hechel ziehen«: scharfe Beurteilung einer Person (Grimm IV,2,735 ff.).

67,28 fuchßschwåntzet] schmeichelt (Grimm IV,1,1,354 f.).

67,30 Lucilius . . . Persius] römische Satiriker: G. Lucilius (gest. 102 v. Chr.), Q. Horatius Flaccus (65–8 v. Chr.), Decimus Junius Juvenalis (60–140 n. Chr.), Aulus Persius Flaccus (34–62 n. Chr.).

68,15 Cybele] kleinasiatische Berggöttin.
Ceres] altitalisch-römische Gottheit der Feldfrucht.

68,16 Eumolpus] Hirte, eine der Nebengestalten der Mysterien von Eleusis.
den Orgiis Bacchi] Feiern zu Ehren des Dionysos (Bacchus).

68,23 fatzerey] Possen, Narrenpossen (Grimm III,1365).

69,2 wimppel] übel, ängstlich (Grimm XIV,2,227).

69,6 schmutzelten] schmunzelten (Grimm IX,1137).

69,15 grammantzens] Komplimente, Umstände (Grimm IV,1,5, 1771 ff.).

69,16 war jhnen måchtig gång] ging ihnen recht flink.

69,17 f. woran ers gefressen hatte] es an etwas fressen: etwas verschulden (Grimm IV,1,1,136).

69,20 Queuedo] Francisco Gomez de Quevedo y Villegas (1580 bis 1645), Autor der spanischen Quelle der ›Gesichte‹; s. Nachwort.

69,23 brånn] Gefahr, große Verlegenheit (Grimm II,304).

70 [Marg.] Auentinus] Johannes Turmair (1477–1534), bayerischer Geschichtsschreiber, hier als Autorität für deutsche Geschichte älterer Zeit; s. Anm. zu 70,7 sowie Friedrich Gotthelf, *Das deutsche Altertum in den Anschauungen des 16. und 17. Jahrhunderts*, Berlin 1900, S. 40.

70,3 f. Verae . . . rudera] »Überreste der alten Sitten und der altertümlichen Einfachheit«.
70,6 Julius] Gaius Julius Cäsar (100–44 v. Chr.).
70,7 Tuitscho] vgl. Aventinus, *Bayerische Chronik* I,8 (u. a.): 131 Jahre nach der Sintflut zieht der *großmechtig ris und reck Tuitsch*, ein Sohn Noahs, nach Germanien und *tet sich allda mit seinen hauptleuten und volk nider*, und Kurt Wels, *Die patriotischen Strömungen in der deutschen Literatur des Dreißigjährigen Krieges*, Diss. Greifswald 1913, S. 60 u. ö.
70,13 f. Kônig Labar . . . Treibal] vgl. Aventinus, *Bayerische Chronik* I,118. Zu den bayerischen Königen Main und Treibald s. ebd., 112. Die Namen *Labar* und *Mayn* sind von den Flüssen Laaber und Main abgeleitet, wie bei Moscherosch der Name des Königs Saro von »Saar«.
70,24 f. Labrer] Schmeller I,1403, kennt diese Stelle, ohne aber einen bestätigenden Beleg erbringen zu können.
70,29 f. Idem . . . mali] »Zu einem Ende sind Gesetz und Straff-Gedicht; | dieweil sie alle beyd auf Laster sind gericht« (Valentin Löber II,200).
70,32 Ex malis . . . sunt] »Schlechte Sitten bringen gute Gesetze hervor.«
71,9 Larven] Larve: hier: Verstellung, indirekte Aussage; s. Nachwort, S. 258 ff.
71,18 f. Gůldinen Flůss] Goldenes Vlies: burgundischer Orden, gestiftet 1430 von Philipp dem Guten (Grimm VIII,2458).
71,28 Lipsius] Justus Lipsius (1547–1606), Jurist, mit dessen auch theologischen und philologischen Schriften Moscherosch durch den Straßburger Historiker Bernegger bekannt wurde; vgl. Wilhelm Kühlmann, *Gelehrtenrepublik und Fürstenstaat. Entwicklung und Kritik des deutschen Späthumanismus in der Literatur des Barockzeitalters*, Tübingen 1982; zu Bernegger bes. S. 43 ff., zu Lipsius bes. S. 204 ff.
72,1 Zeylers] Martin Zeiller (1589–1661), deutscher Reiseschriftsteller und Geograph; zu Moscheroschs Kenntnis von Zeillers Werken s. Höft, S. 206–220. Zeiller zitierte selbst oft Moscheroschs Werke; s. Kühlmann, S. 269 f., und W. K., »Lektüre für den Bürger. Eigenart und Vermittlungsfunktion der polyhistorischen Reihenwerke Martin Zeillers«, in: *Literatur und Volk im 17. Jahrhundert*, hrsg. von Wolfgang Brückner, Peter Blickle und Dieter Breuer, Wiesbaden 1985, S. 917–934.

72,13 Namenbuch] Buchstabierbuch für Schüler (Adelung III,420).
72,20 tolle] Schlag, bes. Schulstrafe (Grimm XI,1,1,637).
product] Produkt (m.): feyerliche Züchtigung der Schüler vor dem Hintern (Adelung III,844).
72,23 Corycaeus] Coryphaeus (?): Schul-Oberhaupt.
garrientes] Schwätzer; von lat. *garrire* ›schwatzen‹.
72,24 Notam] Note: Zeugnis (Grimm VII,904).
DIC. CUR. HIC] Sprich. Warum. Hier.

Ala mode Kehrauß

73,1 Ala mode] Schlagwort der vorwiegend patriotischen Kultur- und Gesellschaftskritik, vor allem seit 1628; s. Beispiele aus dem Bereich des illustrierten Flugblatts bei Harms, Flugblätter I,116–133 (mit Kommentaren).
73,6 Mů̊lben] Johann Philipp Mülb(e) (1625–67), Drucker und Verleger in Straßburg; s. Bechtold, 1972; Benzing, S. 424, und Kleinschmidt, S. 287.
73,24 Biderleůtte] rechtschaffene Menschen.
74,4 wåhlsch] auf romanische Länder, hier bes. Frankreich, bezogen (Grimm XIII,1327 ff.).
74,7 Vberschlag] Verbrämung, Saum, Kragen (Grimm XI,2,501).
74,9 Gehenck] Schmuck, bes. Degenschmuck (Grimm IV,1,2, 2476; Georg Henisch, *Teutsche Sprach vnd Weisheit*, Augsburg 1616, S. 1437).
74,18 sufftiler] subtiler: von lat. *subtilis* ›fein, genau‹.
74 [Marg.] Tit. Calphurn.] Titus Calpurnius Siculus (Mitte des 1. Jh.s n. Chr.), Verfasser von sieben lateinischen Hirtengedichten.
74,19 f. Vilia . . . olim] »Wertlos ist uns, was wir je in früheren Jahren gesehen, und gering erscheint uns, was wir einstmals erblickt haben« (Titus Calpurnius, *Eklogen* 7,45 f.).
74,24 außgelochen] ausgelacht.
74,25 f. Nempe . . . facit] »Wer freilich töricht durch fremde Küsten eilt, der flieht vor dem, was zu tun ist, während er das, was zu meiden ist, tut.«
75,11 f. der langwirige . . . Kippgelt] der Dreißigjährige Krieg und die von ihm verursachte Inflation; s. Anm. zu 166,13.
75 [Marg.] Corn. Galli] G. Cornelius Gallus (69–26 v. Chr.), römischer Elegiker.

75,18 Eventus . . . habet] »Das Neue hat stets einen bösen Ausgang.« (Ähnlich bei Walther I,1039, Nr. 8226.)

77,7 Roͤsche] frische, heftige.

77,15 Vbermitherr vnnd Lybel] Übermieder und Leibchen.

77,31 f. zum Offenburg] Eine Straßburger gemeinnützige Stiftung, in deren Verwaltung Moscherosch ab 1641 seinen Unterhalt verdiente (s. Schäfer, 1972, S. 121 f.).

78 [Marg.] Vanitatum Vanitas] Der Nichtigkeiten Nichtigkeit; eitle Nichtigkeit (vgl. Anm. zu 11,25).

79,2–4 schleehecken . . . Haberkraupen] vgl. »Kann man auch Trauben lesen von den Dornen« (Mt. 7,16) und »Wer Hafer säht, kann keinen Weizen ernten« (Martin/Lienhart I,234).

79,4 boͤsen aspect] böser aspect: unglückliche Konstellation.

79,5 ♈] Sternzeichen des Widders.

79,5 f. Dominus Calendarius] Kalenderschreiber. Kalender enthielten im 17. Jh. verschiedene Lebensbereiche betreffende Vorhersagen; s. Ludwig Rohner, *Kalendergeschichte und Kalender*, Wiesbaden 1978.

79,17 ♒] Sternzeichen des Wassermanns.

79,33–80,11 PARNASSUS . . . POSSIDENTIBUS] »Der Parnaß ist der Berg derer, die fröhlich und rein leben, wo die Musen wohnen und Apoll regiert, wo der Frieden mächtig und die Tugend stark ist, wo die Kunst blüht, wo die Guten und die Verständigen geliebt werden, wo Reichtum und Wonne denen zutrinken, die ein glückliches Leben führen.«

80,22 Scharwachens] scharwachen: mit mehreren Soldaten Wache halten.

80,26 f. des Besorgenden vbersteigens] der Sorge vorm Übersteigen von Mauern usw.

80,32–34 Qui va là . . . Bougre] »Wer da? [. . .] Stillgestanden! [. . .] Gewehr auf! [. . .] Tod, Kopf, Bauch, Blut, Fleisch, [. . .] Körper, Seele, Teufel, Gotteslästerer, Held, Schuft.«

81,2 Eckkuͤmmich] nicht wohl (Martin/Lienhart I,27).

81,3 Quasimodo] Sonntag nach Ostern, nach den Anfangsworten des Introitus benannt.

81,3 f. Westrichisch] s. Anm. zu 25,27.

81,10 tribulirt] geplagt.

81,24 gespaanen] Gefährten.

81,26 Guͤlcher Land] Herzogtum Jülich.

81,34 Bruder-garten] Brudergarten: Eine Wallfahrtskapelle bei einer ehemaligen Einsiedelei zwei Kilometer östlich von Finstingen.

Moscherosch nutzt die reale Geographie rund um seinen Tätigkeitsort für seine Darstellung der Begegnung mit der Welt der Poesie auf dem Parnaß sowie der Historie (vgl. Schlosser, S. 22–28). Zum Wert solcher Realitätsbezüge für die satirische Belehrung s. Kleinschmidt, S. 290 f.

82,2 gunlen] schaukeln, sich hin und her bewegen (Grimm IV,1,6,1103).

82,3 gauncklen] baumeln (Grimm IV,1,1,1586).

82,18 f. Pegasus ... Huoff] Das geflügelte Pferd Pegasus, Zeichen der Dichtkunst, schlug am Musenberg Helikon die Quelle Hippokrene frei, deren Wasser poetische Fähigkeiten weckt. Philanders Versuch, sich eines angeblich von Apoll ihm zugesandten Pferdes zu bemächtigen, scheitert; s. Haberkamm, S. 194.

82,19 f. heilthumbs] heilbringende Reliquie.

83,10 scheybelte] schleuderte.

83,17 barren] Krippe.

83,18 fester] Maß von 15 Litern.

83,23 taschte] berührte.

84 [Marg.] Quisque ... est] »Jeder ist seines Glückes Schmied.« Pauper ubique jacet] »Der Arme liegt überall darnieder.«

85,3 f. Qui caret ... caret] »Derjenige, der kein Geld hat, ist unglücklich; es fürchtet alles der Arme, möge er ein noch so tapferes Herz haben, ist er dennoch nicht beherzt.« Marginalien späterer Ausgaben weisen Moscherosch als Verfasser dieses Epigramms aus.

85,9 Altweg] alter, kaum benutzter Weg.

85,13 f. sester důrr-bieren] ein Sester (8 Kannen oder 16 Maß) gebackene Birnen.

85,15 schnutziges] am Rotz erkranktes.

85,21 f. wo ich ... werden] wenn ich jemanden auf dem Weg erfolgreich hätte überfallen können.

85,30 Cantabit ... viator] »Ein Wanderer, der nichts hat, wird angesichts eines Straßenräubers singen.« (Juvenal, *Satiren* 10,22; nach Walter I,264, Nr. 2306.)

86,3–5 Car ... rien n'a] »Denn sicher reist derjenige, der nichts besitzt.«

86,14 Jenner] jener.

86,30 Kochersperger] Kochersberg: Gegend bei Straßburg, durch lustiges, derbes Leben berühmt (Grimm V,1561).
pråstalen] Pistolen.

86,30 f. Baumpplier] Bandeliers.

86,32 dronendåschen] Patronentaschen.

87,7 Geroltz Eck] Zwei Burgruinen bei Zabern im Unterelsaß, Groß- und Kleingeroldseck, sind nicht identisch mit der Wasserburg Geroldseck im Wasgau nahe der Saar, die Moscherosch zum Ort dieser Begegnung zwischen Philander und Repräsentanten der frühen germanisch-deutschen Geschichte macht (s. Schlosser, S. 13 ff.). Dieser Stoff ist Moscheroschs Erfindung, doch geriet er im 19. Jh. in Ausgaben elsässischer Volkssagen (Schlosser, S. 82 f.).

87,8 Waßgau] Wasgau: ältere Namensform der Vogesen.

87,11 Ariouistus] Ariovist (gest. vor 54 v. Chr.), Germanenführer zur Zeit Cäsars; hier – wie die folgenden – Repräsentant einer von Rom unabhängigen deutschen Vergangenheit.

Arminius] Cheruskerfürst (um 18/16 v. Chr. – um 19/21 n. Chr.), Sieger der Schlacht gegen ein von Varus geführtes Römerheer 9 n. Chr.; seit Ulrich von Hutten eine Identifikationsfigur der Deutschen. – Dieser Traditionsvergegenwärtigung auf Geroldseck vergleichbar ist Moscheroschs spätere bewußte Kontinuitätsvergewisserung durch die Überreichung seiner Ausgabe von Wimpfelings Übersetzung der *Germania* des Tacitus an den Rat der Stadt Straßburg im Jahre 1648 (vgl. Kleinschmidt, S. 294). Zum Bezug auf eine germanische Vergangenheit bei der Absicherung eines deutschen Patriotismus im 17. Jh. s. Sonia Brough, *The Goths and the Concept of Gothic in Germany from 1500 to 1750. Culture, Language and Architecture*, Frankfurt a. M. / Bern / New York 1985.

Witichindus] Widukind, westfälischer Adeliger, um 778/785 Führer der aufständischen Sachsen; hier vielleicht in seinen Zielen nicht klar unterschieden von Widukind von Corvey (um 925–973), Geschichtsschreiber der Sachsen, der deren Aufstieg zum Reichsvolk darstellte (vgl. Anm. zu 70 [Marg.]).

87,12 Hůrnin Siegfrid] der Held der Nibelungensage, durch spätere Bearbeitungen des Stoffes, besonders im Volksbuch vom *Hürnin Seyfried*, bekannt geblieben.

87 [Marg.] Scalig. in Aus.] Julius Cäsar Scaliger (1484–1558), Gelehrter, Verfasser der *Ausonianae lectiones*, in denen er (Buch 1, Kap. 2) diese Inschrift bespricht (nach Bobertags Erl. zur Stelle).

87,29–33 CAES. ... EST] *CAES[ar] RO[mani] EXER[citus] IMP[erator] P[ater] P[atriae] S[enatus] C[onsultu] A[nte] V[rbis] TREVE[rorum] INGRESSVM H[is] CASTR[is] SARRAE FLV[vii] PRO MIL[itum] CVSTODIA BIENN[io] POTITVS EST.* »Cäsar, Befehlshaber des römischen Heeres, Vater des Vaterlandes, ist auf Senatsbeschluß vor die Stadt Trier marschiert. Er hat dieses Lager am Fluß Saar zur Bewachung (Versorgung) der Soldaten während zweier Jahre in Besitz gehabt.« – Nach der Inschriftensammlung des Apian angeblich eine Steininschrift aus der Stadt Saarbrücken, in Wirklichkeit Fälschung eines Humanisten um 1500 (vgl. RE R. 2, II,1,49).

88,21 Meerwunder] (oft monströse) Erscheinung aus dem Meer (Grimm VI,1862 f.), in jener Zeit oft Gegenstand von Flugblättern und Zeitungen (s. Harms, Flugblätter I,215 f.).

88,29–35 Et tu . . . Cicero?] Die Rede setzt die Kenntnis von Vorgängen in Gallien voraus, von denen Cäsar im ersten Buch von *De bello Gallico* berichtet (vgl. Anm. zu 99,24). »Was gibt es Neues, du Emporkömmling? Ich fürchte, daß du, wie Valerius Procillus und M. Mettius, mit der Absicht, auszukundschaften, in unser Lager kommst. Was macht dein Cäsar? Hat er seine Übermütigkeiten noch nicht aufgegeben? Was machen die Häduer, was der treulose Divitiacus? Hat Labienus das Winterlager verlassen? Und was tut dieser kränkliche Q. T. Cicero im Lager?«

89,4–9 Et Vous . . . leur bande?] »Und Sie, [. . .] welscher Franzose, hat man diese beiden Schurken Aurunculeius und Sabinus mit ihrem ganzen Gefolge nicht gut fortgejagt? Wenn Ambiorix es hätte glauben wollen, hätten wir ebensosehr diesem kleinen Kerl von Cicero wenig getan. Gehört ihr nicht zu ihrer Bande?« – Ambiorix war Führer eines gallischen Stammes zur Zeit Cäsars. L. Aurunculeius Cotta und Q. Titurius Sabinus waren Befehlshaber des römischen Heeres, das 54 v. Chr. von Ambiorix geschlagen wurde. Q. Cicero wurde ebenfalls von Ambiorix angegriffen (RE I,2,1799, und II,2,2555).

89,18 Sant Felten] hier: der Teufel.

89,30 Ebhew] Efeu.

89 f. [Marg.] Miserorum . . . Amici] »Die Freunde der Unglücklichen sind ebenfalls ängstlich.«

90,7 betretten] ertappt.

91 [Marg.] D. I. Catz] Jacob Cats (1577–1660), niederländischer Staatsmann und Dichter, u. a. Verfasser von Emblembüchern.

91,23–30 Den Rock-steen . . . gheslept] J. Cats, *Proteus ofte Minnebeelden*, Rotterdam 1627: »Der Fels, den ich meine, ist die Richtschnur unseres Lebens, | Die Notwendigkeit unseres Tuns, von Gott uns vorgeschrieben: | Ein Matrose, der mit Gewalt und nach seinem eigenen Wunsch, | den Fels bewegen will, der ist ein dummer Mensch. | Gottes Schickung steht fest, kein Mensch kann sie ändern: | Was sperrst Du Dich, o Narr, was sträubst du dich dagegen? | Werde weiser, wenn du dich hierin früher vergriffst. | Wer gehen will, wird geleitet: Wer nicht will, gezogen.«

92,1 P. P. Florus] Paulus Florus: römischer Schriftsteller, lebte zu Zeiten Justinians und beschrieb dessen Taten in Versform.

92 [Marg.] Perfer ... olim] »Dulde und sei hart: dieser Schmerz wird dir einst nützlich sein.« (Ovid, *Amores* 3,11,7.)

Quondam ... juvabit] »Sich daran zu erinnern, wird einst helfen.«

93,1 PATIOR. VT. POTIAR] »Ich leide, um etwas zu erlangen.« Vgl. Gabriel Rollenhagen, *Nucleus Emblematum Selectissimorum*, Arnheim 1611, Nr. 23.

93,2 Il faut ... paruenir] »Man muß leiden, um etwas zu erreichen.«

93,3 f. Schweig ... Frewd] Sprichwort; s. Wander IV,438, Nr. 66 (nur hier nachgewiesen).

93,5 Qui peut ... surmonte] »Wer leiden kann, siegt.«

93,6 Per Spinas ad Rosas] »Durch die Dornen zu den Rosen.«

93,9 f. Die nooten ... Kraken] »Wer Nüsse schmecken will, der muß sie knacken.« Vgl. Jacob Cats, *Proteus ofte Minnebeelden*, Rotterdam 1627, Nr. 18,2.

93,11–18 Het ae ... de mou] »Die Lockspeise lacht dich an, den Speck würdest du gern essen, | aber du willst nicht selbst in die Falle gehen: | Du hältst dich außer Schußweite und gibst dir keine Blöße? | Aber ohne große Mühe wird niemand groß. | Kein Korn ohne Spreu, keine Nuß ohne Schale. | Wenn jemand eine Rose pflückt, werden ihn die Dornen quälen. | Wer etwas Besonderes, etwas Großes werden will, | Was steht er da und sieht zu? Die Hand muß aus dem Ärmel.«

93 [Marg.] Candide. Cordate] Aufrichtig! Beherzt!

93,33 f. Ama ... dire] »Liebe Gott und mach dich nicht schuldig, handle nur recht und laß die andren reden.« (Vgl. Wander III,1531, Nr. 264.)

94,8 f. Est Pietas ... refert] »Die Frömmigkeit gleicht der Hand, die Geduld der Faust: | diese kämpft, doch jene trägt den Palmzweig davon.«

94,10 Reum ... nocentem] »Man kann dich zum Angeklagten machen, aber nicht zum Verbrecher.«

94 [Marg.] Aulicum] Höfisches.

94,31 f. Drumb dů̊ck ... han] vgl. Wander V,210, Nr. 34.

95,2 f. Calamitas ... pusillanimitatem] »Denn das Unglück ist eine Gelegenheit, seine Tüchtigkeit zu beweisen [Seneca, *De Providentia* IV,6], also gib den Kleinmut auf.«

95,9–12 Douce ... contentement] »Süß ist das Leiden, wenn es nach den Qualen Zufriedenheit mit sich bringt.«

95,13 f. Nul ... tourment] »Kein Mensch erreicht seine Zufriedenheit, der nicht zuerst an Schmerzen und Kummer gelitten hat.«

95,19 euch in den schilt rede] euch zurechtsetze, Einreden gegen euch mache (Grimm IX,119).

95,32 Spero dum Spiro] »Ich hoffe, solange ich atme« (Cato, *Distichen* II,25).

97,6 Gerechtigkeit] Die Szene entspricht dem zeitgenössischen ikonographischen Typus der Darstellung einer Gerichtssitzung, wie auch der Ausschmückung von Rats- und Gerichtssälen mit Tugenden und Maximen; im Straßburger Rathaus befand sich eine Darstellung des Jüngsten Gerichts, die Moscherosch gekannt haben dürfte (vgl. Ursula Lederle, *Gerechtigkeitsdarstellungen in deutschen und niederländischen Rathäusern*, Philippsburg 1937, S. 80 bis 83 und 21).

97 [Marg.] Iudiciis ... obstat] »Liebe oder Haß sind der besseren Erkenntnis hinderlich.«

98,13–15 SENILE ... RESPVBLICAS] »Der Haß der Greise, der Rat der Jungen und der Eigennutz richten den Staat zugrunde.«

98,31 Vrhanen] Auerhähne.

99,5 f. Ariouistus ... Ehrenvest] Aus der lateinischen Namensform »Ariovistus« den deutschen Namen »Ehrenfest« herauszuhören, entsprach einer noch im 17. Jh. angewandten Konvention des Etymologisierens und dient hier dazu, germanisch-deutsche Autoritäten gegen römisch fundierte Fremdherrschaften zu mobilisieren. S. a. Burkhard Waldis, *Vrsprung und Herkummen der zwoͤlff ersten alten Koͤnig vnd Fuͤrsten deutscher Nation*, Nürnberg 1543, fol. 3: *Ariouistus der Ehrenfest | War seiner zeyt der aller best | Mit groß ehren trug die Kron | Vber gantz Deutsche Nation* [...]; er habe für die *Teutsche freyheyt gstritten* und *der Roͤmer macht turbirt*. Martin Luther las den Namen »Ariouistus« etymologisch als »Ernuhest« (s. Bernd Moeller / Karl Stackmann, *Luder – Luther – Eleutherius. Erwägungen zu Luthers Namen*, Göttingen 1981, S. 188 f.). Moscherosch könnte im Namen seines zeitweiligen Herrn Graf Peter-Ernst von Kriechingen (s. Anm. zu 122,15) einen Rückbezug auf Ariovistus/Ehrenfest gesehen haben.

99,10 f. Laß do ... chommon] »Laß den welschen Schelmen hervorkommen.«

99,24 Valerius ... Metius] Gaius Valerius Procillus, Gesandter Cäsars, und M. Metius, Gastfreund Ariovists, wurden 58 v. Chr.

von Cäsar zu Ariovist entsandt. Dieser ließ beide, ohne sie anzuhören, als Spione festnehmen (RE XV,2,1408, Nr. 2; vgl. Anm. zu 88,29).

99,28 Diuitiacus] Fürst der Häduer, Vertreter einer romfreundlichen Politik, unterstützte 58 Cäsar gegen Ariovist.

Heddau] Gebiete der Häduer.

100 [Marg.] Wahlen] Welschen (hier: Römer und Franzosen).

100,32 erfortelte] (zum eignen Vorteil) herausgeholte.

Contribution] die vom Sieger dem unterlegenen Land auferlegte Kriegssteuer.

Commis] Soldatenproviant.

100,33 Service] Verpflegungssteuer.

101,15–19 vnder . . . widerfahren] An Stellen wie diesen wird deutlich, daß der patriotisch deutsche Elsässer Moscherosch (Philander) nicht an einer Fremdenschelte um ihrer selbst willen interessiert ist; zu Moscheroschs »Verehrung für die französische Kultur im Sinne einer Harmonie von Politik und Bildung« s. Kühlmann/Schäfer, S. 124 f.

102,1 in die harr] auf die Dauer (Grimm IV,2,493).

102,2 Lecker] verächtlicher Schmeichler (Grimm VI,482 f.).

102,10 Fatzvogel] Spaßvogel (Grimm III,1366).

102,13 Krufft] Körperchen, kraftloser Mensch, Krüppel (Grimm V,2430).

102,16 f. etwas . . . auffschneiden] prahlen (Grimm I,728 f.; Harms, Flugblätter I,116 f.).

102,21 erkiesung] Erwählung.

102 [Marg.] Bodin 6. de Rep.] Jean Bodin (um 1530–96), Jurist und Staatstheoretiker. Hauptwerk: *Les six livres de la république*, 1576.

Cominaeus de Lud. XI.] Philippe de Commines (1446–1509), Historiker. Seine Geschichte Ludwigs XI. und Karls VIII. von Frankreich wurde u. a. auch ins Deutsche übersetzt (Jöcher I,2036 f.).

103 [Marg.] Magistra vitae Fortuna] »Das Glück (Schicksal) ist die Lehrmeisterin des Lebens.«

103,23 f. quand . . . serré] »Wenn der Kummer groß ist, ist das Herz mit Eisen beschlagen.«

103,31 rucken] Rücken: Schutz, Rückhalt (Grimm VIII,1346 ff.).

104,1 f. Ubi fortuna, Ibi S.P.Q.R.] S.P.Q.R.: Senatus populusque Romanus (d. h. die Gesamtheit Roms). »Wo das Glück ist, da ist auch das öffentliche Ansehen.«

104 [Marg.] Apologia pro istis] Verteidigungsrede für diese (d. h. die Deutschen).

104,12 E. May.] Eure Majestät.

104,27 suppelzieren] supplizieren: bitten, ersuchen.

105,7 f. Auffwarten] Komplimente; hier mit dem Akzent auf der Unehrlichkeit höfischen, mit französischem Vokabular durchsetzten Redens.

105,30–33 huy ... trottel] Fuhrmannsredensarten (?) (so Bobertag).

106,7 f. vngerochen] ungerächt.

106,10 Ruffo Dubio Thrasone] Thraso: fingierter Gegner Philanders im »Todten-Heer«-Gesicht; vgl. auch Anm. zu 176 [Marg.].

106,27 Gefraß] Maul, Gesicht.

107,16 f. Lappenbossen] Narrenpossen.

107 [Marg.] Ioh. Lerius de Brasil.] Jean de Lery (1534–1611), reformierter Prediger, u. a. in Brasilien tätig. Seine brasilianische Reisebeschreibung erschien 1578.

107,36 Kahr] Schüssel.

108,6 Conjunction ... ♂] Konjunktion von Saturn und Mars, eine im Sinne der Astrologie sehr ungünstige Konstellation der Planeten.

108,23 Thůrner] Turmwächter.

108,28 Saro] vgl. Aventinus, *Bayerische Chronik* I,19. Der Name »Saro« ist vom Fluß Saar abgeleitet.

109,9 schlupff] Schopf.

109,12 Pfåffesen] Pafese: großer Schild, unten in eine eiserne Spitze auslaufend (Grimm VII,1406 f.).

109,25 Vorsprechen] Rechtsanwälte.

110,14 Kallofelß] Bei Aventinus, *Bayerische Chronik* I,98, ein Keltenkönig. Kallofelß wird von Moscherosch aber (insbesondere im weiteren Verlauf) mit einer persönlichen Erinnerung an einen Zeitgenossen zu einer überzeitlichen, moralisch untadeligen Figur in Kriegswirren stilisiert: Johann Heinrich von Steincallenfels war 1636 als Rittmeister in der schwedischen Armee im Elsaß und Hunsrück und schützte mit seinen Soldaten 1637 die Umgebung von Moscheroschs Tätigkeit, Finstingen und Zabern, gegen kaiserliche Truppen (Schlosser, S. 31–37).

110,20 Viridomarus] Häduer, von großem Einfluß, aber niedriger Abstammung. Nahm auf Cäsars Wunsch am Feldzug des Jahres 52 gegen Gergovia teil, fiel später von den Römern ab und nahm

Verbindung mit Vercingetorix auf (RE Suppl. XV, 926 ff.); zur Eindeutschung vgl. Anm. zu 99,5.

110,23 Indutiomarus] Treverer, Führer der ersten großen Erhebung der gallischen Stämme gegen Cäsar im Jahre 54 v. Chr. (RE IX, 1535 f.).

112,1 Bittul] Büttel, Gerichtsbote.

112,11 f. Locus . . . Felicitatis] »Ein Ort des Friedens, der Ruhe, der Stille und der Glückseligkeit.«

113,29 'Αδελφός] (griech.) Bruder.

113,32 huft] hufen: rückwärts weichen, von etwas ablassen (Grimm IV, 2, 1868).

113,34 Nåhtz] Benetzung, Befeuchtung.

113,35 De] französischer Adelspartikel.

113,36 Vnflat] hier: niedere Herkunft.

114,13 Der hat . . . sparren] dem fehlt es im Kopfe; vgl. Wander IV, 661, Nr. 9.

114,29 Hudler] heruntergekommener Mensch.

114,32 f. Anckenhaffen] Buttergefäß.

114,34 f. stilp Ehlen breit] ellenbreiter Aufschlag.

115 [Marg.] D. Brand] Die ersten vier Verse folgen Sebastian Brants *Narrenschiff* (Kap. 4) nicht im Original, sondern in Zusätzen der Fassung *N* (Straßburg 1494) *Das nůw schiff von Narragonia* (*Sebastian Brants Narrenschiff*, hrsg. von Friedrich Zarncke, Leipzig 1854, S. 7, V. 10–14). Zur Modekritik s. Erich Schmidt, sowie Liselotte Constanze Eisenbart, *Kleiderordnungen der deutschen Städte zwischen 1350 und 1700*, Göttingen 1962; vgl. auch Harms, Flugblätter I, 120–133.

115,11 Weck] Keil, keilförmiges Gebäck (Adelung IV, 1423).

115,24 Knippen] knippen: mit der Schere stutzen (Grimm V, 1436 f.).

115,27 Mutter-Fůlle] Füll: Fell (›als seine Schuhe‹, nach Bobertags Erl. zur Stelle).

115,28 baysset] beizen: Vogeljagd betreiben (Grimm I, 1410 f.).

115,31 chappeau de fuyart] breitkrempiger Soldatenhut, vermutlich mit Befestigungsband (von frz. *fuyard* ›Flüchtling‹).

116,28 einschlůpffen] einbinden, zu einem Schopf winden.

117,26–33 Zirckel-Bårtel . . . Trutz-Bårtel] zu gleichzeitiger, auch katalogartiger Kritik an Bartmoden vgl. Harms I, 134.

118,5 stimlen] verstümmeln.

118 [Marg.] Rhet. . . . Lycosthen.] Konrad Lykosthenes (1518–61), lehrte in Basel ab 1542 Grammatik und Dialektik, war dann als

Prediger tätig; verfaßte wirkungsreiche naturkundliche sowie philologische Werke; auf keines von ihnen trifft der verkürzte Hinweis in dieser Marginalie zu.

118,17 Hannon] s. 2. Sam. 10,1–5.

118,23 Lo̊ffel-Jahren] löffeln: sich wie ein Laffe betragen; flirten (Grimm VI,1125).

118,24 f. Gauchs-Haar] das erste Barthaar (Grimm IV,1,1,1534), auch: Narren-Haar.

118,30 f. Bart-Wipper] Wippe: Schnellgalgen (Folterwerkzeug).

119 [Marg.] D. Brand] Die Verse enthalten nur Anklänge an Sebastian Brants *Narrenschiff* (Kap. 4, V. 3–5).

119,7 schmacken] gut riechen.

120 [Marg.] Barth. ... Wahrheit] Bartholomäus Ringwald (1530 bis um 1600), Liederdichter. Die *Lauter Wahrheit* erschien 1585, von Moscherosch besonders fürs »Soldatenleben«-Gesicht verwendet.

121,13 O jhr Teůtschen] Die Rede Karls des Großen folgt z. T. wörtlich Aventinus, *Bayerische Chronik* IV,40 (zit. bei Beinert, S. 190). Das *Saalbuch* gilt als Aventins (d. i. Hans Thurnmeyers) hochrespektiertes Werk.

121,20 Hadern] Lumpen.

121,32 Gefůll] Pelze.

122,15 f. Krichingen] Graf Peter-Ernst von Kriechingen, dessen Herrschaftsgebiet zwischen Metz und Saarlouis lag, stellte Moscherosch 1631–34 in seiner Verwaltung an (s. Schäfer, S. 88–98). Die Jahre waren von Kriegsplagen bestimmt. Der Graf wird hier als Vorbild deutscher Moral dargestellt.

122 [Marg.] Vestis facit virum] »Kleider machen Leute.«

123,4 f. Vir bene ... ille] »Der gut gekleidete Mann wird aufgrund seiner Kleider für schlau gehalten, auch wenn er dumm ist.« Vgl. Walther V,750, Nr. 33505.

123 [Marg.] Iohann. Strauß. Kleider-Teůffel] Johann Strauß, *Wider den Kleyder-, Pluder-, Pauß- und Kraußteuffel*, Freiberg 1581; zu Moscheroschs Umgang mit dieser Quelle s. Beinert, S. 196 f.

123,27 Tocken] Puppen.

124 [Marg.] Hier. Bock] Hieronymus Bock (1498–1554), Botaniker. Sein *Kreůtterbuch* erschien zuerst 1539 (vgl. Anm. zu 137,3). Für die Neuauflage der zuerst 1577 publizierten Edition des Melchior Sebizius fertigte Moscherosch im Auftrag des Straßburger Verlegers Wilhelm Christian Glaser 1630 die griechischen, latei-

nischen und deutschen Register an (s. Adolf Schmidt, 1898/99, S. 502 f.).

124,14 f. Scharlach] Wollzeug von hochroter Farbe.

124,27–30 S. Elisabeth ... S. Adelheit] Die beiden hier als weibliche Vorbilder in Erinnerung gebrachten Heiligen stehen bezeichnenderweise in enger Verbindung zur deutschen Reichsgeschichte, wie sie schon zuvor für Ideale männlicher Moral in der Runde auf Geroldseck der Hintergrund war. Die Heilige Elisabeth von Thüringen (1207–31) war die Gemahlin des Landgrafen Hermann, die Heilige Adelheid (um 931–999) war in zweiter Ehe mit Kaiser Otto I. verheiratet, den Moscherosch zuvor als einen Wahrer deutscher Sitte apostrophiert.

124,29 Croy] Das fürstliche Haus Croy leitete sich von einem nach Frankreich geflohenen ungarischen Prinzen ab. Diese anspruchsvolle Genealogie unterstreicht Moscherosch hier zu Ehren von Herzog Ernst-Bogislav von Croy-Arschot (1626–84), in dessen Dienst er 1636–42 Amtmann in Finstingen war (s. Schäfer, 1972, S. 100 f. und 108 f.; vgl. Anm. zu 168,22).

125,8 f. Gepulsterten ... Lŏchern] Polsterung, welche die modische Frauentracht bis gegen die Mitte des 17. Jh.s unter dem Rock hinten um beide Hüften gehen ließ (Grimm VI,1096); vgl. Harms, Flugblätter I,136–142.

126,3 kråwen] grämen (Grimm V,2087).

128 [Marg.] D. Brand] Diese Verse folgen relativ eng Brants *Narrenschiff*, Kap. 9, V. 2–8 einschließlich zweier Verse der Fassung *N* (*Sebastian Brants Narrenschiff*, hrsg. von Friedrich Zarncke, Leipzig 1854, S. 12); vgl. Anm. zu 115 [Marg.].

128,22 vberzwerg] seitwärts.

128,24 windhålsig] den Kopf oft hin- und herdrehend wie der Wendehals.

129,22 gehet schlecht zu] geht den geraden Weg.

129 [Marg.] Guar.] wohl Hippolytus Guarinonius (1571–1654); er wirkte mit seinen zahlreichen Veröffentlichungen gegen Aberglauben und Quacksalberei und vor allem als Vorkämpfer für Volksgesundheit (NDB VII,247); s. Dieter Breuer, »›Schöne des Leibs‹. Gesichtspunkte zum Auffinden ›vergessener Kulturleistungen‹ der frühen Neuzeit am Beispiel der ›Grewel der Verwüstung Menschlichen Geschlechts‹ des H. Guarinonius«, in: *Gegenwart als kulturelles Erbe*, hrsg. von Bernd Thum, München 1985, S. 123–130.

130,5 Gleißnerey] Heuchelei, Großtuerei.

130,15 Gebrall] Geprahle.

130,30 Weyche] Weichheit, Schwäche.
130,31 Gelencke] Behendigkeit.
131,2 f. Effaeminatissima Virorum pectora] äußerst weibische Männerherzen.
131,11 taigigen] teigartigen, langweiligen, trägen (Grimm XI,1,1, 237).
131,17 f. die Wehr zucken] die Waffe ziehen.
131,31 von widrigen] von Gegnern.
132,18 Zeitungen] Mitteilungen, Nachrichten.
132,30 Quodque . . . facit] »Und was der Hund mit seinem Schwanz macht, machst du mit dem Mund.«
133,12 placebo] wörtl.: Ich werde gefällig sein; unwirksames Schein-Medikament.
134,10 watten] schreiten.
134,28 Centnerischen] zentnerschweren, gewichtigen.
135,16 f. hab . . . geschlaudert] habe euch Deutsche so verworfen werden lassen.
135 [Marg.] D. Luth. T. 2. Ien.] Martin Luther (1483–1546), Jenenser Ausgabe seiner Werke.
136,14 auffenthaltung] Erhaltung.
136,20 erôset] verödet, erschöpft (Grimm III,935 f.).
136,29 Sardanapalus] legendärer assyrischer König, Sinnbild verweichlichten Wesens.
136,31 f. bletzete vnd negete] flickte und nähte.
136,32 Kuttern] Bettdecken, wollene Decken (Martin/Lienhart I,482).
136 [Marg.] Jacob von Kônigshoffen] Jacob Twinger von Königshofen (1316–1420), Verf. von zwei Chroniken in deutscher Sprache, darunter eine Stadtchronik Straßburgs.
137,1 f. Wehrlinge vnd Nehrlinge] Angehörige des Wehrstandes (Soldaten) und des Nährstandes (Bauern).
137,3 Bock] Hieronymus Bock (s. Anm. zu 124 [Marg.]), hier vor allem als Verf. der *Teutschen Speißkammer* von 1551.
137,10 Trecken] Schnepfendreck (?) (nach Bobertag).
137,12 Ollipotridos] Olla podrida: (span.) Mischmasch; Gericht aus vielerlei zusammengekochtem Fleisch und Gemüse.
137,15–20 O der verdampten . . . haben!] Moscherosch zitiert hier die letzte der fünf Strophen seines eignen Texts zu einem von Peter Aubry publizierten illustrierten Flugblatt (s. William Arthur Coupe, *The German Illustrated Broadsheet in the Seventeenth*

Century, Baden-Baden 1966–67, Bd. 1, S. 122, und Bd. 2, Abb. 53).

137,29 Juppen] Joppen, Jacken (Grimm IV,2,2336 f.).

138,7 vnkantbare] unbekannte, unerkennbare.

139 [Marg.] Můnster Cosmogr.] Sebastian Münster (1489–1552), dessen Kosmographie zuerst 1544 in Basel erschien.

139,20 tůgen] taugen.

139,35 Grobianus] Die lateinische satirische Komödie *Grobianus* von Friedrich Dedekind (um 1525–98) erschien zuerst 1549, in der deutschen Übersetzung von Kaspar Scheidt 1551; sie läßt sich u. a. als Tischzucht verstehen.

139 [Marg.] Apud Patronos parce] »In Gegenwart von Männern halte dich zurück!«

140,11 f. Es ist zwar nicht ohn] Es ist wohl wahr.

140,13 f. sich . . . an den Laden legen] sich offen aussprechen.

141,16 außsecklen] ausbeuten, des Geldes berauben (Grimm I,942).

142,30 Redgebigkeit] Redevermögen.

144,1 Wildnuß] Verwilderung. – Philander beschreibt hier das Dilemma des Patrioten Moscherosch zwischen dem Reich und Frankreich in der Stadt Straßburg, in der er noch immer nicht eigentlich heimisch war (vgl. Schäfer, 1972, S. 126 f.).

144,8 Duplonen] spanische Geldwährung, hier: Bestechungsgelder.

144,18 ohn einige gegen erkandtnuß] ohne Gegenargumente zu beachten.

144,22 f. Sic . . . itur] »Denn man geht nicht da, wo man gehen soll, sondern da, wo (jeder) geht.«

145,4 f. Satyrische Gesichte] Hier läßt Moscherosch sein Werk im Werk selbst Gegenstand eines Dialogs werden; zu diesem Motiv allgemein vgl. Dietrich Gerhardt, »Das Werk im Werk«, in: *Slavistische Studien zum VII. Internationalen Slavistenkongreß in Warschau 1973*, hrsg. von Johannes Holthusen [u. a.], München 1973, S. 92–125.

145,9 Kőnig Withikhunds Bischoff] nicht identifiziert; vgl. Anm. zu 87,11. In einem späteren Werk, in dem es um den Einsatz für die deutsche Sprache in karolingischer Zeit geht, läßt Christian Gryphius neben Karl dem Großen und Ludwig dem Frommen die Bischöfe Bonifacius, Rabanus und Ansgar auftreten (*Der Deutschen Sprache unterschiedene Alter*, 5. Szene; aufgef. 1690, ersch. Breslau 1708).

145 [Marg.] D. M. L.] wohl: Doctor Martin Luther (als Sprachautorität).

145,24 Mischmåscher] Jemand, der Mischmasch macht. Ursprünglich auf die Sprache und deren Vermengung mit Fremdwörtern bezogen (Grimm VI,2254 f.). – Zur programmatischen Sprachkritik der »Fruchtbringenden Gesellschaft« vgl. deren Selbstdarstellung bei Karl Gustav von Hille, *Der Teutsche Palmbaum*, Nürnberg 1647 (Nachdr. in: *Die Fruchtbringende Gesellschaft*, hrsg. von Martin Bircher, Bd. 2, München 1970), Kap. 3, dessen Kupfer u. a. zeigt, wie die Weisheit die *Menschliche Blindheit* besiegt und wie der Betrug dem *Teutschen Vertrauen* unterliegt. Sprache, Literatur und Moral gelten als unauflöslich miteinander verbundene Größen.

146,3 Thuitscho] vgl. Anm. zu 70,7. Nach Aventinus, *Bayerische Chronik* I,8, ist *der großmechtig ris und reck Tuitsch oder Teutsch (Tuiscon) ein sun Noah'*. Bei Burkhard Waldis, *Vrsprung und Herkummen der zwölff ersten alten Kőnig vnd Fűrsten deutscher Nation*, Nürnberg 1543, fol. 2, wird *Tuiscon aller Deutschen Vatter* als Enkel des Japhet dargestellt, der von Noah nach Deutschland gesandt worden sei und die deutsche Sprache mitgebracht habe. Aus dieser Nähe der deutschen zur heiligen hebräischen Sprache der Bibel ließ sich der hohe, meist antiromanische Anspruch ableiten, Deutsch sei neben Hebräisch, Griechisch und Latein eine *vralte Haubtsprache*, wie sie Justus Georg Schottelius erläutert (*Ausführliche Arbeit von der Teutschen Haubtsprache*, Braunschweig 1663, Nachdr. Tübingen 1967, bes. S. 34–37); vgl. zur »Teütschen Zugabe« Anm. zu 63,6.

146,21 Stimpler] Stümper; einer der die deutsche Sprache nicht richtig beherrscht.

146,36 Jacob von Baden] Jakob II. von Baden, 1503–11 Bischof von Trier (ADB XIII,548 f.).

147,9 f. der Ehrliche Teutsche Michel] Dieser Abschnitt besteht fast ausschließlich aus dem Zitat des Anfangs eines illustrierten Flugblatts von 1642, als dessen Textautor Moscherosch vermutet worden ist: »Ein schőn New Lied genant der Teutsche Michel Wider alle Sprachverderber / Cortisanen / Concipisten und Cancellisten [. . .]« (s. Rolf W. Brednich, *Die Liedpublizistik im Flugblatt des 15. bis 17. Jahrhunderts*, Bd. 1, Baden-Baden 1974, S. 280 f.; *Illustrierte Flugblätter aus den Jahrhunderten der Reformation und der Glaubenskämpfe*, hrsg. von Wolfgang Harms, bearb. von Beate Rattay, Ausstellungskatalog, Coburg 1983, Nr. 134, mit Abb.). – Die ältere spöttische Bezeichnung ›deutscher Michel‹ wurde dem Reiterführer Hans Michael Obentraut (1574–1625) als Ehrenname gegeben und im 17. Jh. auf den redlichen, seiner Sprache und Kultur bewußten Deutschen bezogen (s. Adolf Hauffen, *Geschichte des deutschen Michel*, Prag 1918; Röhrich 643–645).

147,11 Concipisten / Cancellisten] Verfasser und Schreiber in einer Kanzlei (Grimm V,177).

148,1 Fast jeder Schneider] Die folgenden Liedstrophen entsprechen in dem genannten Flugblatt (s. Anm. zu 147,9 f.) den Strophen 2, 3, 4, 5 und der abgewandelten Schlußstrophe 50. Über die Auswahl von Albrecht Schöne, *Das Zeitalter des Barock*, München 1968, S. 53, gelangten diese Strophen in Günter Grass' Erzählung *Das Treffen in Telgte* (s. Nachw. S. 251 und Theodor Verweyen / Gunther Witting, »Polyhistors neues Glück. Zu Günter Grass' Erzählung ›Das Treffen in Telgte‹ und ihrer Kritik«, in: *Germanisch-romanische Monatsschrift* N. F. 30, 1980, S. 451–465).

148,8 Deo ... Hippocras] »Gott sei Dank, Herr Hippokrates!« – Parodie eines Gesprächs zwischen Gelehrten.

148,33 abgeschafft] entlassen.

149,13 Reputation] Ansehen.

149,13 f. Temporisation] Verzögerung, Aufschieben auf gewisse Zeiten.

149,14 Raison d'Estat] Staatsraison; s. Michael Stolleis, *Arcana imperii und Ratio status. Bemerkungen zur politischen Theorie des frühen 17. Jahrhunderts*, Göttingen 1980, S. 5–7.

149,35 Sieben Gesichte] also der erste, 1640 erschienene Teil des Werkes selbst.

150,20 Bastart sprachen] Hier in Gegensatz zu der reinen deutschen ›Ur- und Hauptsprache‹ gemeint.

150,29 f. weiß zu brennen] rein zu waschen.

150,30 darff] bedarf.

151,1 Gauchsfedern] Kuckucksfedern.

151,3 Saro] Bezeichnenderweise ist es Saro, den Moscherosch als die (etymologisch konstruierte) Personifikation der Saar aus Aventins *Bayerischer Chronik* (I,19) übernommen hat, der zum Abschluß der Kritik an Philander und seinen ›Gesichten‹ zeigt, worauf sich die Alamodekritik zu konzentrieren habe und wie sehr das Land rund um Schloß Geroldseck an der Saar eine solche Kritik verdiene.

151,21 f. Brenner ... Thessel] die bayerischen Könige Brennus, Eurich und Thassilo nach Aventinus, *Bayerische Chronik* I,83, 130, 145, 175 und 181.

151,28 Pindus] hoher Berg in Thessalien, ähnlich wie der Parnaß ein Musenberg.

152,9 Schrancken] Turnierplatz (Grimm IX,1633 ff.).
152,18–21 Hic Gymnasium . . . hic salta] »Hier ist das Gymnasium, hier ist die Akademie, hier ist der Pindus, hier ist Laurentinum, hier ist Tusculanum, hier ist Athen, hier ist Rom, hier gibt es den Ablaß, hier ist Rhodos, hier springe!« – Innerhalb dieser Aufforderungen, Dichtung und Bildung nicht in der Fremde, sondern an Ort und Stelle auf deutschem Boden zu verwirklichen, wird auf Stätten antiker Literatur und Kultur verwiesen, u. a. auf die Akademie (ursprünglich ein Garten vor den Toren Athens, wo Platon dann seine Schule gründete), auf Laurentinum (Landgut Plinius' des Jüngeren bei Laurentum in Latium) und auf Tusculanum (Landgut Ciceros bei Tusculum in Latium).
153,20 f. Wey hunn . . . aspe laub] »Wie habe ich gezittert? Ich habe gezittert wie Espenlaub!«
153,35 widerigen verdachts vrsach] Ursache, das Gegenteil zu argwöhnen.
154,4 f. Burg-zwang] abgegrenztes Gebiet um eine Burg.
154,27 beschmitzen] besudeln (Grimm I,1585).
155,6 Ruhdulffs tag] Gedächtnistag Rudolfs: 12. Oktober. In Hilles Programmschrift der Fruchtbringenden Gesellschaft, dem *Palmbaum* von 1647, ist Kaiser Rudolf I. u. a. neben Karl dem Großen als einer der Beschützer der deutschen Sprache gefeiert: Rudolf habe 1276 angeordnet, alle amtlichen Dokumente auf Deutsch abzufassen.
155,18 Trabanten] Diener, Leibwächter.
156,32 schåfften] mit einem Schaft versehen, zustutzen (Grimm VIII,2051). – Seiner satirischen Modekritik entsprach Moscheroschs Tätigkeit als Straßburger Polizeichef (1645–56), etwa wenn er ein Mandat gegen zu üppige Hochzeitsbräuche erließ (Weiteres bei Kleinschmidt, S. 293 f.). Am 19. Mai 1649 trugen der Rektor und die Professoren eine Kritik der Straßburger Studenten vor *wegen etlicher Teutscher Versch*, die der Frevelvogt Moscherosch *wider die studiosos gemacht die Kleidung betreffend* (nach Martin, S. 15).
157,5 f. nach dem . . . mo̊gen] wie es Einkünfte und Stellung würden erlauben können.
158,13 abgezwagt] (der Kopf) gewaschen.
159 [Marg.] D. Osiander Hoffarts Predigt] Lucas Osiander, *Predigt von hoffertiger, ungestalter Kleidung der Weibs- vnd Manns Personen*, Tübingen 1586; in diesem Werk der Teufelsliteratur wird bereits wie bei Moscherosch die Kritik zugleich auf Modeerscheinun-

gen und auf allgemeine französische und italienische Einflüsse gerichtet (vgl. Beinert, S. 197 f.). Gegen seine Quelle faßt Moscherosch die Absicht, Entstellungen zu verdecken, als ganz konkreten Anlaß für die Entstehung von Modetorheiten auf.

159,7 Kroͤse oder Krausen] Halskrausen.

159,8 f. Frantzoͤsischen Seuche] Syphilis.

159,17 Flur] Flor, Schleier.

159,28 Hoffer] Buckel.

160,2 Reyffschůrtze] Reifrock.

161,26 steyret] stützt.

162,5 f. Bůrsch-Bůchß] Jagdbüchse.

162,20 f. eckelende] anspruchsvolle.

162,23 Cyper-pulffer] (Haar-)Pulver aus verfaultem Fichtenholz. gepůffet] gepudert.

163,2 Daffat] Taft.

163,3 geschlagen] mit groben Stichen genäht (Grimm IX,382).

163,4 Fådemen] Fäden.

163 [Marg.] Fraw. Zim. Gespråch-Spiel. Erst. theil. 13] Georg Philipp Harsdörffer (1607–58), Nürnberger Jurist und Schriftsteller. Seine enzyklopädisch belehrenden *Frauenzimmer-Gesprächspiele* erschienen 1641–49. Nur der erste Teil lag hiervon vor, als Moscherosch den zweiten Teil der *Gesichte* schrieb, und war trotz der hohen Aufl. von 1000 Stück schon 1643 vergriffen; die 2. Aufl. von 1644 enthält ein Widmungsgedicht von Moscherosch (S. 333 bis 336 des Nachdr. Tübingen 1968, hrsg. von Irmgard Böttcher). Harsdörffer handelt im 14. Kap. von der Kleidung, während sein Register hierfür (wie Moscheroschs Marginalie) aufs 13. Kap. verweist. Vgl. Anm. zu 63,5.

163,30 f. ex Fatis & Influentiis] von Schicksalseinflüssen.

163,32–34 Fatales ... Eversiones] verhängnisvolle Perioden, Veränderungen, Anwachsen, Abnehmen und Umwälzungen.

164,26 Astra necessitant] »Die Gestirne zwingen (sie).«

164,35 f. Columbin ... Coquinelle] taubenfarbig, blaßblau, isabellfarbig (hellbeige), scharlachrot.

166,14 Completum Mendacium] vollständige Lüge.

166,31 f. Verba et Nummi] Die Wörter wie die Münzen.

166,33 Kipper Jahr] Münzfälscher-Jahr; zum zeitgeschichtlichen und literarischen Hintergrund vgl. Barbara Bauer, »Lutheranische Obrigkeitskritik in der Publizistik der Kipper- und Wipperzeit (1620–1623)«, in: *Literatur und Volk im 17. Jahrhundert*, hrsg.

von Wolfgang Brückner, Peter Blickle und Dieter Breuer, Wiesbaden 1985, S. 649–681.

166,34 Halt] Feingehalt der Münze.

167,17 Funcken] Schelme, Betrüger.

167,19 verpicht vnd verpasst] begierig.

167,21 Farrenschwantz] Ochsenziemer.

167,29 sich . . . entschlagen] ablegen, aufgeben.

168,14 einigen] einzigen.

168,22 f. Weh . . . ist] Unter dem Motto *Wehe dem Land, dessen Herr ein Kind ist, Eccles. 10,16* verfaßte Moscherosch eines seiner Epigramme (*Centuria Sexta epigrammatum*, Frankfurt 1665, Nr. 58). Er war 1636 in die Dienste des damals sechzehnjährigen Herzogs Ernst Bogislav von Croy-Arschot getreten; vgl. Anm. zu 124,29.

169,8 Kuckuͤssen] Kuckus: ein Anteil an dem Gesamtwert oder -gewinn eines Bergwerks (Grimm V,1911 ff.).

169,12 verkuckt] verkuxen: verschwenden (Grimm XII,1,707).

169,21 Nimrodische] Nimrod: Gestalt des Alten Testaments (1. Mose 10,8–12), dann auch als Gewaltherrscher-, Jäger- und Städtegründer-Gestalt in die humanistische Germanenmythologie eingegangen; vgl. auch Dante, *Divina Commedia* I,12 (Nimrod als Urheber des Turms von Babel als Exempel des Stolzes).

169,30 da . . . wohnen muͤssen] d. h. die Grabstätten.

170,7 f. Schmaltzgruben] Schmalzgrube: fruchtbares Land, einträgliche Erwerbsquelle (Grimm IX,931 f.).

170,11 geraspelt] eilig herbeigelaufen.

170,21 Wildfuhr] kleinerer Jagdbezirk.

170,24 f. Rentmeistere vnd Schaffnere] Rechnungsbeamte und Verwalter.

170,30–32 wir muͤssen . . . sitzen] vgl. »Wer im Rohr sitzt, hat gut Pfeiffen schneiden« ›Wer vollauf Gelegenheit zu etwas hat, für den ist es nicht schwer‹ (Grimm VIII,1122).

170,31 weil] solange, während.

170,32 tuͤcken] ducken.

171,8 per fas & nefas] mit Recht oder mit Unrecht.

171,29 kurtzweiligen Rath] Spaßmacher, Hofnarr (Grimm V,2862). hochtragenden] arroganten, hochmütigen.

171,34 Atlas] Titanensohn des antiken Mythos, imstande, den Himmel zu tragen.

172,22 keibeten] zankten.

173,4 Poͤffels] Pöbels.

173,8 Schacher] Schächer, Übeltäter.

173,20 f. Si lubet . . . plaist] »Wenn es gefällt, ist es erlaubt. Also gefällt es uns.«

174,31 verdamlich] verdammenswert.

175,4 Håtzen] Hätz: Hetzjagd mit Hunden.

175,6 zween Strick Winde] zwei Koppeln Windhunde (insgesamt sechs Hunde) (Grimm X,3,1567).

175,14 trat] schnell.

175,16 trutter] vertrauter.

175,31 Mitschen] Mitsche: kleines Brot (Grimm VI,2365 und 2802 f.).

176 [Marg.] Don Thraso] Typus des prahlerischen Soldaten bei Terenz; vgl. Anm. zu 106,10.

177,1 deß Pfefferwesens abthun] das Handelswesen, die Kaufmannstätigkeit aufgeben (Grimm VII,1640).

178,1 hilpers-griffen] Ränken; s. Anm. zu 67,23.

179,13 vnwidersetzliche] nicht wiedergutzumachende.

181,16 f. weder Watten noch Schwimmen] »Er kann weder waten, noch schwimmen« (Sprichwort; s. Wander IV,1838, Nr. 4, mit Nachweis bei Eucharius Eyering, *Proverbiorum copia. Etlich viel hundert Lateinischer und Teutscher Sprichwörter*, 3 Tle., Eisleben 1601): Er kann weder so, noch so durchkommen; er weiß keinen Ausweg.

182,1 erkůtzlen] erfreuen.

182,24 kråmmestu] grämst du.

182,30 f. im außkehren] schließlich.

183,12 VICTI. QVANDOQVE. RESVRGENT.] »Die Besiegten werden sich irgendwann wieder erheben.«

183,22 vntz] bis.

184,8 dem grősten Narren] Der Apfel für den größten Narren wird hier nach langer erzählerischer Steigerung einem Vertreter des Alamode-Wesens überreicht; diese erzählerische Darlegung extremer Möglichkeiten des Narrenwesens (bzw. der Laster) entspricht der systematischen Beantwortung der Frage, wer der größte Narr sei, als Schlußpunkt bei Christian Weise, *Die drei ärgsten Erznarren in der ganzen Welt* (1673), hrsg. von Wilhelm Braune, Halle 1878, S. 222–226.

184,12 hotzelten] sich schüttelten (vor Lachen).

184,16 witzig] klug, vernünftig.

Erläuterungen zu den Titelblättern

Die Kupfertitel der Ausgaben von 1640 (Bechtold, 1922, S. 13 ff.: *A*) und der dieser Auswahl zugrundeliegenden von 1642–43 (Bechtold, 1922: *B*) sind fast identisch: In der zweiten Ausgabe ist lediglich das Wort *verteutscht* (nach *gesichte*) getilgt, wohl um den sachgemäßen Gedanken, der deutsche Autor habe nicht nur Übersetzerarbeit geleistet, zumindest nicht auszuschließen. Daß der Texttitel von 1642 betont, Philander – zugleich als Held der Erzählung wie als Verfasser vorgestellt – habe diese Auflage selbst durchgesehen, vermehrt und gebessert, trifft im ersten Teil den Sachverhalt. Dagegen sagt der karg gestaltete Titel des zweiten Teils nichts über die Besonderheit aus: *Anderer Theil der Gesichte Philanders von Sittewalt. Straßburg / Bey Johan-Philipp Mülben. M.DC.XXXXIII.* Daß in den (hier zunächst vier) neuen »Gesichten« Moscherosch/Philander keiner Quelle folgt (wie zuvor nur im siebenten »Gesicht« des ersten Teils), wird nicht zu erkennen gegeben.

Die Vorzeichnung für das Kupfertitelblatt von 1640 und 1642 stammt von Jesaias Rompler von Löwenhalt (*Rumpler fecit;* s. Anm. zu 60, 28), der auch eine Vorrede und ein Dedikationsgedicht zur Erstausgabe beisteuerte (s. im einzelnen Schäfer, 1972, S. 206 ff.). Die Ausführung des Stiches übernahm der Straßburger Peter Aubry (*P. Aubry scul.*). Die Graphik wandelt mit ihrer architektonischen ›Eingangs‹-Darstellung einen häufigen Titelgraphik-Typus ab (s. Wolfgang Harms, »Programmatisches auf Titelblättern naturkundlicher Werke der Barockzeit«, in: *Frühmittelalterliche Studien* 12, 1978, S. 326 bis 355). Vom unteren Sockel hängt ein Tuch herab, auf dem die Verlagsangabe zu lesen ist. An der Wand rechts hängt ein Schild mit Herzen und Augen; darauf bezogen ist die griechische Schrift »ΓΝΟΣΕΑΥ«, die zu »ΓΝΩΘΙ ΣΕΑΥΤΟΝ« ergänzt (*Gnothi seauton* [griech.] *nosce te impsum* [lat.] »erkenne dich selbst«) mit der Inschrift des Apolltempels in Delphi identifiziert werden kann. Die perspektivisch dargestellten Seitenwände führen auf einen Vorhang zu, auf dem der deutsche Teil des Werktitels und der fingierte Verfassername zu lesen ist. Dieser Vorhang versperrt den Zugang zu einem Innenraum, aus dem seitlich ein Narr hervortritt. Zentrale Figur im ›Eingang‹ ist ein Satyr mit Bock und Panflöte, der an den Hüften mit Weinlaub umkränzt ist, in seiner Linken einen Skorpion hält und mit seiner Rechten zwei Finger abspreizend auf einen Putto weist, der sein Gesicht hinter einer Maske verbirgt. Oberhalb des Eingangs hält

der weitaufgesperrte Rachen eines Satyrs, der Höllenrachenikonographie verwandt, ein Schriftband mit dem französischen Werktitel und der Angabe des Verfassers der spanischen Quelle.
Um den Satyr des Kupfertitels werden Charakteristika der Satire vor Augen geführt, die Rompler in Übereinstimmung mit Moscherosch als Maß für dessen ›Gesichte‹ verstanden wissen will. Die Handgebärde, die den Zeige- und den kleinen Finger abspreizt, kann sprachlich u. a. als ›Esel stechen‹, ›Eselsohren aufsetzen‹ oder ›Hörner aufsetzen‹ wiedergegeben und erläutert werden und meint hier, im Einklang auch mit Formulierungen in Satiren des Römers Persius, die satirisch-kritische Intention des Werks (s. Schäfer, 1972, S. 207 ff.; Lutz Röhrich, *Gebärde–Metapher–Parodie. Studien zur Sprach- und Volksdichtung*, Düsseldorf 1967, S. 7–36). Am Skorpion stellte man die Eigenschaft heraus, daß sein Gift als Gegenmittel gegen seine eigenen Stiche verwendet werden kann. Dies deutete die Möglichkeit des Satirikers an, die Wunden, die er mit satirischer Schärfe aufriß, durch die moralische Lehre auch wieder heilen zu können. Satyr, Narr und Larventräger stehen für die Aufgabe, die die ›Gesichte‹ Moscheroschs bewältigen wollen, wie sie der Verfasser näher u. a. in der »Teütschen Zugabe« des ersten Teils, in der »Vorrede« des zweiten Teils und am Schluß des »Höllen-Kinder«-Gesichts in Worte faßt: Angenehm genug, um gelesen zu werden, soll die Satire mit scharfer Kritik dem unzulänglichen Leser dessen getarnte Mängel aufdecken und ihn dann dazu bereitmachen, Werte zu erkennen und sein Leben zu ändern. In diesem Sinne treten auf dem Kupfertitel der Ausgabe *C* (Bechtold, 1922, S. 16 mit Abb. 4) an die Stelle der Verlagsangabe die Verse *An den Warheit-Liebenden Leser*:

Wer die Warheit ungernn hört,
vnd von seinem thun und Wesen,
Nicht zu wißen Waß begehrt,
Laß dieß Buch nur ungelesenn.

Bei der Ausgabe *E* (Straßburg 1650) wandert nur leicht verändert der alte Werk-Kupfertitel der Ausgaben *A*, *B* und *D* ins Innere und dient als Titel des zweiten Teils, während der neue Werk-Kupfertitel (hier wiedergegeben auf S. 235) eine Variation auf das Thema »Satire, Satyr und Belehrung« bringt. Von wem der Entwurf stammt, ist unsicher (Rompler?); der Stich dürfte wieder von Peter Aubry ausgeführt worden sein. Als Verleger nennen sich Johann Philipp Mülb und Josias Städel in Straßburg. Auf der Titelgraphik bearbeiten Engel rohe

Gesichte
Philanders
von Sittewaldt,
das ist
Straff-Schriff
ten
Hanß-Michael
Moscherosch
von
Wilstätt.

Steinbrocken in mehreren Arbeitsphasen mit Meißel und Schleifstein. Bei der Arbeit fallen die Zeichen weltlicher Macht und weltlicher Freude ab (Krone, Szepter, Geld, Karten- und Brettspiel, Kämme, Modeutensilien usw.), die von Satyrn beiseitegeharkt und -gefegt werden. Die Steinbrocken dürften die Welt bedeuten, von der die Satire überflüssige Dinge trennen will.

Anton Humm und Johann Gottfried Schönwetter, die Verleger der unrechtmäßigen Frankfurter Ausgaben von 1644 (Bechtold, 1922, S. 31 ff.: *b* und *c*; nach *b* hier die Abb. auf S. 237) boten ein neues Kupfertitelblatt, dessen anonyme Urheber den Geist von Moscheroschs Werk und der früheren Titelblätter verstanden haben. Die beiden oberen Schichten der Graphik zeigen Felder mit dem Werktitel zwischen Satyrn, Bock, Narren, maskenhaltenden Putten und dem »Erkenne-dich-selbst«-Schild. Den rigorosen Dualismus der Wegewahl im »Höllen-Kinder«-Gesicht aufgreifend (s. die Anm. zu 47 [Marg.]), ist in einer Szene unten die Menschheit auf dem Wege zum Heil vor Kirche, Friedhof und Sensenmann (*Via Salutis*) und auf dem Wege in die Verdammnis in Gestalt von Zechenden und Tanzenden dargestellt, unter ihnen im Hintergrund ein Narr, den der Teufel ergreift (*Via Damnationis*). In der Mitte steht eine dreigesichtige Männergestalt, die zwei Masken hochhält und deren Kleidung von den Schuhen bis zum Hut mit mindestens 17 Tierköpfen besetzt ist; erkennbar sind u. a. Hase, Hund, Katze, Widder und Affe. Im Sinne des ›triciput‹-Zeichens könnte die Gestalt in Vergangenheit, Gegenwart und Zukunft zugleich blicken und die Absicht des Entlarvens verfolgen; die Tierköpfe könnten auf menschliche Laster hinweisen, und dürfte man von 18 Tieren ausgehen, wäre an die ikonographische Tradition zu denken, in der, gestützt auf eine Homilie des Kirchenvaters Johannes Chrysostomus, 18 Tiere die Laster des Menschen darstellen und sich – wie auf dem illustrierten Flugblatt »Speculum bestialitatis« aus der Mitte des 17. Jahrhunderts – um eine Narrenfigur gruppieren können (s. Harms, Flugblätter I,32 mit Nachweisen im Kommentar).

LES VISIONES
Don de Quevedo.
SATYRISCHE
Gesichte.
Philanders
vom
Sittewalt.
I. vnd II theil
Via Salutis.
Via Damnationis
FRANCOFURTI ANNO 1644
Mit Schönen Kupfferstucken ge Ziehret.

Abbildungsnachweis

3 Kupfertitel des ersten Teils der zweiten rechtmäßigen Ausgabe (Straßburg 1642; Bechtold, 1922: *B*). Entworfen von Jesaias Rompler von Löwenhalt, gestochen von Peter Aubry. Gegenüber der ersten Auflage (1640) ist nur *verteutscht* (nach *gesichte*) fortgelassen. – Herzog August Bibliothek Wolfenbüttel; 403.38 Qu. [1].

5 Texttitel zum selben Werk. – Herzog August Bibliothek Wolfenbüttel; 403.38 Qu. [1].

48 Illustration zum Kapitel »Höllen-Kinder« im ersten Teil der zweiten unrechtmäßigen Ausgabe (Frankfurt a. M. 1644; Bechtold, 1922: *b*). – Herzog August Bibliothek Wolfenbüttel; 139.18 Eth.

53 Illustration zum Kapitel »Höllen-Kinder« im ersten Teil der fünften rechtmäßigen Ausgabe (Straßburg 1650; Bechtold, 1922: *E*). Zeichner und Stecher unbekannt. – Bayerische Staatsbibliothek München; 8° P.o.germ. 955b$_{(1.2}$.

65 Zwischentitel des zweiten Teils der zweiten rechtmäßigen Ausgabe (Straßburg 1643). – Universitätsbibliothek Erlangen; Sch. L II,280.

235 Kupfertitel des ersten Teils der fünften rechtmäßigen Ausgabe (Straßburg 1650; Bechtold, 1922: *E*). Entwurf von Jesaias Rompler (?), Stich von Peter Aubry. – Bayerische Staatsbibliothek München; P.o.germ. 955b$_{(1.2}$.

237 Kupfertitel des ersten Teils der zweiten unrechtmäßigen Ausgabe (Frankfurt a. M. 1644; Bechtold, 1922: *b*). Zeichner und Stecher (aus der Schule Matthäus Merians) unbekannt. – Herzog August Bibliothek Wolfenbüttel; 139.18 Eth.

267 Seite des Sachregisters zum ersten Teil der zweiten rechtmäßigen Ausgabe (Straßburg 1642). – Universitätsbibliothek Erlangen; Sch. L II,280.

Literaturhinweise

Textausgaben

[Johann Michael Moscherosch:] Les Visiones de Don Francesco de Qvevedo Villegas. Oder Wunderbahre Satyrische gesichte Verteutscht durch Philander von Sittewalt. Straßburg: Johann Philipp Mülbe, 1640. – Bechtold (1922): *A*; rechtmäßige Ausgabe. Enthält sieben Gesichte nach Quevedo: »Schergen-Teuffel«, »Welt-Wesen«, »Venus-Narren«, »Todten-Heer«, »Letztes-Gericht«, »Höllen-Kinder«, »Hoff-Schule«.

[Johann Michael Moscherosch:] Visiones de Don Quevedo. Wunderliche vnd Warhafftige Gesichte Philanders von Sittewalt [...]. Zum andern mahl auffgelegt von Philander selbsten / vbersehen / vermehret vnd gebessert. Straßburg: Johann Philipp Mülbe, 1642. Anderer Theil der Gesichte Philanders von Sittewalt. Straßburg: Johann Philipp Mülbe, 1643. – Bechtold (1922): *B*; zweite rechtmäßige Ausgabe des ersten Teils, erste rechtmäßige Ausgabe des zweiten Teils. Enthält im zweiten Teil die Gesichte »Ala mode Kehrauß«, »Hanß hienüber Ganß herüber«, »Weiber-Lob«, »Thurnier«. – Dieser Ausgabe folgt die vorliegende Auswahl. Ein vollständiger, unkommentierter Nachdruck erschien 1974 bei Olms in Hildesheim / New York.

[Johann Michael Moscherosch:] Wunderliche und warhafftige Gesichte Philanders von Sittewaldt. das ist StraffSchrifften Hanß Michael Moscherosch von Wilstädt. Straßburg: Johann Philipp Mülbe / Josias Städel, 1650. Gesichte Philanders von Sittewald das ist Straffschrifften Hanß-Michael Moscheroschen von Wilstädt Ander Theil. Straßburg: Johann Philipp Mülbe / Josias Städel, 1650. – Bechtold (1922): *E*; fünfte rechtmäßige Ausgabe in zwei Teilen. Enthält über *B* hinaus die Gesichte »Pflaster wider das Podagram«, »Soldaten-Leben« (beide zuerst 1644 in *D*) und »Reformation«. – Dieser Ausgabe folgt die kommentierte Auswahl von Felix Bobertag, Stuttgart 1883 (Deutsche Nationalliteratur. Bd. 32. Nachdr. Darmstadt 1964).

Wunderliche und wahrhaftige Gesichte Philanders von Sittewald, d. i. Satirische Schriften von Johann Michael Moscherosch. Hrsg. von Heinrich Dittmar. Berlin: G. Reimer, 1830. (Bibliothek der wichtigsten deutschen prosaistischen Satiriker und Humoristen des siebzehnten Jahrhunderts. 1.)

Sekundärliteratur

Arthur Bechtold: Kritisches Verzeichnis der Schriften Johann Michael Moscheroschs. München 1922.

– Zur Moscherosch-Bibliographie. In: Euphorion 26 (1925) S. 427 bis 434.

Ludwig Krapf: Zur Moscherosch-Bibliographie. In: Daphnis 8 (1979) S. 331–338.

Erich Schmidt: Der Kampf gegen die Mode in der deutschen Literatur des siebzehnten Jahrhunderts. In: Im neuen Reich 10 (1880) Bd. 2. S. 457–475.

Ernst Martin: Johann Michael Moscherosch. In: Jahrbuch der Gesellschaft für lothringische Geschichte und Altertumskunde 3 (1891) S. 1–16.

Heinrich Schlosser: Johann Michael Moscherosch und die Burg Geroldseck im Wasgau. In: Mitteilungen der Gesellschaft für Erhaltung der geschichtlichen Denkmäler im Elsaß 16 (1893) S. 10–83.

Adolf Schmidt: Die Bibliothek Moscheroschs. In: Zeitschrift für Bücherfreunde 2 (1898/99) S. 497–506.

Johannes Beinert: Deutsche Quellen und Vorbilder zu H. M. Moscheroschs Gesichten Philanders von Sittewalt. In: Alemannia N. F. 5 (1904) S. 161–222.

Adolf Schmidt: Die Bibliothek Moscheroschs und ihre Kataloge. In: Zeitschrift für Bücherfreunde N. F. 12 (1920/21) S. 133–141.

Curt von Faber du Faur: Philander, der Geängstigte und der Expertus Robertus. In: Monatshefte für deutschen Unterricht, deutsche Sprache und Literatur 39 (1947) S. 485–505.

Erich Trittin: Johann Michael Moscherosch. Zu Leben und Werk und einer wiederaufgefundenen Schrift auf Gustav Adolf. In: Schicksalswege am Oberrhein. Hrsg. von Paul Wentzcke. Heidelberg 1952. S. 136–164.

Curt von Faber du Faur: Johann Michael Moscherosch, der Geängstigte. In: Euphorion 51 (1957) S. 233–249.

Brigitte Höft: Johann Michael Moscheroschs »Gesichte Philanders von Sittewald«. Eine Quellenstudie zum ersten Teil des Werkes. Diss. Freiburg i. Br. 1964.

Stefan F. L. Grunwald: A Biography of Johann Michael Moscherosch (1601–1669). Bern 1969.

Wolfgang Harms: Homo viator in bivio. Studien zur Bildlichkeit des Weges. München 1970. [Bes. S. 74–82.]

Walter E. Schäfer: Der Satyr und die Satire. Zu Titelkupfern Grimmelshausens und Moscheroschs. In: Rezeption und Produktion zwischen 1570 und 1730. Festschrift für Günther Weydt. Bern/München 1972. S. 183–232.

Johann Michael Moscherosch. Barockautor am Oberrhein. Satiriker und Moralist. Ausstellungskatalog. Karlsruhe 1981.

Walter E. Schäfer: Johann Michael Moscherosch. Staatsmann, Satiriker und Pädagoge im Barockzeitalter. München 1982. [Vgl. hierzu die Rezension von Gerhard Dünnhaupt in *Arbitrium* 1 (1983) S. 152–155.]

Erich Kleinschmidt: Stadt und Literatur in der Frühen Neuzeit. Voraussetzungen und Entfaltung im südwestdeutschen, elsässischen und schweizerischen Städteraum. Köln/Wien 1982. [Bes. S. 281 bis 299.]

Wilhelm Kühlmann / Walter E. Schäfer: Frühbarocke Stadtkultur am Oberrhein. Studien zum literarischen Werdegang J. M. Moscheroschs (1601–1669). Berlin 1983. [Mit weiterer Literatur.]

Michael Schilling: Unbekannte Gedichte Moscheroschs zu Kupferstichfolgen Peter Aubrys d. J. In: Euphorion 78 (1984) S. 303–324.

Klaus Haberkamm: Johann Michael Moscherosch. In: Deutsche Dichter des 17. Jahrhunderts. Ihr Leben und Werk. Hrsg. von Harald Steinhagen und Benno von Wiese. Berlin 1984. S. 185–207.

Wilhelm Kühlmann: Johann Michael Moscherosch in den Jahren 1648–1651: Die Briefe an Johann Valentin Andreae. In: Daphnis 14 (1985) S. 245–276.

Weitere mehrfach zitierte Literatur

Martial: Epigramme. Übers. und erl. von Alexander Berg. 2. Aufl. Berlin 1912.

Petronius: Satyrica. Schelmengeschichten. Lat./dt. Hrsg. von Konrad Müller und Wilhelm Ehlers. München 1965.

Die Sammlung der Herzog August Bibliothek. Tl. 1: Ethica, Physica. Hrsg. von Wolfgang Harms und Michael Schilling zus. mit Barbara Bauer und Cornelia Kemp. Tübingen 1985. Tl. 2: Historica. Hrsg. von W. H. zus. mit M. S. und Andreas Wang. München 1980. (Deutsche illustrierte Flugblätter des 16. und 17. Jahrhunderts. 1.2. Hrsg. von W. H.) – Zit. als: Harms, Flugblätter I.II.

Teutschredender Owenus, oder: Eilf Bücher der Lateinischen Uberschriften des überaus sinnreichen Englischen Dichters Oweni, in Teutsche gebundene Sprache, eben so kurtz übersetzet, und mit etlichen Anmerkungen erläutert, durch Valentinum Loebern. Hamburg 1661. – Zit. als: Valentin Löber.

Johannes Turmair, gen. Aventinus: Bayerische Chronik. Hrsg. von Matthias Lexer. Bd. 1. München 1883. Bd. 2. München 1886. (Sämtliche Werke. 4.5.) – Zit. als: Bayerische Chronik (Buch, Kap.).

Nachschlagewerke

Johann Christoph Adelung: Grammatisch-kritisches Wörterbuch der hochdeutschen Mundart. 2., verm. und verb. Ausg. 4 Bde. Leipzig 1793–1801.

Josef Benzing: Die Buchdrucker des 16. und 17. Jahrhunderts im deutschen Sprachgebiet. 2. Aufl. Wiesbaden 1982.

Allgemeine deutsche Biographie (ADB). 56 Bde. Leipzig 1875–1912.

Neue deutsche Biographie (NDB). [Bisher ersch.:] Bd. 1–13. Berlin 1953–82.

Johann Heinrich Campe: Wörterbuch zur Erklärung und Verdeutschung der unserer Sprache aufgedrungenen fremden Ausdrücke. 2., verb. und verm. Aufl. Braunschweig. 2 Bde. 1808–09. Erg.-Bd. 1813.

Gerhard Dünnhaupt: [Artikel] Johann Michael Moscherosch. In: G. D.: Bibliographisches Handbuch der Barockliteratur. Tl. 2. Stuttgart 1981. S. 1240–63.

Georg Büchmann: Geflügelte Worte. Der Zitatenschatz des deutschen Volkes. 30. Aufl. Berlin 1961.

Jacob und Wilhelm Grimm: Deutsches Wörterbuch. 16 Bde. [in 32 Teil-Bdn.] Leipzig 1854–1954. (Nachdr. München 1984.)

Georg Henisch: Teütsche Sprach und Weisheit. Thesaurus linguae et sapientiae Germanicae. Augsburg 1616. (Nachdr. Hildesheim / New York 1973.)

Johann Hübner: Reales Staats-, Zeitungs- und Conversationslexikon. Neue, verb. Ausg. Leipzig 1789.

Christian Gottlieb Jöcher: Allgemeines Gelehrten-Lexikon. 4 Bde. Leipzig 1750–51. 6 Erg.-Bde. Leipzig/Bremen 1784–1816.

Franz von Lipperheide: Spruchwörterbuch. 2. Aufl. München 1909.

Ernst Martin / Hans Lienhart: Wörterbuch der elsässischen Mundarten. 2 Bde. Straßburg 1899–1907.

August Otto: Die Sprichwörter und sprichwörtlichen Redensarten der Römer. Leipzig 1890. (Nachdr. Hildesheim 1964.)

Paulys Real-Encyclopädie der classischen Altertumswissenschaft. Neue Bearb. Hrsg. von Georg Wissowa [u. a.]. Stuttgart 1894–1980. – Zit. als: RE.

Der kleine Pauly. Lexikon der Antike. Hrsg. von Konrat Ziegler, Walther Sontheimer und Hans Gärtner. 5 Bde. 2. Aufl. München 1975.

Lutz Röhrich: Lexikon der sprichwörtlichen Redensarten. 2 Bde. Freiburg/Basel/Wien 1973.

Johann Andreas Schmeller: Bayerisches Wörterbuch. 2 Bde. 2. Aufl. 1872–77. (Nachdr. Aalen 1961.)

Karl Friedrich Wilhelm Wander: Deutsches Sprichwörter-Lexikon. 5 Bde. Leipzig 1867–80. (Nachdr. Darmstadt 1977.)

Hans Walther: Proverbia Sententiaeque Latinitatis medii aevi. Lateinische Sprichwörter und Sentenzen des Mittelalters in alphabetischer Anordnung. 5 Bde. Göttingen 1963–67.

Sigmund A. Wolf: Wörterbuch des Rotwelschen. Deutsche Gaunersprache. Mannheim 1956.

– Großes Wörterbuch der Zigeunersprache. Wortschatz deutscher und anderer europäischer Zigeunerdialekte. Mannheim 1960.

– Jiddisches Wörterbuch. Wortschatz des deutschen Grundbestandes der jiddischen (jüdischdeutschen) Sprache. Mannheim 1962.

Johann Heinrich Zedler: Großes vollständiges Universal-Lexikon aller Wissenschaften und Künste. 64 Bde. Halle/Leipzig 1732–50. (Nachdr. Graz 1961–64.)

Nachwort

Zur Wirkung der »Gesichte Philanders«

Johann Michael Moscherosch ist einer der wenigen deutschen Autoren der Barockzeit, die während des 18. und 19. Jahrhunderts nicht in Vergessenheit gerieten, also nicht erst durch die etwa ab 1930 langsam einsetzende moderne Barockforschung wiederentdeckt werden mußten. Wer Moscherosch las, las ganz gewiß seinen *Philander*, und wer die Gestalt seines Philander kannte, glaubte auch den Autor dieser Prosasatire mit dem starken moralischen Anspruch zu kennen. Karl Julius Weber schreibt 1837 in seiner Erörterung der deutschen Satire: »Moscherosch war ein Lieblingsschriftsteller seiner Zeit mit Recht, was seiner Zeit zur Ehre gereicht, und ist noch heute besser als hundert Moderomane und schön gedrechselte schöngeisterische Schriften«.[1] Moscherosch erreichte die deutschen Leser seines Jahrhunderts; das zeigen die vielen regulären Ausgaben und die Raubdrucke.[2] Wer diese Leser waren, warum sie Moscheroschs *Gesichte* lasen, ist erst noch zu ermitteln. Neue Forschungen zu Privatbibliotheken und damit zum konkreten Leser des 17. Jahrhunderts zeigen, daß Moscherosch mit seinem *Philander* gerade auch die gelehrte Bibliothek erreichte, obwohl doch die Prosasatire in der Hierarchie der Gattungen keinen hohen Rang einnahm: Unter 50 ermittelten Beständen von Privatbibliotheken des 17. Jahrhunderts[3] ist der *Philander* mit Abstand das

1 [Karl Julius Weber,] *Democritos oder hinterlassene Papiere eines lachenden Philosophen*, Bd. 8, Stuttgart 1837, S. 98.

2 Siehe Arthur Bechtold, *Kritisches Verzeichnis der Schriften Johann Michael Moscheroschs*, München 1922; A. B., »Zur Moscherosch-Bibliographie«, in: *Euphorion* 26 (1925) S. 427–434; Ludwig Krapf, »Zur Moscherosch-Bibliographie«, in: *Daphnis* 8 (1979) S. 331–338; jetzt auch Gerhard Dünnhaupt, *Bibliographisches Handbuch der Barockliteratur*, Tl. 2, Stuttgart 1981, S. 1240–63.

3 Siehe Hans Dieter Gebauer, *Bücherauktionen in Deutschland im 17. Jahrhun-*

häufigste deutschsprachige Werk, gefolgt vom *Reinke de Vos* (1498), von Zincgrefs *Apophthegmata* (1626), Flemings *Teutschen Poemata* (1624), Opitzens *Teutschen Poemata* (1624) und Georg Rollenhagens *Froschmeuseler* (1595). In sehr weitem Abstand folgen u. a. Werke von Gryphius, Rist, Harsdörffer, Weise, Böhme, Zesen.
Moscheroschs oder *Philanders* Wirkung begann früh; sie brachte dem Autor den Respekt der führenden deutschen Literatengesellschaft jener Zeit ein, der »Fruchtbringenden Gesellschaft« um den Fürsten Ludwig zu Anhalt-Köthen: Der elsässische Autor der Traumgesichte wurde dort Mitglied, wo Harsdörffer, Schottelius, Rist und zuvor Opitz andere literarische Landschaften Deutschlands vertraten. Diese Autoren werden auch von Moscherosch selbst zuerst in der Ausgabe von 1650 im »Reformation«-Gesicht zur Entlastung des angeklagten Philander zitiert werden, und unter ihnen findet Moscherosch auch öffentlich Beifall. So empfiehlt Johann Rist wiederholt in seinen Dichtungen, man möge bestimmte Kapitel des *Philander* lesen,[4] und Schottelius bezeugt die Beliebtheit, wenn er sagt, die *Gesichte* hätten »fast mehr Früchte gebracht / als manches Bet- und Predigt Buch / welches man unter der Bank liegen läßet«,[5] ein Sachverhalt, der durch die päpstliche Indizierung wohl allenfalls in katholischen Regionen in Grenzen zu halten war.
Der *Philander* bleibt weiterhin im literarischen Gespräch,

dert, Bonn 1981, S. 106–108; vgl. auch Alberto Martino, *Daniel Casper von Lohenstein. Geschichte seiner Rezeption*, Bd. 1 (1661–1800), Tübingen 1978, S. 51 f.

4 Johann Rist, *Der Adeliche Hausvatter*, hrsg. von E. Mannack, Berlin / New York 1982 (Sämtliche Werke, 7), S. 272 f. (zum »Weiber-Lob«-Gesicht); J. R., *Das Friedejauchtzende Teutschland* (1653), hrsg. von E. Mannack, Berlin / New York 1972 (Sämtliche Werke, 2), S. 225 f. (zum »Höllen-Kinder«-Gesicht); beide Werke Rists besaß Moscherosch als Geschenke des Autors.

5 Justus Georg Schottelius, *Ausführliche Arbeit von der Teutschen HaubtSprache* (1663), hrsg. von W. Hecht, Tübingen 1967, S. 1178; vgl. Anm. zu 63,6, sowie Wilhelm Kühlmann, »Moscherosch und die Sprachgesellschaften des 17. Jahrhunderts. Aspekte des barocken Kulturpatriotismus«, in: *Bibliothek und Wissenschaft* 16 (1982) S. 68–84.

nicht als bloß registriertes Bildungsgut, sondern als erregender Gegenstand. Einige wenige Beispiele mögen dieses zeigen. Christian Thomasius führt innerhalb seiner Erörterungen über Wirkungen der Satire allgemein in seinen für Aufklärung, Toleranz und für den common sense des Naturrechts werbenden *Monatsgesprächen* einen besonderen Disput über die Qualität des *Philander*.[6] Gerard van Swieten, in Wien vor dem Josephinismus ab 1759 an der Spitze der Zensurkommission, war zwar gegenüber mancher Fachliteratur großzügiger als seine jesuitischen Kontrahenten, sah aber Anlaß, neben Schriften von Grimmelshausen, Thomasius, Swift und Rousseau auch den *Philander* zu verbieten.[7] Auch auf anderer Seite stößt das offenbar anhaltend erfolgreiche Werk auf Widerspruch: Gottscheds moralische Wochenschrift *Die vernünftigen Tadlerinnen* erhebt mit Blick auf ihr besonderes Publikum Protest gegen Moscheroschs Kritik an der Frau.[8] Der vorsichtige, sich vielfach absichernde Herausgeber der ersten Teilausgabe im 19. Jahrhundert, Heinrich Dittmar, setzt sein Publikum bewußt der ganzen Breite des satirischen Angriffs aus: »Wahrlich, was z. B. ein Moscherosch in der reinsten Ereiferung gegen das Laster, beim echten und rechten Namen nennt, das schadet der wahren Sittlichkeit niemals, ja thut ihr vielmehr den förderlichsten Dienst.«[9] Zustimmung und Ablehnung beziehen sich im

6 Christian Thomasius, *Freimütige, lustige und ernsthafte, jedoch vernunftmässige Gedanken oder Monatsgespräche*, Bd. 1 (Februar 1688), Halle 1690 (Nachdr. Frankfurt a. M. 1972), S. 177–181.

7 Heinrich Hubert Houben, *Der ewige Zensor*, Kronberg i. Ts. 1978, S. 25 [1. Aufl. 1926 u. d. T.: Polizei und Zensur].

8 *Die Vernünftigen Tadlerinnen*, erster Jahr-Theil, Halle 1725, S. 52. Gottsched besaß die ›Philander‹-Ausgabe von 1677 und weiß außerhalb des Herausgeber-Inkognitos ›Philander‹ zu loben (Johann Christoph Gottsched, *Versuch einer kritischen Dichtkunst*, 4. Aufl. Leipzig 1751, Nachdr. Darmstadt 1962, S. 559).

9 Heinrich Dittmar, »Einleitung«, in: *Wunderliche und wahrhaftige Gesichte Philanders von Sittewald, d. i. Satirische Schriften von Johann Michael Moscherosch*, hrsg. von H. D., Berlin 1830, S. XIX; dort S. LXVIII–LXXV finden sich zahlreiche andere Belege der ›Philander‹-Wirkung vor allem der Zeit von 1700 bis 1830.

Laufe der Zeit auf unterschiedliche Inhalte und Ziele Moscheroschs: Hofkritik, Ständekritik, Kritik weiblicher und männlicher Moral, Kritik von Kriegsfolgen u. a. Achim von Arnim, der die Leidener *Philander*-Ausgabe von 1646 sowie das Frankfurter *Complementum* von 1648 in seiner Bibliothek hatte,[10] zitiert den *Philander* im Zusammenhang mit desillusionierenden Gedanken über den Kriegsdienst.[11] In *Des Knaben Wunderhorn* werden fünf Lieder aus Moscheroschs *Philander* aufgenommen.[12]

Im späten 19. Jahrhundert versuchte die literaturwissenschaftliche *Philander*-Interpretation vorwiegend die patriotischen Elemente im Werk Moscheroschs hervorzuheben, wobei oft auslandsfeindliche Töne dominierten, die dem auch in der Literatur der Romania belesenen und von ihr beeindruckten Elsässer Moscherosch wenig gerecht wurden.[13] Wo Moscherosch das Eindringen französischer Sprach-, Kleidungs- und Verhaltensmoden attackiert, tadelt er die Unselbständigkeit der Deutschen und ist bemüht, die bedrohte kulturelle Identität zu schützen oder wiederzufinden. Damit steht er in Einklang mit Bemühungen in anderen europäischen Ländern, sich selbst ein würdiges Bild von der jeweils eigenen Kultur – und insbesondere von deren Vergangenheit

10 Der maschinenschriftliche Katalog von 1929 läßt nicht erkennen, ob es sich um die Ausgabe *f* (nach Bechtolds Siglen) handelt. Das ›Complementum‹ gehört zu *d* (zweite Schönwettersche Ausgabe).

11 Siehe Wulf Segebrecht, »Die Thematik des Krieges in Achim von Arnims ›Wintergarten‹«, in: *Aurora* 45 (1985) S. 310–316, hier S. 313. (Zu der Geschichte von »Philander unter den streifenden Soldaten und Zigeunern im dreißigjährigen Kriege«, die dort nach Moscherosch von Grimmelshausen am »Vierten Winterabend« erzählt wird.)

12 Siehe Heinz Rölleke, »Die Volksballade von der Wiedervergeltung (DVldr Nr. 123) bei Hans Michael Moscherosch«, in: *Jahrbuch für Volksliedforschung* 18 (1973) S. 71–76, hier S. 76.

13 Als eines von vielen Werken, die in ihrer ›Philander‹-Behandlung wilhelminischen Geist erkennen lassen, s. Johann Wirth, *Moscheroschs Gesichte Philanders von Sittewalt. Verhältnis der Ausgaben zu einander und zur Quelle*, Diss. Erlangen 1887; vgl. dazu Wilhelm Kühlmann / Walter E. Schäfer, *Frühbarocke Stadtkultur am Oberrhein. Studien zum literarischen Werdegang J. M. Moscheroschs (1601–1669)*, Berlin 1983, S. 9 f.

– zu entwerfen und zu verteidigen.[14] Dazu gehörten in allen Ländern auch die Versuche, das Alter und damit die Reinheit der eigenen Volkssprache darzulegen; kaum eine Sprachregion unterließ den Versuch, nachzuweisen, daß Adam in der Landessprache gesprochen habe, so daß man folgern könne, diese sei besonders gut zum Erfassen höchster Einsichten geeignet. Vor diesem Hintergrund ist es zu verstehen, wenn Moscherosch am Ende des »Thurnier«-Gesichts sowie im Disput mit den alten deutschen Helden im »Ala mode Kehrauß«-Gesicht mittelhochdeutsche Verse aus den Winsbeckischen Lehrgedichten zitiert: Der alte Sprachzustand gibt den Lehrinhalten höchste Autorität, wie sie dringend benötigt wird in einer Zeit und einem Werk, denen die einst festen Maßstäbe für moralisches Handeln abhandenzukommen drohen.[15] Damit gab Moscherosch seiner satirischen Kritik eine kulturpatriotische Substanz, die vom Nationalstolz des 19. Jahrhunderts unterschieden werden muß.

Da *Philanders Gesichte* Moscheroschs wirkungsreichstes Werk blieb und da der Autor seinen Helden erzählerisch und biographisch mit auktorialen Hintergründen versah, konnte es dazu kommen, daß man den Autor und seinen Helden der Satire weiterhin identifizierte, wie es zunächst vom gleichlautenden Pseudonym der ersten Auflage vorgegeben war. Rist spricht davon, daß »der liebe Philander« ihm die ›Gesichte‹ »in dem letzsten Abdrucke zugeeignet« habe,[16] und Gottsched nennt Philander von Sittewalt in einer Reihe neben

14 Vgl. Rudolf von Raumer, *Geschichte der Germanischen Philologie*, München 1870, S. 89 f. u. ö.; zuletzt Sonia Brough, *The Goths and the Concept of Gothic in Germany from 1500 to 1750*, Frankfurt a. M. / Bern / New York 1985.

15 Siehe Wolfgang Harms, »Das Interesse an mittelalterlicher deutscher Literatur zwischen der Reformationszeit und der Frühromantik«, in: *Akten des VI. Internationalen Germanisten-Kongresses Basel 1980*, Tl. 1, Bern 1981, S. 60–84, bes. S. 60 f., und W. H., »Des Winsbeckes Genius: Zur Einschätzung didaktischer Posie des deutschen Mittelalters im 17. und 18. Jahrhundert«, in: *Die Rezeption des Mittelalters. Symposion Berlin 1983*, hrsg. von P. Wapnewski, Stuttgart 1986, S. 46–59.

16 Rist, *Das Friedejauchtzende Teutschland* (Anm. 4) S. 226.

Autoren wie Theophrast, Seneca und La Bruyère.[17] Nicht nur das Philander-Pseudonym der ersten Auflagen, auch die Rollenhaftigkeit[18] der Äußerungen des Autors Moscherosch überhaupt hat dazu beigetragen, daß Moscherosch mit dem Helden seiner Prosasatire identifiziert wurde. Völlig zur Rollenbezeichnung eines begrüßenswert scharfzüngigen Satirikers wird Philander, als er als Pseudonym für die Publikation einer zugleich an Fischart erinnernden Münchner Hofkritik von 1790 gewählt wird: *Affentheuerliche und nauppengeheuerliche Geschichtsklitterung der Schwänke, Volksnarrheiten und Schweinigeleyen, die sich auf dem gar herrlichen und lustigen Freyball zutrugen, den der durchl. Churfürst von Pfalzbayern im Jahre [. . .] [1789] anstellen ließ, [. . .] herausgegeben von Philander von Sittenwald, Gedruckt mit allerhöchster Erlaubniß des Fürsten von Liliput, 1790.* Schon die Leichenpredigt auf Moscherosch, die 1669 in Worms Matthias Meigener hielt, nimmt mit ihrem Titel Abschied von Philander: *Ultimum Vale Philandrinum*[19]. Dort heißt es, Moscherosch habe seinen guten Ruf begründet u. a. »durch seine nützliche und herrliche Schrifften / darinnen er sich bewiesen und erzeigt zu seyn ein rechter Philander von Sittewald / das ist / der Lust und Lieb trage die heutige Welt / welche leider nicht wenig / sondern mit Hauffen von der Tugendbahn abweichet / und auff den breiten Lasterbahn sich begiebet / ein schönen Wald zu führen unter den schönen Tugend-Bäumen sich zu ergetzen und zu erlustigen«.[20]

Im Gegensatz zu dem kräftigen Zuwachs an Forschungen zur deutschen Barockliteratur scheinen diese literarischen Werke

17 Gottsched (Anm. 8) S. 559.

18 Siehe Michael Schilling, »Unbekannte Gedichte Moscheroschs zu Kupferstichfolgen Peter Aubrys d. J.«, in: *Euphorion* 78 (1984) S. 303–324, bes. S. 324.

19 *Ultimum Vale Philandrinum: Das ist: Ewig-Grünende Gedächtnüß und Ehren-Säule* [. . .], Frankfurt a. M. 1669.

20 Ebd., S. 12, mit Anspielung auf den Beginn des »Höllen-Kinder«-Gesichts und auf die »Fruchtbringende Gesellschaft« mit ihrem Palmbaum-Emblem als Zeichen der Tugend.

dem heutigen deutschen Lesepublikum immer weniger gegenwärtig zu sein; in Großbritannien und in Frankreich dürfte die eigene Literatur jener Zeit dem Lesepublikum weniger entfremdet sein. Wie seit langem kein anderer poetischer Text hat *Das Treffen in Telgte*[21] die Vielfalt deutscher Literatur der Barockzeit vergegenwärtigt und auch Moscherosch als Autor wieder leichter vorstellbar gemacht. Der Autor des *Philander* trägt dort aus dem »Ala mode Kehrauß«-Gesicht vor, »ein handfester Kerl, der gern als erster seine Scherze belachte, doch andererseits zum Tiefsinn neigte«, der als satirischer Kritiker literarischer Moden, als deutscher Patriot und auch – eine der Selbststilisierungen Moscheroschs aufgreifend – als mutmaßlicher Jude dargestellt wird, der zusammen mit Rist seinen »Haß auf alles Fremde und Welsche in deutschen Selbsthaß verkehrt«.[22] Der Satiriker, der zugleich Fremder und Patriot ist, ist eine Stilisierung Moscheroschs, die zu wesentlichen Eigentümlichkeiten dieses Autors Zugang bietet.

Zu Johann Michael Moscherosch

Am 7. März 1601 wurde Johann Michael Moscherosch in Willstätt geboren als Sohn des Landwirts Michael Moscherosch, der in gräflich Hanauischen Diensten als Kirchenschaffner tätig war. So sehr der Autor Moscherosch darauf

21 Günter Grass, *Das Treffen in Telgte*. Eine Erzählung, Darmstadt/Neuwied 1979 [hiernach zitiert]; vgl. auch die Taschenbuchausg. Reinbek 1981, die im Textanhang eine längere Passage aus dem »Höllen-Kinder«-Gesicht bringt, auf die Grass eine Szene im ›Treffen‹ bezieht (dort S. 37 f.); zu Grass' Quellen s. Theodor Verweyen / Gunther Witting, »Polyhistors neues Glück«, in: *Germanisch-Romanische Monatsschrift* N. F. 30 (1980) S. 451–465.

22 Grass (Anm. 21) S. 171; zu Moscherosch bei Grass vgl. Klaus Haberkamm, »Johann Michael Moscherosch«, in: *Deutsche Dichter des 17. Jahrhunderts. Ihr Leben und Werk*, hrsg. von H. Steinhagen und B. von Wiese, Berlin 1984, S. 185–207, hier S. 189 und 202.

bedacht war, seine Herkunft so zu stilisieren, daß der Glanz adeligen Standes auf ihn fiel, hat er doch seinen Herkunftsort stets bewußtgemacht, nicht zuletzt in Form eines Anagramms für den Namen seines Helden Philander von »Sittewalt« (»Wilstaett«). Nach leichtem Zugang in die Welt der gelehrten Lektüre, des Studiums und in gewisser Weise auch des gelehrten Berufs in und um Straßburg wurde Moscherosch ein dauerhafter gesellschaftlicher Aufstieg erschwert, wozu neben Krieg und persönlichen Rivalitäten nicht zuletzt auch sein eigener Charakter Anlaß gegeben hat. Auf der Suche nach neuen beruflichen Möglichkeiten starb Moscherosch am 4. April 1669 in Worms auf einer Reise. Dieses schwierige Leben des großen gelehrten Satirikers stellt die neue Biographie W. E. Schäfers vorzüglich dar.[23] Im späten 19. Jahrhundert war Moscherosch als untadeliger, persönlich vorbildlicher Patriot stilisiert worden,[24] von dem erst C. von Faber du Faurs charakterologische Studien erheblich abrückten,[25] die auf die Diskrepanz zwischen den moralischen Ansprüchen der Werke und den moralischen Mängeln des Autors aufmerksam machten. Ohne diese Einsichten harmonisierend einzuebnen, gibt Schäfers Biographie doch die Auffassung zu erkennen, es sei eine Übereinstimmung von persönlichem Leben des Verfassers und von den im Werk ablesbaren Intentionen des Autors zu erwarten. Doch die Literatur des Barock wurde von Autoren und Lesern vorwiegend als ein Angebot verstanden, von Gattung zu Gattung in Rollen zu sprechen, die die einzelnen Themen unter unter-

23 Walter E. Schäfer, *Johann Michael Moscherosch. Staatsmann, Satiriker und Pädagoge im Barockzeitalter*, München 1982; vgl. zuvor auch Stefan F. L. Grunwald, *A Biography of Johann Michael Moscherosch (1601–1669)*, Bern 1969; neuerdings s. Kühlmann/Schäfer (Anm. 13) und einzelne Aufsätze dieser beiden um Moscherosch verdienten Verfasser.

24 Siehe Franz Muncker, »Hans Michael Moscherosch«, in: *Allgemeine Deutsche Biographie*, Bd. 22, Leipzig 1885, S. 351–357.

25 Curt von Faber du Faur, »Philander, der Geängstigte, und der Expertus Robertus«, in: *Monatshefte für deutschen Unterricht, deutsche Sprache und Literatur* 39 (1947) S. 485–505; ders., »Johann Michael Moscherosch, der Geängstigte«, in: *Euphorion* 51 (1957) S. 233–249.

schiedliche Sehweisen rückten, also verschiedene Aussagen und Ziele artikulierbar machten, ohne daß dem einzelnen Autor selbst ein Mangel an Geradlinigkeit oder Gesinnungsfestigkeit vorzuwerfen wäre.
Für das Verständnis der einzelnen Werke Moscheroschs behält es aber auch einen erheblichen Reiz, wenn erkennbar wird, wie viele Situationen Philanders als Spiegelungen von Lebenssituationen Moscheroschs verstanden werden können, wenn also mit Hilfe des regionalen und persönlichen Umfelds des Verfassers die verkürzende Sicht auf Ich und Welt aufgebaut wird, die im Leben den Blick auf Nichtigkeit und Tod und schließlich auf Rat- und Heilsbedürftigkeit ermöglicht.
Ab 1612 besuchte Moscherosch das Straßburger Gymnasium, das seit Johannes Sturms Gründung und Rektorat ein hohes Niveau hatte, in den oberen Klassen das Lehrangebot einer ersten Universitätsausbildung umfaßte und damit den Zugang zu höheren Verwaltungs- und Kirchenämtern eröffnete.[26] Aus den großenteils erhaltenen Schulheften, Kalenderaufzeichnungen und auch Büchern des jungen Gymnasiasten Moscherosch ist zu ersehen, wie er weit über das Lehrangebot des Gymnasiums hinaus seine Lektüre betrieb, in geliehenen und in erstaunlich hohem Maße auch in eigenen Buchexemplaren.[27] Unter dem Eindruck der rhetorischen und allgemein literarischen Kultur, die ihm besonders Kaspar Brülow (1585–1627), Johann Paul Crusius (1588–1629) und Matthias Bernegger (1582–1640) persönlich vermittelten,[28]

26 Siehe Anton Schindling, *Humanistische Hochschule und freie Reichsstadt. Gymnasium und Akademie in Straßburg 1538–1621*, Wiesbaden 1977.

27 Siehe Adolf Schmidt, »Die Bibliothek Moscheroschs«, in: *Zeitschrift für Bücherfreunde* 2 (1898/99) S. 497–506 und A. S., »Moscheroschs Schreibkalender«, in: *Jahrbuch für Geschichte, Sprache und Litteratur Elsaß-Lothringens* 16 (1900) S. 139–190; vgl. Schäfer (Anm. 23) S. 16 ff., und Dokumente hierzu in: *Johann Michael Moscherosch. Barockautor am Oberrhein. Satiriker und Moralist*, Ausstellungskatalog, Karlsruhe 1981, Abb. S. 47 und 59.

28 Zur politisch-historisch-philologischen Gelehrsamkeit Berneggers s. Wilhelm Kühlmann, *Gelehrtenrepublik und Fürstenstaat. Entwicklung und Kri-*

wurde der junge Moscherosch in der späthumanistischen, lateinischen Gelehrsamkeit heimisch. Er legte am 27. April 1621 sein Baccalaureatsexamen ab, besuchte dann die soeben gegründete Straßburger Universität, an der er am 8. April 1624 bei dem Historiker Bernegger den Magistertitel erwarb. Nach einer längeren Studienreise in die Fremde, der »peregrinatio academica«, die ihn – ähnlich seinem Philander – nach Genf, Savoyen und Paris führte, begann er 1626 in Straßburg Rechtswissenschaften zu studieren. Gleichzeitig war er als Hofmeister beim Grafen Johann Philipp II. von Leiningen-Dagsburg tätig, doch verlor er diese Stelle, als er die beiden Grafensöhne grob verprügelte und dabei dem sechsjährigen Johann Philipp den rechten Oberarm brach. Ähnlich affektgeladenes, gegen Moral und Recht verstoßendes Handeln vermochte Moscherosch, obwohl guter Kenner der stoischen Lehren Senecas wie auch neuester Spezialliteratur für Hofmeister, in seinem Leben nicht abzulegen.[29] Ob es sein Ziel war oder ob die Gesetze der Satire es mit sich brachten: das Leben des Satirikers Moscherosch wies viele der Mängel auf, die das Objekt seiner satirisch-kritischen *Gesichte* sind.
Obwohl seine Existenz völlig ungesichert war, heiratete er am 9. September 1628 die Frankenthaler Juwelierstochter Esther Ackermann. Nach Aufenthalten in Willstätt und Straßburg bewarb er sich vergeblich darum, als Nachfolger von Crusius am Straßburger Gymnasium Professor für Poesie zu werden. Er nahm am 1. August 1630 beim Grafen Peter Ernst von Kriechingen die Stelle eines Hof- und Rentmeisters an, ein Amt, das ihn um Kriechingen in die Gegend zwischen Metz und Saarlouis führte. Er nahm es bis Ende 1635 wahr, doch stand diese Zeit im Zeichen des Krieges, der viele Gegensätze aufbrechen ließ. Im Dienst eines deutschen lutherischen Grafen sah Moscherosch das kleine, zerstreute Territorium von lothringischen Ländereien und französischen

tik des deutschen Späthumanismus in der Literatur des Barockzeitalters, Tübingen 1982, S. 43–66.

29 Siehe Schäfer (Anm. 23) S. 76–81, 109, 163, 183, u. ö.

Machtansprüchen umgeben, und die Bevölkerung der kleinen Residenzstadt selbst war überwiegend katholisch. Im Sommer 1632 wurde Kriechingen von französischen Truppen geplündert. Moscherosch verlor seine Habe, auf der Flucht starb im Dezember seine Frau; von den beiden kleinen Söhnen, die sie hinterließ, starb einer im folgenden Jahr. Mitten während unübersichtlicher militärischer Aktionen kaiserlicher, schwedischer, französischer und lothringischer Heere im Elsaß, bei denen Moscherosch weitere Plünderungen erlebte, heiratete er am 20. August 1633 die achtzehnjährige katholische Maria Barbara Paniel, eine Waise, deren Vater ebenfalls in gräflich Kriechingenschen Diensten gestanden hatte. Moscherosch hatte das junge Mädchen in der Rolle der Schäferin Phyllis auf einem höfischen Fest kennengelernt, und hierin scheint es begründet zu sein, wenn er sich seit dieser Zeit glücklicher Liebe Philander nannte. Als im Oktober 1635 die kaiserliche Armee unter Graf Gallas Kriechingen völlig zerstörte, fand auch Graf Peter Ernst den Tod, und bei Anbruch des Winters machte sich Moscherosch mit seiner Familie auf die Flucht in Richtung Straßburg, wo seine junge Frau auch zur lutherischen Konfession übertreten wollte. Doch unterwegs erkrankte sie an der Pest und starb am 6. November 1635 in Lützelstein. Nach seiner Ankunft in Straßburg verfaßte Moscherosch auf seine Frau Trauergedichte, die er mit weiteren Epicedien ihr zu Ehren publizierte.

Die Verflechtung von Politik und Privatleben, von zivilem Beruf und Krieg, kulturellen und sprachlichen Gegensätzen, von öffentlichem Konfessionsstreit und privaten Annäherungsmöglichkeiten unter Angehörigen unterschiedlicher Konfessionen bleibt weiterhin das Umfeld, in dem Moscherosch lebte, auch am literarischen Leben teilnahm und etwa ab 1638 seine *Gesichte Philanders* schrieb. Bei dem erst sechzehnjährigen Herzog Ernst Bogislav von Croy-Arschot war er etwa Ende April 1635 in Finstingen am Oberlauf der Saar Amtmann geworden. In diesem ebenfalls stark zersplitterten kleinen Territorium wählte Moscherosch Orte und Situationen für seine *Philander*-Satire, so die Wasserburg Geroldseck an der Saar bei Finstingen, auf der er Philander den Vertretern altdeutscher Moral und Geschichte begegnen läßt.[30] In Finstingen heiratete er die einundzwanzigjährige Waise Anna Maria Kilburger, Tochter des früheren Amtsschreibers des Ortes, Enkelin des geadelten Amtmannes Matthias Kilburger. Seine dritte Frau, die ihm zehn Kinder gebar, überlebte ihn. Sorgen als Familienvater und als Amtmann, als er schon im Sommer 1636 mit plündernder schwedischer Besatzung konfrontiert war (und dabei in Gestalt eines schwedischen Rittmeisters das Vorbild für den untadeligen Kallofels der *Gesichte* kennenlernte), hielten ihn nicht davon ab, mit Hilfe des Straßburger Buchhändlers Mülb (Mülbe) die literarischen Neuerscheinungen der Frankfurter Messe zu verfolgen,[31] selbst zu dichten (Epigramme; 1641 das Hausvaterbuch *Insomnis Cura Parentum*) und auch das große Werk vorzubereiten und nach und nach abzuschließen, das dann von Mülb verlegt wurde: die *Gesichte Philanders von Sittewalt*, deren erste Auflage 1640 erschien.

Während des nächsten Jahrzehnts entstanden weitere Teile der *Gesichte* und die schon erschienenen Teile wurden immer wieder überarbeitet, wobei insbesondere an der Auflage von 1650 die Tendenz zum Ersatz von Fremdwörtern oder fremdsprachigen Passagen durch deutsche Wörter und Sätze auffällt. Diese Jahre stehen im Zeichen des beruflichen Aufstiegs in Straßburg. Gewichtig war es für Moscheroschs literarisches Ansehen und auch für seine Reputation in höfischen Kreisen, daß er im Sommer 1645 in die »Fruchtbringende Gesellschaft«, die bedeutendste der Literatur- und Sprachgesellschaften, aufgenommen wurde; er erhielt den Gesell-

30 Siehe Heinrich Schlosser, »Johann Michael Moscherosch und die Burg Geroldseck im Wasgau«, in: *Mitteilungen der Gesellschaft für Erhaltung der geschichtlichen Denkmäler im Elsaß* 16 (1893) S. 10–83, und Schäfer (Anm. 23) S. 102 f.

31 Siehe Schäfer (Anm. 23) S. 108 f.

schaftsnamen »Der Träumende«, womit man insbesondere den Verfasser der *Gesichte* ehrte. Verbindungen zu Justus Georg Schottelius (1612–76) und anderen Autoren am Wolfenbütteler Hof und vor allem zu Georg Philipp Harsdörffer (1607–58) waren für diese Ehrung wichtige Voraussetzungen. Die patriotischen und u. a. auch sprachpflegerischen Ambitionen der »Fruchtbringenden Gesellschaft« waren durchaus damit in Einklang zu bringen, daß Moscherosch während eines Paris-Aufenthalts seine Korrespondenz mit Harsdörffer auf Französisch – als Sprache des gebildeten Diplomaten – führte und darin ein Lob auf Frankreich und Franzosen Raum einnehmen ließ.[32]

Am 23. November 1641 erlangte Moscherosch das Straßburger Bürgerrecht, und danach zog er in die Reichsstadt. Er wurde Schaffner der Stiftung »Zum Offenburg«, wurde Sekretär eines schwedischen Residenten in Benfeld, übernahm am 15. März 1645 als Frevelvogt der Stadt Straßburg ein höheres Amt im Polizei- und Justizwesen.[33] In dieser Zeit häuften sich literarische Tätigkeiten Moscheroschs, auch als Herausgeber (u. a. Wimpfelings *Tutschland*, 1648). Moscherosch verlor sein Amt, als gegen ihn der Verdacht auf Ehebruch gerichtet und nicht geklärt wurde. Nach seinem Rücktritt am 21. Januar 1656 diente er als Regierungsrat dem Grafen Friedrich Casimir von Hanau-Münzenberg in Hanau. Er verlor diese Stelle im Dezember 1660, als neben vielen anderen, schwer abwägbaren Vorwürfen ihm vorgehalten wurde, daß er sein Amt zu Vorteilen für sich und seine Familie genutzt habe, u. a. seinen Sohn Ernst Ludwig zum Kammersekretär gemacht habe und seinen zweiten Sohn Ernst Bogislav auf Kosten des Hofes habe studieren lassen. Es folgten Jahre des Abstiegs: der Verlust des Straßburger Bürgerrechts

32 Siehe dazu im einzelnen Kühlmann/Schäfer (Anm. 13) S. 112–129; vgl. Klaus Conermann, *Die Mitglieder der Fruchtbringenden Gesellschaft, 1617–1650*, Weinheim 1985, (Fruchtbringende Gesellschaft, hrsg. von K. C., Bd. 3), S. 523–527.

33 Siehe im einzelnen Schäfer (Anm. 23) S. 133 ff.

1662, mehrere Ortswechsel, kaum noch literarische Tätigkeit, meist vergebliche Bewerbungen um neue Stellen; schließlich wurde er im März 1667 Oberamtmann des Grafen Johann Ludwig von Dhaun. Auf einer Reise von Dhaun nach Frankfurt starb Moscherosch am 4. April 1669 in Worms. Der Zugang zur Welt der Gelehrsamkeit wie zu fürstlicher, adeliger und städtischer Herrschaft führte nicht zu verläßlichem Aufstieg oder dauerhaftem Ansehen. Tatsächliche und scheinbare Mängel der Moral waren mitentscheidend für Brüche im Leben dieses wirkungsreichen Autors, der als Satiriker notwendigerweise auch Moralist war. Aber um sein Werk zu erschließen und einzuschätzen, kann nicht die biographische Klärung das entscheidende Wort haben.

Die »Gesichte Philanders von Sittewalt«

Moscheroschs Prosasatire stellt den Ich-Erzähler Philander als einen desorientierten, ratbedürftigen jungen Mann vor Augen, mit dem sich der Leser identifizieren darf, um zu besserer Einsicht zu gelangen. Mit der Wahl der *Sueños* des Spaniers Don Francisco Gomez de Quevedo y Villegas (1580–1645) als Vorbild nimmt Moscherosch nicht nur die Form des Traumes als Mittel der Welterfahrung auf, er setzt auch Möglichkeiten der menippeischen Satire fort, die, von Lukian geprägt, Fiktionen in den Dienst von Kritik und Moral stellt. Sein Freund Johann Matthias Schneuber, Mitbegründer der Straßburger Literatenrunde »Die Aufrichtige Tannengesellschaft«, hob an den *Gesichten*, die ihm in der – auch hier zugrunde gelegten (s. S. 187) – Auflage von 1642–43 bekannt waren, ihre Eignung hervor, zur Selbsterkenntnis zu führen:

Auf des Filanders gesichte.

Filanders wunderbahr' erschinene Gesichte
Sind nicht vergäbne träüm und eitele gedichte.
Sie seind eyn Spiegel glas / da mancher sich beschaut;
Der bessere sein thun / wem vor den strafen graut.[34]

Auf Moscheroschs *Gesichte* bezieht dieses Bild des Spiegels – der nicht nur zeigt, wie sein Betrachter ist, sondern ihm auch verdeutlicht, wie er sein sollte – auch »Wahrmund von der Tannen« – das ist Jesaias Rompler von Löwenhalt, ein weiterer Mitbegründer der Straßburger »Tannengesellschaft« – in seinem Widmungsgedicht im ersten Teil:

Ein solcher spiegel schier ist dieses Buch zunennen /
So da gibt jedermanns gebrechen zuerkennen /
Macht jedem / der es list / gar eygendlich bekannt /
Waß übel ständig sey / was gott-loos / sünd und schand.
Drum sieh es fleussig an!

Die Welt- und Lebenskritik, die Quevedo 1627 an spanische Leser richtete, wandelte sein deutscher Übersetzer und Bearbeiter Moscherosch – der La Genestes eng an Quevedo anschließende französische Übersetzung von 1633 benutzte[35] – in eine für Deutsche im Umfeld deutscher Politik, Kultur und Alltäglichkeit verständliche Kritik um.[36] Blieben viele

34 Johann Matthias Schneuber, *Gedichte*, Straßburg: Johann Philipp Mülb, 1644, S. 358. [Exemplar der Straßburger »Bibliothèque Nationale et Universitaire« Sign.: Cd 148262].

35 Die Annahme, daß La Geneste mit Paul Scarron zu identifizieren sei, hat keine Wahrscheinlichkeit für sich; eine Vermutung bei Andreas Stoll, *Scarron als Übersetzer Quevedos. Studien zur Rezeption des pikaresken Romans ›El Buscon‹ in Frankreich*, Köln / Frankfurt a. M. 1970, S. 383 ff.; so noch bei Conermann (Anm. 32) S. 524.

36 Siehe dazu die detaillierten Vergleiche bei Brigitte Höft, *Johann Michael Moscheroschs »Gesichte Philanders von Sittewald«. Eine Quellenstudie zum ersten Teil des Werkes*, Diss. Freiburg i. Br. 1964, sowie die Hinweise in den Anmerkungen zur vorliegenden Ausgabe.

Passagen der ersten, 1640 publizierten »Gesichte« im Inhalt wie im Buchtitel der spanischen Vorlage enger verpflichtet, wuchs mit den folgenden Auflagen in weiteren »Gesichten« und auch in den Überarbeitungen der anfangs publizierten Teile die inhaltliche Selbständigkeit Moscheroschs und damit auch der Bezug auf das Hier und Jetzt der deutschen Wirklichkeit, wie er sie im Elsaß um 1640 als widersprüchliche Welt erlebte. Zuerst erschienen 1640 sieben »Gesichte«,[37] von denen die ersten sechs der bei Quevedo vorgefundenen Thematik und Erzählfabel folgen: 1. »Schergen-Teuffel«, 2. »Welt-Wesen«, 3. »Venus-Narren«, 4. »Todten-Heer«, 5. »Letztes-Gericht«, 6. »Höllen-Kinder«, während das abschließende siebente, »Hoff-Schule«, bei Quevedo keine inhaltliche Entsprechung hat. Das Muster, das Moscherosch in Quevedos Werk erkannte und nutzte, lag aber – überblickt man sämtliche »Gesichte« – nicht so sehr in einer inhaltlichen Nachfolge, sondern in einer kreativen Faszination dessen, was die menippeische Satire an Möglichkeiten für eine facettenreiche, entlarvende, doch stets mit Schein und Maske befaßter Betrachtung der Welt und Kritik des Allzumenschlichen zu bieten hatte. Hierin liegt Moscheroschs eigentliche Quevedo-Rezeption, wie er sie über die ersten sieben »Gesichte« von 1640 (Ausgabe *A*) hinaus weiterentwickelt hat: 1643 (*B*) folgte der Erstdruck der ersten vier »Gesichte« des zweiten Teils: 1. »Ala mode Kehrauß«, 2. »Hanß hienüber Ganß herüber«, 3. »Weiber-Lob«, 4. »Thurnier«; in der Ausgabe von 1644 (*D*) erschienen erstmals 5. »Pflaster wider das Podagram« und 6. »Soldaten-Leben«, 1650 (*E*) erstmals »Reformation«.

Insgesamt stehen also sechs inhaltlich von Quevedo abhängigen »Gesichten« acht inhaltlich selbständige gegenüber. Es wäre aber zeitfremd, wollte man – etwa bei einer Textauswahl – allein das inhaltlich Eigene in den Mittelpunkt der Werkbetrachtung stellen oder als Zugang zum Werk anbie-

37 Siehe im einzelnen die bibliographischen Ermittlungen bei Bechtold (Anm. 2) und Dünnhaupt (Anm. 2).

ten. Die hier gebotene Auswahl sollte an beiden, vom quellengeleiteten wie vom inventio-begründeten satirischen Erzählen Moscheroschs einen Eindruck vermitteln. Moscherosch schreibt im vertrauten Umgang mit Quevedos satirischen Texten und mit anderer satirischer Literatur, was diese literarische Gattung an Welt- und Menschenbeobachtung und Beschreibung von Wertzerfall und Appell zu Umkehr und Sinnsuche in der besonderen historischen Situation in den Jahren um 1640 zu leisten vermag. Die Buntheit der Erfassung von Welt im Stile der menippeischen Satire, die der direkten Abschilderung die indirekte, auch verzerrende Pointierung vorzieht, ist charakteristisch für die *Gesichte Philanders*, so daß z. B. das »Welt-Wesen«-Gesicht dem wirklichkeitsnäher erzählten »Soldaten-Leben« in dieser Auswahl vorgezogen wurde. Moscherosch führt – seiner Satire-Auffassung gemäß (s. S. 58 ff. und 67 ff.) – von der angenehmen Hülle der Erzählform zum bitteren, aber wirksamen Kern der Aussage und überläßt es dessen Wirkung, Heilsverlangen und Heilsfindung folgen zu lassen. Justus Georg Schottelius beobachtet als Wirkung bei Moscheroschs Leser, daß diesem »darüber ein Grausen ankommet / und gleichsam wider seinen Willen / das Ewige und seiner Seelen Wolfahrt / zu beobachten gezwungen wird«.[38]

Der moralische Standpunkt, von dem der Satiriker Moscherosch seine implizite Lehre annehmbar macht,[39] konkretisiert sich in partiellen utopischen Situationen, die aber nicht der Gesamtheit der *Gesichte* den Charakter eines systematischen Gegenentwurfs gegen eine illusionäre, heillose, wirre Gegenwart zu geben vermögen. So werden in der Zusammenkunft von Gestalten alter deutscher Geschichte und Moral auf einer Vogesenburg im »Ala mode Kehrauß«-Gesicht (s. S. 98 ff.; vgl. S. 13 ff.) und auch in ihrem Gutachten

38 Schottelius (Anm. 5) S. 1178.

39 Siehe Jürgen Brummack, »Zu Begriff und Theorie der Satire«, in: *Deutsche Vierteljahrsschrift für Literaturwissenschaft und Geistesgeschichte* 45 (1971), Sonderheft Forschungsreferate, S. 275–377.

über die *Gesichte Philanders* im »Soldaten-Leben«-Gesicht vergangene Möglichkeiten vergegenwärtigt, die zu reaktivieren sind, doch handelt es sich nicht um eine vollständige Kontrastwelt angesichts der Auflösung der Gegenwartskultur. Und die paradiesesähnliche, zu kontemplativer Weltbetrachtung einladende Situation Philanders am Anfang des »Höllen-Kinder«-Gesichts (s. S. 45 ff.) ist nichts als die schöne, kontrastive Vorbereitung des nächsten häßlichen, schreckenerregenden Handlungsorts, des Höllenrachens. Derartige Kontrastierungen von Vergangenheit und Gegenwart, von (eutopischem) Zufluchtsort und (dystopischem) Ort der Bedrohung, von Götter- oder Heroenversammlung und luziferischem Reichstag und Höllenabstieg sind Themen und Situationen, die in christlicher Deutung das variieren, was seit Lukian zu den Mitteln der menippeischen Satire gehört. Sie verbinden sich in den *Gesichten* zu der Darstellung eines desorientierten, sich oft deplaziert sehenden, in Träume und Visionen verstrickten ›Helden‹. Dessen Erfahrungen reihen sich – anders als etwa in Grimmelshausens *Simplicius Simplicissimus* – nicht organisch-teleologisch innerhalb einer überschaubaren kontinuierlichen Lebenslinie, sondern bieten von Episode zu Episode eine »erkenntnisfördernde Wirklichkeitsverzerrung«[40], die – je nach den Notwendigkeiten der irritierenden und ängstigenden Gegenwart – um weitere Episodenfolgen erweitert werden könnten.

Aus dem Problem- und Funktionszusammenhang dieser – offenbar in jeder Zeit wieder neu benötigten – Gattung ist es zu verstehen, wenn in den *Gesichten Philanders* eine Mischung von Vers und Prosa, von geachtetem Latein, geliebtem Deutsch[41] und gefürchteten und verachteten »wel-

40 Diese und weitere erhellende (und auf zeitgleiche deutsche Literatur übertragbare) Beobachtungen zur romanischen und englischen Literatur der frühen Neuzeit bei Werner von Koppenfels, »Mundus alter et idem. Utopiefiktion und menippeische Satire«, in: *Poetica* 13 (1981) S. 16–66, bes. S. 16 f., 24 ff. und 42 f., zu Quevedo S. 45 und 49 ff.

41 Zu Ausdrucksmöglichkeiten lateinisch-deutscher Sprachmischung in der Tradition der Satire vgl. Günter Hess, *Deutsch-lateinische Narrenzunft. Stu-*

schen« Sprachen – gespiegelt auch in einer variantenreichen Typographik – die Wirrnis der scheinbar wohlgeordneten, hier jedoch entlarvten Welt vergegenwärtigt.[42] Von hier aus wird verständlich, inwiefern Wortspiel, Wortvariantenkaskaden, Assoziationsketten und »parodistische Wortfülle« nicht themenvergessendes Dekor sind, sondern Möglichkeiten, um »falsche Standards im gesellschaftlichen Diskurs«[43] bloßzustellen und einem kritischen Zugriff zugänglich zu machen. Auch die Vielfalt der Zitate, die klassisch antike und neueste Literatur als Maßstab oder Kontrast in den handlungsbetonten Kontext integrieren, gehört in diese funktional zu begreifende Buntheit des Stils, dessen einzelne Elemente nicht auf konstante Einstimmigkeit festzulegen sind. So können die zahlreichen eingestreuten lateinischen Epigramme Martials und John Owens die in der Rhetorik konventionelle Leistung der konzentriert pointierenden Zusammenfassung des narrativ Ausgeführten bieten,[44] können auch die Norm vergegenwärtigen, an der die Philander-Handlung gewogen und zu leicht befunden werden soll, können aber auch den Autorenkanon (z. B. Ovid, Brant) verändern (z. B. durch Petronius oder Schupp) und damit einen Wechsel der Autoritäten bzw. des Zitierfähigen einleiten. Oder es kann eine derartige Menge nichtdeutscher Zitate und Einzelwörter sowie Passagen in deutschen Mundarten gehäuft werden, daß hiermit die Zielscheibe kulturpatriotisch begründeter Sprachkritik (z. B. S. 145 ff.) vorgeführt wird, die einen angeblich wohlgeordneten Weltzustand in Frage stellt.

Mit Traum, Vision oder ›Gesicht‹ wird aus der Perspektive eines bisher noch Unzulänglichen, nämlich des Autors wie des Lesers besserungsfähigen zweiten Ich Philander, eine

dien zum Verhältnis von Volkssprache und Latinität in der satirischen Literatur des 16. Jahrhunderts, München 1971, S. 175 ff. u. ö.

42 Siehe Koppenfels (Anm. 40) S. 26.

43 Ebd. S. 27.

44 Vgl. zu Versen in der Predigt Norbert Bachleitner, *Form und Funktion der Verseinlagen bei Abraham a Sancta Clara*, Frankfurt a. M. / Bern / New York 1985, bes. S. 120 ff.

Weltsicht ermöglicht, die dem Leser ein kritisches Urteil erlaubt und ihm angesichts der absurden, unerträglichen Verzerrung der Welt und ihrer Menschen die Revision von Vorurteilen nahelegt. Diese ist auch das innere Ziel der Reisen, die Philander nach dem von Quevedo vorgegebenen Muster der »menippeischen Reise«[45] und außerdem nach den biographisch vorgegebenen, alles verknüpfenden Routen von Moscheroschs Frankreichreise in den sechs Stationen der ersten sechs »Gesichte« erlebt, in denen er enttäuscht die Grenzen akademischer Weltweisheit einsehen muß.[46] Hier und in den *Gesichten* überhaupt ermöglicht der Einblick in biographische und regionalgeschichtliche Realitäten das Erkennen von satirischen Techniken, ist aber nicht selbst schon eine Interpretation der satirischen Erzählung und ihrer Ziele. Die nachweisbaren biographischen Elemente dienen der Verschlüsselung einer über das historische Subjekt hinausweisenden ›peregrinatio‹[47] als Erfahrung von Welt und verlieren damit jeden Anschein von Tatsächlichkeitsberichten.

Auch im konkreten, nicht-narrativen Zusammenhang[48] wertet Moscherosch den »Traum« positiv als Erkenntnismöglichkeit, wobei er sich ausdrücklich auf Michel de Montaigne

45 Koppenfels (Anm. 40) S. 32 u. ö.; zur Umwandlung von Realia in zeichenhafte Erzählrealität s. das Rabelais-Kapitel bei Erich Auerbach, *Mimesis. Dargestellte Wirklichkeit in der abendländischen Literatur*, 4. Aufl. Bern/München 1967, bes. S. 250 ff.

46 Zur Verwandlung des biographischen Hintergrunds in eine poetische Welterfahrung bei Moscherosch s. Schäfer (Anm. 23) S. 63–73, und Kühlmann/Schäfer (Anm. 13) S. 46–65.

47 Vgl. Haberkamm (Anm. 22) S. 185 ff.

48 Zum Traum als Motiv und als literarische Legitimierung von Aussagen vgl. Kenneth Knight, »Die Träume des Simplicius, Philanders und Jan Rebhus«, in: *Daphnis* 5 (1976) S. 267–274, und *Die Sammlung der Herzog August Bibliothek*. Tl. 1: *Ethica. Physica*, hrsg. von W. Harms und M. Schilling, Tübingen 1985, Nr. 148, und Tl. 2: *Historica*, hrsg. von W. H., München 1980, Nr. 126, 161, 260 (Deutsche illustrierte Flugblätter des 16. und 17. Jahrhunderts, hrsg. von W. H., Bd. 1–2). Zum Verhältnis von »Traum« und »Satire« im variantenreichen Text der Titel von Originalausgaben, Raubdrucken und Nachahmungen Moscheroschs vgl. Dünnhaupt (Anm. 37).

bezieht (»Letztes-Gericht«-Gesicht, Anfang), dessen Kunst, durch Klassikerzitate Traditionen wirksam werden zu lassen, er selbst nahekommt. Nicht eine Unfähigkeit zu Erkenntnis, sondern durchaus hoffnungsvolle, auf Erkenntnis zielende Reflexionen und Hinweise gewinnen um Philander Raum in Erzählpassagen, in denen sich ein auktoriales Erzähler-Ich von der eingeengten Urteilsfähigkeit des Ich-Erzählers Philander abhebt. Aus diesem Grund ist es auch verständlich, daß der Verfasser, der Korrektor oder der Verleger diesem ›Spiegel‹ einer wirren Welt ein enzyklopädisches Register beigefügt hat, das nicht zuletzt den Zugang zur Unterscheidung von Bereichen der Tugenden und der Laster erleichtern soll.[49] Eine Figur, in der gegen den Gang des Geschehens um Philander Unterscheidungs- und Erkenntnismöglichkeiten Gestalt annehmen, ist »Expertus Robertus«, der im »Welt-Wesen«-Gesicht in der Ausgabe von 1650 als altfränkisch-anständig wie ein »Alter Ratsherr« gekleidete Respektsperson dargestellt wird, in den frühen Ausgaben (s. Anm. zu 13,30) als »Ehrbarer Alter« bezeichnet, im übrigen aber wie schon bei Quevedo äußerlich als »übel bekleidet« und unansehnlich vorgestellt wird. Mit dem »Moseskopf« – der Eindeutschung des Namens »Moscherosch« – Philander verbinden den Expertus Robertus jüdische Charakteristika, die 1650 zurücktreten, aber nicht aufgehoben werden. Mit einer Anspielung auf Moscheroschs von ihm erwogene Herkunft aus spanischem Judentum wird hier eine engere Verbindung zwischen dem erzählenden Ich und einer Autoritätsfigur der Weisheit und des Orientierungstiftens inmitten der immer wieder labilen und ziellosen, von »der Welt Scheinsal vnd Eitelkeit« in die Irre gelenkten (»Hoff-Schule«-Gesicht, Schluß) Philanderhandlung aufgebaut.[50] Diese Gestalt des

49 Vgl. Werner Welzig, »Einige Aspekte barocker Romanregister«, in: Albrecht Schöne (Hrsg.), *Stadt – Schule – Universität – Buchwesen und die deutsche Literatur im 17. Jahrhundert*, Symposion Wolfenbüttel 1974, München 1976, S. 562–570; s. das Register-Faksimile auf S. 267.

50 Siehe Höft (Anm. 36) S. 12 f. und 18 f., sowie Erich Kleinschmidt, *Stadt und*

»ehrlichen Expertus Rupertus« erscheint wie ein neuer Heraklit – in frühneuzeitlicher Literatur der Weise, der beim Erkennen der Welt Tränen vergießen muß – in Johann Beers Roman *Der Simplicianische Welt-Kucker Oder Abendtheuerliche Jan Rebhus* (1677/79)[51]: nur ein Beispiel für thematische, motivische und formale Verflechtungen in pikaresken Romanen und Prosasatiren des 17. Jahrhunderts, die näher zu ergründen wären.

Quellenstudien hatten selbstverständlich die Wirkungen Sebastian Brants und Johann Fischarts, aber auch der Vertreter anderer Gattungen wie u. a. Bartholomäus Ringwalds und Johann Matthäus Meyfarts zu beachten, haben aber bisweilen allzu genau stoffliche Abhängigkeiten registriert und addiert,[52] was dem ebenso belesenen wie erzählerisch selbständigen Autor der *Gesichte Philanders* nicht gerecht wird. In seiner pikaresken, fiktiven Autobiographie in der Gattungstradition der menippeischen Satire bleiben Zitat und literarische Allusion nicht literarische Reminiszenz, sondern werden im neuen Zusammenhang über sich hinausweisend zu Partikeln einer Welt der Normen und Normenbrüche, der Ziele und Abwege, der Annäherung von Vielwisserei und Torheit, etwa wenn »Poetae Comici« in der Hölle bestraft werden, weil sie unmoralische Bücher verfaßt haben, wie z. B. »Amadiß, Schäfferey, Diana de Monte Majore, Ritter Löw, Tristrant, Peter mit den Silberen Schlüsseln« (»Scher-

Literatur in der Frühen Neuzeit. Voraussetzungen und Entfaltung im südwestdeutschen, elsässischen und schweizerischen Städteraum, Köln/Wien 1982, S. 285; zu Moscheroschs Neigung zum Rollenspiel s. in diesem Zusammenhang Schäfer (Anm. 23) S. 24 f. Auch Harsdörffer schrieb ein Lobgedicht auf Moscheroschs ›hebräischen‹ Namen; s. Dünnhaupt (Anm. 37) S. 805.

51 Nachdr. Bern / Frankfurt a. M. / Las Vegas 1981, hrsg. von F. van Ingen und H.-G. Roloff, Tl. 1, S. 167–169.

52 Siehe u. a. Johannes Beinert, »Deutsche Quellen und Vorbilder zu H. M. Moscheroschs Gesichten Philanders von Sittewalt«, in: *Alemannia* N. F. 5 (1904) S. 161–222, und Wilhelm Hinze, *Moscherosch und seine deutschen Vorbilder in der Satire*, Diss. Rostock 1903.

gen-Teuffel«). Es ist eine Welt, in der Unwissenheit nicht vor Schuld bewahrt (»ignorantia non absolvat a peccato«; »Schergen-Teuffel«) und Philander nicht nur überzeitlich virulenten Lastern begegnet, sondern auch die besonderen Mängel und Plagen seiner Zeit kennenlernt, die Anlaß zu Klage, Kritik und Mahnung geben.

Hier versucht der Elsässer Moscherosch, der die eng benachbarte französische Kultur kennt und ehrt, alte verbindliche Werte in der eigenen Geschichte und Literatur wiederzufinden und zu verlebendigen, um zu einer deutschen kulturellen Identität beizutragen.[53] Nicht eigentlich ein Affront gegen Französisches und allgemein »Welsches«, deutlich aber eine Sorge um den Verlust von nationaler kultureller Integrität ist der Grund für die vielen Passagen satirischer Kulturkritik, die der europäisch gebildete Moscherosch seinen von Geschichtslosigkeit und sprachlichem wie allgemein kulturellem Identitätsverlust bedrohten Philander erfahren läßt: Kritik der fremden übernommenen Moden und Gebärden,[54] Kritik der Sprachmischung oder -entstellung[55] und der fremden Denkweisen, Kritik der Neigung zu Reisen in fremde Länder und der allgemeinen Fremdorientierung wird vereinigt zu einer Schelte derer, die die kulturelle Identität des deutschen Sprachraums nicht als Wert zu erkennen und zu wahren wissen. Diese Schelte fällt um so massiver aus, als ihre Adressaten – gemäß dem konventionellen System sicherer Wertungen – bestimmten Lastern zugeordnet werden, denen sie hörig seien: Tugend[56] und kulturelle Identität gehören

53 Zum Patriotismus der Zeit s. Paul Joachimsen, *Geschichtsauffassung und Geschichtsschreibung in Deutschland unter dem Einfluß des Humanismus*, Leipzig/Berlin 1910, und Kühlmann (wie Anm. 5).

54 Vgl. Erich Schmidt, »Der Kampf gegen die Mode in der deutschen Literatur des siebzehnten Jahrhunderts«, in: Im neuen Reich 10 (1880) Bd. 2, S. 457–475, und Harms (Anm. 48) Bd. 1, Nr. 117–142.

55 Vgl. Hess (Anm. 41) S. 180 ff.

56 Zum gesellschaftlichen, insbesondere auf die Stände bezogenen Verständnis von »Tugend« s. Wolfram Mauser, *Dichtung, Religion und Gesellschaft im 17. Jahrhundert. Die »Sonnete« des Andreas Gryphius*, München 1976, bes. S. 238–304.

zusammen, während die Gegenposition voll vom Verdikt des glänzenden Satirikers getroffen wird, dessen Biographie nicht immer bezeugt, daß er selbst ein gelehriger Leser seiner *Gesichte Philanders* gewesen sei.

Inhalt

Wunderliche und Wahrhafftige Gesichte Philanders von Sittewalt

Anhang

Geschichte der deutschen Literatur von den Anfängen bis zur Gegenwart

---

Band I: *Vom frühen Mittelalter bis zum Ende des 16. Jahrhunderts.*
Von Max Wehrli. 2. Auflage. 1242 Seiten.

Band II: *Vom Barock bis zur Klassik.*
Von Werner Kohlschmidt. 2. Auflage.
984 Seiten. Mit 112 Abbildungen.

Band III: *Von der Romantik bis zum späten Goethe.*
Von Werner Kohlschmidt. 768 Seiten.
Mit 79 Abbildungen.

Band IV: *Vom Jungen Deutschland bis zum Naturalismus.*
Von Werner Kohlschmidt. 2. Auflage.
924 Seiten. Mit 110 Abbildungen.

Band V: *Vom Jugendstil zum Expressionismus.*
Von Herbert Lehnert. 1100 Seiten.
Mit 80 Abbildungen.

Philipp Reclam jun. Stuttgart